Zu diesem Buch

In einer Zeit, in der viele Frauen die alten Rollen kritisch durchdenken, in der sie doch eigentlich den kirchlichen Institutionen, diesen hartnäckigen Bastionen einer selbsternannten männlichen Unfehlbarkeit, den Rücken kehren sollten, wenden sie sich verstärkt der Religion und auch der Kirche zu. Heute lassen sich drei Bereiche ausmachen, die manche Kirchenmänner (und auch -frauen!) irritieren:

Aus der Kritik am Althergebrachten ergab sich der Wunsch, eine feministische Theologie zu formulieren. Auf der Suche nach Leitbildern haben feministische Theologinnen Maria wiederentdeckt. Die klassischen Wesenseigenschaften der Maria – Mütterlichkeit und Jungfräulichkeit – werden als Bewahrung des Lebens und Unabhängigkeit verstanden, für ein Leben, das nicht vom Mann abgeleitet ist.

Hier überschneidet sich die feministische Theologie mit dem Bereich der Matriarchatsforschung, die heidnische Mythen in der Absicht untersucht, Informationen über die jeweils zugrunde liegenden gesellschaftlichen Kulturen zu erhalten. Das geht insofern über die rein theoretische Befragung hinaus, als daß die matriarchalen Kulte auch praktiziert werden.

Die Grenzen zur feministischen Magie und Spiritualität sind hier offen. Feministische Magierinnen haben den Jahreszyklus der Sonne und den des Mondes wieder in ihr Ritual aufgenommen und feiern das Wachstum, die Reife, das Vergehen und anschließende Wiederauferstehung des Lebens.

Wo haben diese drei Bereiche ihren Ursprung, wie hängen sie zusammen, wie grenzen sie sich ab?

Autoren: Karin Gaube, Journalistin, Veröffentlichungen zu diesem Thema u. a. in der «emma» und beim Bayerischen Rundfunk

Dr. phil. Alexander von Pechmann, Dozent, Mitherausgeber der philosophischen Fachzeitschrift «Widerspruch», Veröffentlichungen u. a. zum Thema «Religion» und «Konservatismus»

Karin Gaube
Alexander von Pechmann

Magie, Matriarchat und Marienkult

Frauen und Religion
Versuch einer Bestandsaufnahme

rororo

Rowohlt

Umschlagentwurf Werner Rebhuhn
(Gemälde «Maria immaculata» von C. Bosseron Chambers, 19. Jh.,
Archiv für Kunst und Geschichte, Berlin)
Redaktion Beate Laura Menzel

10.–13. Tausend November 1986

Originalausgabe
Veröffentlicht im Rowohlt Taschenbuch Verlag GmbH,
Reinbek bei Hamburg, August 1986

Satz Garamond (Linotron 202)
Gesamtherstellung Clausen & Bosse, Leck
Printed in Germany
1080-ISBN 3 499 18086 3

Inhalt

Einführung Frauen bemächtigen sich der Religion

Es ist ein Abenteuer (eine Frau zu sein), das so viel Mut erfordert, eine Herausforderung, die einem nie zuviel wird. Du wirst so viel zu unternehmen haben, wenn Du als Frau auf die Welt kommst. So wird Dich, um gleich damit anzufangen, die Behauptung einen Kampf kosten, daß Gott, wenn es ihn gibt, ebensogut eine alte weißhaarige Frau oder ein schönes Mädchen sein könnte. Es wird Dich auch einen Kampf kosten darzulegen, daß die Sünde nicht an dem Tag entstand, als Eva den Apfel pflückte: An dem Tag wurde eine wunderbare Tugend geboren, die Ungehorsam heißt.

Oriana Fallaci

Papst Johannes XXIII. hatte es bereits geahnt: Auf dem 2. Vatikanischen Konzil benannte er die Frauenbewegung als eines der «drei Zeichen» der modernen Zeit. Schluß sollte sein mit der mittelalterlichen Frauenfeindlichkeit und Männerherrschaft, wollte die Kirche nicht den Massenexodus der Frauen provozieren. Denn der setzte gerade ein: Abtreibungsverbot und sanktionierte Familienplanung, patriarchales Familienrecht und Scheidungsgesetzgebung boten genügend Zündstoff.

Die Botschaft des Papstes ermunterte in der Folgezeit viele Frauen, ihr Recht auf Gleichberechtigung in der Kirche einzuklagen. Die Forderung nach dem Priesteramt wurde laut, und die kritische Sichtung der Bibel und anderer «heiliger» Schriften auf ihre frauenfeindlichen Inhalte hin begann. Eine neue Disziplin war geboren: die «feministische Theologie». «Wozu brauchen wir einen Gott», fragt die protestantische Theologin Dorothee Sölle, «dessen wichtigste Qualität nichts als das männliche Ideal repräsentiert, nämlich Macht zu haben. Wir können Mutter oder Schwester zu Gott sagen, wir können auch naturhafte Symbole benutzen.»

Alte, von der Frauenbewegung längst abgelehnte Vor-Bilder wie «Jungfräulichkeit» oder «Mütterlichkeit» werden hervorgeholt und feministisch neu interpretiert. Maria wird als neues Frauenleitbild propagiert, als Symbol der unabhängigen und selbstbewußten, ganzheitlichen Frau.

Noch herrscht Mißtrauen gegenüber den «Kirchenschwestern» vor, bleibt das alte Ressentiment gegen die Kirche wach. Doch ihre Themen haben Feministinnen längst aufgegriffen: neu definierte «Weiblichkeit» und «Mütterlichkeit» auch hier und die Suche nach neuen Formen weiblicher Spiritualität und Religion.

Auf der Suche nach ihrer Identität und Geschichte greifen heute feministische Matriarchatsforscherinnen auf matriarchale Mythen wie die von Urmüttern und Göttinnen zurück. Nach dem Motto «Am Anfang war die Frau» suchen sie nach den Strukturen matriarchaler Gesellschaften. Nicht nur, um weiße Flecken im historischen Kalender einzufärben, sondern auch, um Antworten auf Fragen zu finden, die Frauen – und auch Männer – heute bewegen: Was tun gegen die Atomkriegsangst, gegen die Umweltzerstörung und gegen die Feindschaft unter den Menschen, auch zwischen Mann und Frau? Das Wissen um die von Frauen geleiteten Gesellschaften, die von den Forscherinnen als harmonische und herrschaftsfreie Kulturen beschrieben werden, soll die Grundlage bilden für eine feministische Gesellschaftsutopie.

Matriarchatsforscherinnen wie die Philosophin Heide Göttner-Abendroth befragen heidnische Mythen und Religionen in der Absicht, Informationen über deren zugrunde liegende gesellschaftliche Kultur zu erhalten. Sie gehen dabei über die «rein wissenschaftliche» Mythenforschung hinaus und praktizieren matriarchale Mythen und Rituale auch selbst. Das Hineinversenken in den religiösen Kult der «Urmütter» gilt als Methode, deren Welt begreifen zu lernen und Wissen fruchtbar zu machen für das Leben von Frauen heute. «Kopf» und «Bauch» sollen die Einheit einer ganzheitlich verstandenen Frauenforschung bilden. Hier sind die Grenzen zur feministischen Magie und Esoterik offen.

Magie, so die modernen Hexenfrauen, ist etwas «ganz anderes» als Religion. Magie ist körpernah, auf die einzelne Frau konzentriert, auf ihre ganz persönlichen Stimmungen und Energien. Der Blick hinter die Kulissen «männlicher» Rationalität eröffnet das «eigentliche Wissen» um die ganzheitliche Verbundenheit der Welt.

Frauen, so die Argumentation, sind von Natur aus «magischer» veranlagt als Männer. Auf Grund ihrer natürlichen Monatsrhythmen und durch die Erfahrungen von Schwangerschaft und Geburt sind sie enger mit der Natur und ihren Kräften verbunden. Männer dagegen bewegen sich außerhalb des natürlichen Lebensrhythmus der Natur. Ihr haben sie eine technische Rationalität entgegengesetzt, deren faktische Irrationalität in Naturzerstörung und Atomwaffen zum Ausdruck kommt. «Hexen gegen den Atomtod» haben

sich versammelt, um die «lebensbewahrende» weibliche Magie dem männlichen Zerstörungswahn entgegenzusetzen.
Verrat wittern diejenigen Frauen, die in diesen magischen Frauenritualen das Ende einer erfolgreichen Frauenbewegung heraufdämmern sehen. Für sie ist der neuentdeckte Kult um die «ganzheitliche» weibliche Natur der Rückzug in die klassischen Gefilde der Passivität und Innerlichkeit. Als sich die neuen Hexenfrauen 1985 zur großen Séance im Schwarzwald versammelten, malten aufgebrachte Gegnerinnen drohende Parolen, denn sie sahen mit Sorge, daß der Hexenspuk unter Frauen weitere Anhängerinnen findet: Afrikanische Fetischpriesterinnen und indianische Medizinfrauen haben Hochkonjunktur.
Unbehagen gegenüber dieser Form weiblicher Selbstverwirklichung besteht nicht nur auf seiten antispiritueller Zeitgenossen. Schon die Verfasser des mittelalterlichen Hexenhammers glaubten, daß Frauen der Magie und den geheimnisvollen Kräften besonders zugetan seien; ein Grund, warum Frauen als Hexen verbrannt worden sind. Und heute? Wirkt nicht in der irrationalen Weigerung der römischen Kurie, Frauen zum Priesteramt zuzulassen, diese jahrhundertealte Angst vor der weiblichen Magie nach?
In der Tat: Frauen, die ihre religiösen Vorstellungen und Bedürfnisse nicht mit der von ihnen kirchlicherseits geforderten Untertänigkeit dem Mann gegenüber in Einklang bringen konnten, haben sich schon immer außerkirchliche Formen und Institutionen religiöser und mystischer Betätigungen geschaffen. Dabei war die strahlende Göttin aus alten Zeiten als Inkarnation der starken und selbstbewußten Frau weitaus besser geeignet als der ewig strafende und «miesepetrige Vater-Gott» aus dem leiderfüllten Christentum. «Wer Freiheit und Lebendigsein erlebt hat (...) konnte unmöglich die prüde, strenge, ewig leidende Christenheit attraktiv finden.»[1]
Die Göttin ist in uns selbst, beschreiben Frauen die neue Erfahrung ihrer religiösen Odyssee. Die feministische Göttin-Religion braucht keine Erlöserfiguren und Märtyrer, keine Heiligen und Gurus, um Frauen auf ihrer Suche nach sich selbst zu begleiten.

«Wir sind die Göttin», erklären die Frauen, «heilig», «geweiht», mächtig, Leben zu geben, «aber auch notfalls zu begrenzen oder zu zerstören».[2]

Warum überhaupt noch Religion? fragen heute viele zu Recht. Die alten patriarchalen Symbole zu vernichten, genügt alleine nicht, argumentieren die Frauen. Die Leere, die sie hinterlassen, muß mit weiblichen Bildern gefüllt werden. Und: Frauen bemächtigen sich auch der Religion, um dem Patriarchat seine «göttliche» Legitimation zu entziehen. Der neue Kult um die göttliche Frau soll das «feminine Zeitalter» der Zukunft einläuten.

Zitatnachweis:
Einführung

1 Francia, Luisa, Hexentarot, Zürich, S. 7
2 Starhawk, Der Hexenkult als Urreligion der großen Göttin. Magische Übungen, Rituale und Anrufungen, Freiburg, 1983, S. 23

I.
Feministische Theologie

1. Der Aufstand der Frauen in der Kirche

Mary Daly, «Stammutter» der feministischen Theologie, erregte in den sechziger Jahren großes Aufsehen mit ihrem Buch: «Kirche, Frau und Sexus», in dem sie radikal mit der «Sündengeschichte» der katholischen Kirche abrechnete: patriarchale Alleinherrschaft und Willkür brachte die Katholikinnen in der Kirche zunehmend in Rage.
Der christlichen Theologie insgesamt warf Daly vor, eine lange Geschichte der Frauenverachtung begründet und stabilisiert zu haben. Dies belegte sie anschaulich mit zahlreichen Beispielen aus der Bibel, mit frauenverächtlichen Aussagen vieler Theologen, mit dem berüchtigten Hexenhammer, dem Werk zweier Dominikanermönche, und der Praxis der Hexenverfolgungen und nicht zuletzt mit dem Ausschluß der Frauen vom Priesteramt und dem Zölibat in der katholischen Kirche, der die Geringschätzung der Frau augenfällig demonstriert und tagtäglich aufs neue reproduziert.
Mary Daly gehörte damals zu denjenigen katholischen Frauen, die in die Reformbestrebungen des Konzilpapstes Johannes XXIII. große Hoffnungen gesetzt hatten. Das in den sechziger Jahren von Johannes XXIII. einberufene 2. Vatikanische Konzil hatte sich die schwierige Aufgabe gestellt, die katholische Lehre einer zeitgemäßen und kritischen Prüfung zu unterziehen; zahlreiche Kirchenaustritte, Besucherrückgang bei den Gottesdiensten, Rückgang der kirchlichen Eheschließungen und Taufen und nicht zuletzt ein akuter Priestermangel machten die kritische Nabelschau aus der Sicht der katholischen Kirche notwendig.
Darauf gründeten viele Frauen hohe Erwartungen. An das 2. Vati-

kanische Konzil wurde eine Reihe von Anträgen gerichtet, die die Erwartungen vieler katholischer Frauen auf eine Veränderung des alten patriarchalen Frauenbildes und nach einer Verbesserung ihrer Positionen innerhalb der Kirche zum Ausdruck brachte. Dabei wurde als erstes die Forderung erhoben, Frauen überhaupt erst einmal an den Sitzungen des Konzils teilnehmen zu lassen, und die Praxis verurteilt, daß auf dem Konzil allein Männer die Angelegenheiten der katholischen Kirche und damit auch die von Frauen regeln.

Nach langem Drängen wurden schließlich einige Frauen, zumeist Ordensfrauen, zugelassen, allerdings nur zu den Sitzungen, die unmittelbar mit für Frauen relevanten Themen beschäftigt waren. Die betreffenden Frauen hatten jedoch kein Rede- und Antragsrecht; es war ihnen lediglich gestattet, die Diskussion zu verfolgen. Deutlicher konnte das krasse Mißverhältnis zwischen der katholischen Kirche und den Frauen nicht zum Ausdruck kommen.

Ein konkretes Anliegen der Frauen betraf die ungebrochene Autorität zahlreicher Theologen, vor allem Thomas von Aquin (1225 bis 1274), den herausragenden Vertreter der mittelalterlichen Scholastik und «Vater» der heutigen katholischen Theologie. Auf Grund seiner Zeugungstheorie, wonach die Frau nur den «formlosen Stoff», der Mann hingegen die «formende Kraft des Samens» zur Verfügung stellt, verkümmerte die Frau zum «Gefäß», zum «Behälter» für das gott-männlich geschaffene Leben in ihr.

Da «die tätig wirksame Kraft im Manne», so Thomas von Aquin weiter, «ihrer besonderen Natur nach etwas sich Ähnliches hervorbringen will, nämlich etwas Männliches», blieb die Frau nur noch als ein «mißlungener Mann» übrig; ein Bild, das über die Jahrhunderte hinweg bis in die Gegenwart hinein eine argumentative Stütze für eine die Frauen diskriminierende Politik durch die katholische Kirche abgegeben hat. Demnach sind Frauen nicht nur von allen kirchlichen Ämtern ausgeschlossen, sondern sie werden auch im Rahmen der Kirchengemeinde wie Menschen zweiter Klasse behandelt.

Obwohl die Unhaltbarkeit der mittelalterlichen Zeugungstheorie durch die neuzeitlichen Erkenntnisse der Genetik längst bewiesen war, hielten unbelehrbare Kirchenobere vehement an dem Lehrgebäude des «großen Heiligen» fest: die Frau als Gefäß, passiv, trächtig und willenlos dem alles beherrschenden Mann unterworfen; eine Position, die noch heute im Streit um die Schwangerschaftsabbrüche eine zentrale Rolle spielt. «Mein Bauch gehört mir», der selbstbewußte Schlachtruf der neuen Frauenbewegung, klingt in den Ohren vieler patriarchaler Oberhirten immer noch wie Gotteslästerung.

Das am häufigsten vorgebrachte Anliegen der Frauen an das 2. Vatikanische Konzil betraf jedoch die Zulassung zum Priesteramt. Die Klage über den Priestermangel hatten viele Theologinnen zum Anlaß genommen, eine Änderung der entsprechenden Bestimmungen aus dem Kirchenrecht zu fordern, wonach Frauen «weiheunfähig» sind und deshalb «grundsätzlich kein kirchliches Amt und keine Hirtengewalt» empfangen können. Diese jahrhundertealte Bestimmung aus dem Kirchenrecht war zunehmend als eine pauschale Diskriminierung von Frauen empfunden worden, zumal es für die zahlreichen Theologiestudentinnen einem weitgehenden Berufsverbot gleichkam.

Frauen können zwar seit 1945 in der Bundesrepublik katholische Theologie studieren, der Zugang zum Priesteramt bleibt ihnen jedoch bis heute verwehrt. In der protestantischen Kirche haben Frauen sich das Pastorenamt bereits erobert, der Zugang zur oberen Etage des Bischofsamts bleibt ihnen jedoch auch hier verschlossen. In beiden Kirchen sind es zum größten Teil die Frauen, die aktiv an der Gemeindearbeit teilnehmen, dort aber in erster Linie auf den unteren Rängen der ehrenamtlichen Mitarbeit geduldet werden: Kirchliche Wohltätigkeit wäre ohne die unbezahlte Arbeit von Frauen gar nicht möglich. Kirchenmänner haben sich um diese «verdienstvolle», aber ganz und gar nicht einträgliche Arbeit bislang noch kaum gerissen.

Die Tatsache, daß sie aus den oberen Kirchenämtern generell ausgeschlossen waren und die damit verbundene Beschränkung ihrer eigenen Berufsperspektive hat christliche Frauen beider Konfessionen schließlich motiviert, die männlich-theologischen Argumente gegen die Gleichstellung von Frauen in Kirche und Gesellschaft kritisch unter die Lupe zu nehmen: «Die feministische Theologie» heißt es in einem Positionspapier dazu, «beginnt mit der Entdekkung, daß die christliche Tradition die Menschwerdung der Frau behindert beziehungsweise nicht unterstützt.»[1]

Beifall für solche Argumente erhalten Theologinnen freilich in erster Linie von draußen: Die Frauenbewegung teilt mit den feministischen Theologinnen die Kritik am patriarchalen Christentum und seinen männlich-hierarchischen Strukturen. Mit der feministischen Theologie scheint der Funke der Frauen-Rebellion in die Kirchen übergesprungen zu sein. Ist die feministische Theologie also ein Kind der Frauenbewegung oder ein Teil von ihr? Viele beantworten diese Frage mit Ja. Andere hingegen legen auf den Unterschied zwischen den «ungleichen Schwestern» Wert. Während viele innerkirchliche Frauen auf ihre Eigenständigkeit bedacht sind und die Vorbehalte gegen Feministinnen bei ihrer innerkirchlichen «Wühlarbeit» als hemmend fürchten, vermuten außenstehende Kirchenkritikerinnen einen neuen Trick der Seelenhirten, um mit dem Köder der feministischen Theologie renitente Frauen dem Schoß der Kirche wieder zuzuführen.

Zuviel Mißtrauen gegeneinander ist sicher fehl am Platz. Innerkirchliche Wühlarbeit und außerkirchliche Opposition können durchaus zu gemeinsamen Zielen führen, dann nämlich, wenn für Frauen gemeinsam ein Stück realer gesellschaftlicher Macht – auch innerhalb der Kirche – erobert werden kann.

Feministische Theologinnen sind Frauen, deren Religiosität als solche für sie nicht zur Diskussion steht. Der Glaube an einen wie auch immer gearteten Gott oder eine Göttin gibt ihnen Halt und Sicherheit, gerade bei der Suche nach ihrer eigenen weiblichen Identität. Eine holländische Feministin hat einmal sehr anschaulich beschrieben, welche Bedeutung für sie der Glaube besitzt:

> «Wenn ich versuche, meinen Weg zu gehen, verliere ich jedesmal Kontakte; die Gemeinschaft der Menschen ist, genauso wie ich selber, voller Täuschungen, Unrecht, Haß. Ich brauche Korrek-

tur und Unterstützung. Ich möchte nicht untertänig, aber auch keine Herrscherin sein. In der Gestalt von Christus begegnet mir alles, was ich brauche. Mit Christus kann ich, wenn es sein muß, allein stehen.»[2]

Das Spektrum der Positionen innerhalb der feministischen Theologie reicht von der radikalen Kritik an der «christlich-patriarchalen Ideologie» bis hin zu Versuchen, das Christentum als frauenfreundliche und frauenbefreiende Religion wieder zu entdecken. Die feministische Theologie gibt es demnach nicht, sondern einzelne Kirchenfrauen, die sich selbst als feministische Theologinnen bezeichnen: Dorothee Sölle etwa oder Elisabeth Moltmann-Wendel, Mitarbeiterin des Tübinger Projekts «Frau und Christentum», Elisabeth Gössmann, die auf Grund der hiesigen Beschränkungen in Japan lehrt, und Catharina Halkes, die in Holland das erste katholische Projekt «Feminismus und Christentum» leitet.

Sie alle eint der Wunsch nach einer «Scheidung von Christentum und Patriarchat» (Elisabeth Moltmann-Wendel). Ein erster bescheidener Versuch, das gemeinsame Anliegen von Feministinnen in der Kirche zu formulieren, erfolgte 1978 auf der vom Weltkirchenrat einberufenen Konsultation christlicher Frauen in Europa. Das Grundsatzdokument dieser Tagung trägt deutlich die Handschrift der auf eine vorsichtige Reform der Kirche zielenden Theologinnen:

> «Feminismus ist für uns eine Strategie, ein Lebensprinzip, von dem unser Denken und Handeln bestimmt ist. Den Frauen in den westlichen Ländern geht es zuerst darum, sich als Frauen selbst zu entdecken. Nachdem Gesellschaft und Kirche ihnen jahrhundertelang vorgeschrieben haben, wer sie sind, was sie zu tun, was sie zu lassen haben, ist es nun Zeit, herauszubekommen, wer sie selber sind, was sie können, was sie tun wollen.
> Dieser Prozeß wird verbunden sein mit einer kritischen Betrachtung der Strukturen ihrer Kirchen und der Gesellschaften, in denen sie leben …

Unser gemeinsames Anliegen ist es, daß wir uns gegenseitig Mut machen, uns selbst, unsere Gedanken, unsere Pläne, unsere Wünsche, ja auch unsere Emotionen in unsern Kirchen, unseren Gesellschaften zu zeigen und zu artikulieren mit dem Ziel der Veränderung, das sich so umschreiben läßt: Kirche und Theologie sollen ganzheitlich werden, in die Lage versetzt werden, alle Menschen, insbesondere die Unterdrückten, in den Blick zu bekommen ...
Wir betonen ausdrücklich, daß diese Strategie, dieses Lebensprinzip nicht gegen den Mann gerichtet ist, sondern ihn eher ermutigen soll, seinen gegengeschlechtlichen Pol zu entdecken. Wir wünschen in Freundschaft mit ihm zusammenzuleben und ihn als Bündnispartner auf dem Weg der Befreiung zu gewinnen.»

(aus der ersten europäischen Konsultation christlicher Frauen in Europa, Brüssel 1978)[3]

Dorothee Sölle, heute bekannt durch ihr Engagement in der Friedensbewegung, begreift ihre feministische Arbeit in der Kirche als wichtigen Beitrag zur Veränderung der patriarchalen Kultur: «Wir meinen, daß die Kultur, in der wir zur Zeit leben, falsch ist, Menschen beschädigt, Menschen zerstört, verkrüppelt, daran hindert, Menschen zu werden, daß also unsere Ziel- und Wertvorstellungen andere sein müssen als die herrschenden männlichen.»[4] Sie begreift die feministische Theologie als eine Befreiungstheologie analog zu den Befreiungstheologien in der Dritten Welt. Theologie der Befreiung heißt für sie, bestehendes Unrecht nicht mit der Theologie und dem Glauben zu versöhnen, zu bemänteln oder zu verklären, sondern jetzt und heute für ein besseres Leben einzutreten und sich dafür zu engagieren.
An die Frauen gerichtet sagt sie, den Philosophen Schleiermacher zitierend:
«Du sollst nicht falsches Zeugnis ablegen für die Männer, du sollst ihre Barbarei nicht beschönigen mit Worten und Werken.» Sie ruft

die Frauen dazu auf, die von Männern geplanten Kriege zu verhindern. Dazu müssen sich die Frauen von ihren eigentlichen «Sünden» befreien, von ihrer jahrhundertelang eingeübten Selbstverleugnung, ihrer Selbstlosigkeit im schlechten Sinn der Worte, von ihrer Angepaßtheit an die herrschende Struktur, vom mangelnden Stolz darauf, eine Frau zu sein. Befreien müssen sie sich damit auch von einer Theologie, die seit Jahrhunderten ausschließlich von Männern gemacht wurde, mit ihren männlichen Normen und Werten und der Festschreibung der weiblichen Unterordnung.

«Frauen sind nie frei gewesen», sagt die holländische Feministin Maria de Groot, «weder sich selbst noch die sie umgebende Welt, noch Gott zu benennen. Die männlichen Bilder und Ideen haben die Frau in der christlichen Tradition zur Außenseiterin gemacht. Sie ist untergeordnet und unterdrückt worden. Das Denken der Frauen vollzieht sich in dieser Unterdrückung, Unfreiheit und Unterordnung.»[5] Gemeint sind damit zunächst kirchliche Frauen, und zwar die große Mehrheit derjenigen, die, einer alten Tradition folgend, ohne Widerspruch die letzten Plätze in der kirchlichen Hierarchie einnehmen.

Die katholische Theologin Iris Müller, die in Münster das Projekt über die «Stellung der Frau im Islam und in islamischen Gesellschaften» leitet, beklagt in diesem Zusammenhang die nach wie vor vorhandene Passivität gerade katholischer Theologiestudentinnen gegenüber der männlich-priesterlichen Vorherrschaft und deren frauenfeindliche Sprüche im Seminar.

Feministische Theologie als Theologie der Frauen und für Frauen rückt dieser Passivität zu Leibe, legt den Finger auf die Wunde, ist unbequem, provoziert und will weitere Frauen in der Kirche dazu ermuntern, sich gegen die autoritären Strukturen ihrer Kirche zu wehren und ihr lang eingeübtes – und aufgezwungenes – Schweigen zu durchbrechen. Und wenn dieses Engagement dann zum Kirchenaustritt führt? Warum nicht, meinen die Redaktionsfrauen der feministisch-religiösen Streitschrift *Schlangenbrut* unbefangen. Sie finden eine kontroverse Diskussion unter Frauen viel spannender als das passive Verharren in althergebrachten Dogmen.

Frauenselbsterfahrungsgruppen werden von religiösen Frauen in der Kirche gebildet und völlig neue Formen der Religionsausübung auf Kirchentagen und feministischen Kongressen erprobt. Eine Arbeitsgemeinschaft «Feminismus und Kirche» versammelt unterschiedliche Kirchenfrauen zum regelmäßigen gemeinsamen Gedankenaustausch. Theologie von unten, von der Basis, von Frauen, aber nicht unbedingt von professionellen Theologinnen gemacht. «Feministische Theologie ist eine Theologie, die von den Erfahrungen von Frauen lebt»;

> «sie ist keine abstrakte Theologie über das Wesen Gottes und die von ihm abgeleitete Kirche, sondern der Versuch von Frauen, ihre Erfahrungen von Unterdrückung und Ausbeutung auch theologisch zur Sprache zu bringen; d. h. ihre Situation als Frau mit ihrem religiösen Selbstverständnis in Zusammenhang zu bringen oder, wie lateinamerikanische Christen sagen, ihre soziale und politische Situation im ‹Lichte des Glaubens› zu betrachten.»[6]

Erfahrungsgeleitete Theologie von Frauen umfaßt «Kopf» und «Bauch»: «Ich will nicht eine abstrakte, abgehobene, idealistische Theologie haben», erklärt Dorothee Sölle; «ich will ‹Kopf› und ‹Bauch›. Es gehört zu mir. Unsere Leiblichkeit ist etwas, was wir nicht verdrängen, entwichtigen, totschlagen, schamhaft verstecken müssen.»[7] Damit spricht Dorothee Sölle eine jahrhundertealte Leidensgeschichte von Frauen an: Heilige Jungfrau Maria oder sündig-körperliche Hure Eva – dazwischen gab es keine Wahl, eine Projektion, die zahllose christliche Frauen in ihrem körperlichen und geistigen Ausdruck massiv beeinträchtigt hat.

In einem Vortrag auf der West-Berliner Volksuniversität 1981 stellte sie eine Reihe provozierender Fragen zur Funktion des Gottesglauben: «Wozu brauchen wir einen Gott, dessen wichtigste Qualität nichts als das männliche Ideal repräsentiert, nämlich Macht zu haben? Warum verehren Menschen einen Gott, dessen Hauptqualität Macht ist, dessen Interesse ist, andere zu unterwerfen, dessen Angst ist, daß andere gleichberechtigt sein könnten? Welche Phantasie steckt dahinter? Ist es zuviel gesagt, wenn ich die Phantasien, nämlich die Anbetung von Macht, phallokratische Phantasien nenne?»[8] Dagegen stellt sie ihre Forderung nach einer Reformierung der Gottesidee im Interesse der «Beleidigten» und «Erniedrigten» in unserer Gesellschaft.

Das theologische Selbstverständnis feministischer Theologinnen hat sich aus der kritischen Auseinandersetzung mit der vorherrschenden männlichen Theologie entwickelt. Dazu gehört die kritische Sichtung der Bibel, das Aufspüren frauenbejahender und frauenverachtender Botschaften und ihre Interpretation; die Sichtung einer 2000 Jahre alten Geschichte der Kirche nach der «her-story» (statt «his-story») von Frauen, die Formulierung neuer Gottesbilder jenseits männlicher Machtansprüche und die Suche nach neuen weiblichen Orientierungshilfen und Leitbildern. Dabei haben feministische Theologinnen Maria als «heimliche Göttin des Christentums» neu entdeckt. Das feministische Selbstverständnis der kritischen Theologinnen resultiert dabei aus der eigenen Erfahrung als Frauen in einer vorwiegend von Männern geprägten und beherrschten Gesellschaft und Kultur.

Zitatnachweis:
Der Aufstand der Frauen in der Kirche

1 Zweimal Patriarchat, hg. von der Arbeitsgemeinschaft Katholischer Studenten- und Hochschulgemeinden, 1980, S. 201.
2 Scharffenorth, Gerda u. a. (Hg.), Studien und Problemberichte aus dem Projekt «Frauen als Innovationsgruppe» des Deutschen Nationalkomitees des Lutherischen Weltbundes, Band 3, Berlin 1978, S. 209.
3 Moltmann-Wendel, Elisabeth, Das Land wo Milch und Honig fließt, Perspektiven einer feministischen Theologie, Gütersloh, 1985, S. 73.
4 Sölle, Dorothee, Vater und Mutter im Himmel, Anfragen feministischer Theologie, in: Das Argument, 1981, S. 667.
5 Scharffenorth, Gerda u. a. (Hg.), a. a. O., S. 202.
6 Schlangenlinien, Feministische Wissenschaft, Feministische Theologie, hg. von der Arbeitsgemeinschaft Katholischer Studenten- und Hochschulgemeinden, Bonn, 1984, S. 126.
7 Sölle, Dorothee, a. a. O., S. 669.
8 Ebd., S. 672.

2. Frauen entdecken die Bibel

Bereits im 19. Jahrhundert schrieb Elizabeth Cady Stanton die ‹*Women's Bible*›, eine neue Bibel aus Frauensicht. Was damals noch die Arbeit einer einzelnen Frau gewesen ist, wird heute im Kreise feministischer Theologinnen gemeinsam fortgeschrieben und fortgedacht.

Die Bibel wurde von Männern geschrieben und in ihre heutige Form übersetzt. Männer entschieden auch, welche Texte in die Sammlung der ‹*Heiligen Schrift*› aufgenommen wurden und welche nicht. Frauen, die heute die Bibel kritisch lesen, suchen nach den verschütteten und verzerrten Spuren ihrer Vorfahrinnen in den Schriften des Alten und Neuen Testaments. Eine Sisyphus-Arbeit, die längst vergessene Frauen aus den Bibel-Geschichten zutage fördert und auch Hinweise darauf gibt, wo, wie und warum Männerinteressen Frauenleben und Frauenwirken ausgelöscht haben.

Die Bibeltexte sind mehr als zweitausend Jahre alt. Ihre Verfasser entstammen dem Judentum, in dem, wie in allen patriarchalen Religionen und Kulturen, die Frau eine untergeordnete Stellung einnahm. Zahlreiche Beschränkungen, unter denen Frauen zu leiden hatten, sind durch die Schriften des Alten und Neuen Testaments überliefert. Trotzdem ist nach Ansicht der feministischen Bibelexegetinnen eine Frauentradition in der Bibel sichtbar, doch nur wie «die Spitze eines Eisbergs» (Moltmann-Wendel) zu einem Bruchteil. Was sich unter dieser Spitze verbarg, schlußfolgern die Theologinnen weiter, mußte «größer, gewaltiger und gefährlicher» für die männlichen Bibelautoren gewesen sein, als wir heute ahnen. Dokumente sind offenbar verschollen und vernichtet worden, Namen von Frauen wurden ausgelöscht oder verändert.

«Wo ist die her-story in der Bibel, die Geschichte von Frauen?» fragen feministische Theologinnen und ziehen dabei ein reiches historisches Quellenmaterial zu Rate. Jenseits patriarchaler Schön- oder Schwarzfärberei analysieren sie die Inhalte der einzelnen Bibelstellen neu und kommen dabei zu erstaunlichen Ergebnissen.

Der Auszug aus der Männergesellschaft

Die biblische Geschichte vom Auszug des israelischen Volkes aus der ägyptischen Sklaverei erzählt von der entbehrungsreichen Odyssee der Israeliten durch Wüste, Hunger und Verzweiflung in das gelobte Land Kanaan, «wo Milch und Honig fließt». Die Hoffnung auf eine bessere Zukunft und der Glaube an die sichere Führung Gottes verlieh den Israeliten auf ihrer langen Reise die nötige Kraft: das Meer teilte sich, um den rettenden Fluchtweg zu ermöglichen, während die ägyptischen Verfolger in den zurückflutenden Wellen ertranken. Der Himmel spendete das göttliche Manna, als die Israeliten in der Wüste zu verhungern drohten ...

Für Befreiungstheologen ist diese Geschichte das Symbol für die Befreiung eines Volkes von Armen und Ausgebeuteten, das den Mächtigen zu entkommen versucht. In den Ländern der Dritten Welt symbolisiert die Geschichte vom Auszug der Israeliten die Hoffnung auf das Ende von politischer Unterdrückung und wirtschaftlicher Not; der Auszug selbst drückt dabei das aktive Element der eigenen Befreiung aus. Feministische Theologie, die sich selbst als Frauenbefreiungstheologie versteht, hat dieses Motiv aufgegriffen. Der Auszug der Israeliten aus Ägypten war ihr Aufbruch aus der Sklaverei, aus Unterordnung und Demütigung; aber auch der Auszug weg von den üppigen Fleischtöpfen des reichen Ägypten hin in eine unbekannte Zukunft.

«Wir wollen heute an dieser Geschichte anknüpfen», erzählt eine Pastorin in einem feministischen Gottesdienst zum internationalen Frauentag am 8. März, «an die Erfahrung von Unterdrückung und

Auszug und Wüste und Krise und endlich Befreiung. Wir wollen versuchen, von uns selber zu erzählen, wie unser Ägypten aussieht, aus dem wir heraus wollen.»[1]

Wie das Volk der Israeliten wurden Frauen seit Jahrhunderten verfolgt, unterdrückt und in ihrem Selbstbewußtsein erniedrigt. Dabei sind es gerade die christlichen Frauen, die sich «zu lange schon» der christlichen Vorherrschaft in der Kirche gebeugt haben, anstatt dagegen zu rebellieren – aus Angst vor Konflikten, Zurückweisungen und Diskriminierungen. Christliche Frauen haben auf die Brüderlichkeit der Männer gesetzt und sich in ihre «Schutz- und Streichelzonen» begeben, ihnen zugearbeitet und sie verehrt, statt «ihre eigene Lebenskraft und Stärke zu entdecken und zu leben». Männliche Gottesbilder haben dazu beigetragen, die Haltung der Unterordnung gegenüber den Männern zu bestärken.

Ist der Auszug der Frauen aus der Gesellschaft der Männer und aus deren Kirche demnach die aktuelle Botschaft der Bibel? Die Frage stellen sich heute viele Frauen in der Kirche:

> «Muß ich um meiner Glaubwürdigkeit willen nicht rausgehen aus dieser Kirche, die an Ordnungen festhält, die Solidarität verhindern und Menschen abhängig machen; muß ich nicht ausziehen aus diesem reichen Land?»[2]

Demgegenüber begreift die Tübinger Theologin Elisabeth Moltmann-Wendel das Motiv vom Auszug im Alten Testament als Symbol der Hoffnung auf eine humane und befreite Zukunft für Frauen. «Auszug wohin?» fragt Elisabeth Moltmann-Wendel und versucht die tiefere Bedeutung der biblischen Vision vom Milch-und-Honig-Land zu enträtseln: Das Milch-und-Honig-Land ist die Verheißung eines humanen Lebens «aus natürlichen Ressourcen», das «die Erinnerung an die Wertmaßstäbe einer Frauenkultur» enthält; «denn Milch ist das Produkt der Mütter, und Honig kommt aus dem Bienen-Frauen-Staat».[3] Fruchtbarkeit und Naturordnung kennzeichnen die verheißene menschliche Zukunft; für Frauen ein Zeichen der Hoffnung. Denn das Land, wo Milch und Honig fließt, wird kein Patriarchat mehr sein, sondern der Zukunftstraum von Frauen: eine humane Gesellschaft, in der Frauen ihre eigenen Ursprünge und ihre Identität, ihre Lebensqualität und ihre Vorstellung vom Glück neu erfahren.

Am Anfang war die Frau

Der biblische Schöpfungsbericht beschreibt die Erschaffung der Welt durch einen göttlichen Schöpfer nach dessen Plan: Aus dem Chaos teilte er Himmel und Erde, Licht und Finsternis, Wasser und Land, schuf Pflanzen und Tiere; am Ende der Schöpfung, als Krönung, schuf Gott den Menschen: «als Abbild Gottes schuf er ihn. Als Mann und Frau schuf er sie.» (Gen. 1,27) «Macht euch die Erde untertan», sprach Gott zu den Menschen und setzte sie als Herren seiner Schöpfung ein.

In einer zweiten Version des Schöpfungsberichts wird die Erschaffung der Menschen noch einmal geschildert: Gott formte zunächst aus dem Ackerboden Adam, dann Eva aus einer Rippe. (Gen. 2,7) Adam begrüßt Eva mit den Worten: «Das endlich ist Bein von meinem Bein und Fleisch von meinem Fleisch, ‹Männin› soll sie heißen, denn vom Mann ist sie genommen.» (Gen. 2,23)

Die zweite Schilderung aus dem Schöpfungsbericht über die Entstehung von Mann und Frau ist von der christlichen Theologie im Laufe ihrer Geschichte immer wieder als zentraler Beleg für die «Zweitrangigkeit» der Frau gegenüber dem Mann herangezogen worden. Feministische Theologinnen dagegen betrachten diese Version als typisches Produkt einer «patriarchalen Geschichtsverfälschung» in der Bibel. Sie berufen sich ausdrücklich auf die erste Fassung, in der Gott Mann und Frau gleichermaßen nach seinem Bild geformt und dadurch seinen Willen nach Gleichrangigkeit der Geschlechter zum Ausdruck gebracht hat. Hätte Gott tatsächlich nur den Mann als sein Ebenbild geschaffen, die Frau dagegen als eine Art Abklatsch – was hätte dann dieser Gott Frauen überhaupt noch zu sagen? Wie können sich Frauen mit einem Gott identifizieren, der allein das männliche Geschlecht repräsentiert? Eine Frage, die sich männliche Theologen bisher kaum gestellt haben.

Mit dieser Kritik an der «männlichen Schöpfungsgeschichte» ist die Argumentation feministischer Theologinnen zur Genesis noch lange nicht erschöpft. Ist es wahr, daß der biblische Schöpfergott ein Mann gewesen ist, fragen feministische Bibelexegetinnen und weisen auf die «unmögliche Konstruktion» eines männlichen Schöpfergottes hin. Wie soll Gott aus sich heraus die Welt und ihre Lebewesen erschaffen haben? Der reale Geburtsvorgang, wonach Frauen Leben gebären, wird in dieser Geschichte auf den Kopf gestellt. Das alte religiöse Bild von der kosmischen Urmutter sehen die feministischen Theologinnen im christlichen Schöpfungsmythos weitgehend getilgt.

Die Vorstellung von einem männlichen Schöpfergott betrachten sie als den logischen Ausfluß patriarchalen Denkens und patriarchaler Herrschaft, die den Frauen ihre ursprünglich einmal geachtete und religiös verehrte Fruchtbarkeit genommen hat.

Überreste weiblicher Religionen finden feministische Bibelexegetinnen im Symbol «des Geistes», der vor Beginn der Schöpfung «über dem Wasser schwebt». Dieser Geist wird in der Taube als Sinnbild der weiblichen Schöpfungskraft dargestellt. Auch das «Chaos», aus dem Gott die Welt schuf, gilt Theologinnen als altes Symbol der kosmischen Urmutter. Diese Bilder sind Überreste weiblicher Mythen, die der männlichen Bibelgeschichtsschreibung nicht gänzlich zum Opfer gefallen sind.

Am Anfang war die Frau, meint daher die amerikanische Theologin Rosemary R. Ruether und erzählt die biblische Schöpfungsgeschichte aus der Sicht feministischer Theologinnen neu:

> «‹Ich bin der Herr, dein Gott, du sollst nicht andere Götter haben neben mir›, brüllte Gottvater, als er sich hoch oben auf seinem himmlischen Thron niederließ und auf die ihm huldigenden Engelscharen herabblickte …
> Da tauchte vor seinen Augen ein … Bild auf, eine schillernde

Gestalt, in einen dunklen, mit Sternen bestickten Mantel gehüllt. Der Mond krönte ihr Haupt, und sie hielt Früchte und Blumen in den Händen. ‹Mein Gott›, sagte er halblaut ..., ‹die Königin des Himmels. Warum erscheint sie mir immer noch in Gedanken? Ich habe ihre Herrschaft doch schon vor tausend Jahren gebrochen› ... ‹Nein, Zebaoth, mein Sohn. Ich bin die Mutter der Götter und Menschen, Schöpferin aller Dinge. Ich bin auch deine Mutter. Selbst, wenn du mich verleugnest, bin ich immer noch hier. Jenseits deines Wissens und deiner Gebote gibt es noch eine, die vor dir da ist, die größer ist als du und die noch leben wird, wenn dein Reich im Himmel untergeht.›»[4]

Ein weiterer Punkt kritischer Exegese ist der im Schöpfungsbericht überlieferte «göttliche Auftrag» an den Menschen, sich die Erde «untertan» zu machen. Dieses «Gebot» widerspricht dem ökologischen Grundverständnis feministischer Theologinnen. «Mutter Erde, Mutter Natur war die schützende, mächtige Gottheit», schreibt die in Holland lehrende Theologin Catharina Halkes. Sie war es, die Leben und Fruchtbarkeit spendete, und zu der das Leben immer wieder zurückkehrte. In einem ewigen Kreislauf von Geborenwerden, Sterben und Wiedergeburt setzte sich dieser Prozeß in der Natur immer wieder fort. Diese kosmische Einheit, so Catharina Halkes, wurde durch das Auftreten des Christentums und anderer patriarchaler Religionen durchbrochen. Sie brachten dem Menschen zwar eine größere Autonomie, stellten ihn aber auch gleichzeitig der Natur feindlich gegenüber. Naturzerstörung und Ausbeutung der Naturressourcen sieht sie als Ergebnis dieses gespaltenen Verhältnisses zwischen Mensch und Natur.

Dieses Denken in Gegensätzen wie Mensch und Natur, männlich und weiblich, gut und böse, hell und dunkel, Himmel und Erde hat Mary Daly als die Ursache der Frauenunterdrückung benannt. Gegensätzliches Denken und Sein nennt sie männlich, ganzheitliches Denken und Sein dagegen weiblich. Für sie besteht die Aufgabe von Frauen darin, alle Formen von gegensätzlichem Denken und Handeln abzulehnen, um zu einem ganzheitlichen Verständnis des Kosmos und der Menschen zu gelangen. Wir können deshalb die hierarchische Stellung des Mannes über die Frau im Christentum nicht kritisieren, meine Rosemary R. Ruether dazu, «ohne gleichzeitig die Hierarchie des Menschen über die Natur zu kritisieren und zu überwinden».[5]

Eva und der Apfel

Die biblische Geschichte vom Sündenfall der Menschen im Paradies beschreibt die Verführung Evas durch die Schlange, «die schlauer war als alle Tiere», die Gott geschaffen hatte. Die Schlange überredete Eva, vom verbotenen Baum der Erkenntnis zu essen mit dem Versprechen: «Sobald ihr davon eßt, gehen euch die Augen auf; ihr werdet wie Gott.» (Gen. 3,5) Als Strafe für diesen Ungehorsam vertrieb Gott Adam und Eva aus dem Paradies und entließ sie damit in ein Leben voll Mühsal, Krankheit und Not.
Die christliche Theologie hat daraus eine Geschichte der weiblichen Urschuld konstruiert. Die Frau, und nicht der Mann, übertrat das göttliche Verbot; die Frau, und nicht der Mann, ließ sich von den Versprechungen der Schlange verführen. «Einfallspforte des Teufels» haben mittelalterliche Theologen die Frauen deshalb genannt und ihr die ausschließliche Schuld am Leid der Welt zugesprochen. Denn es war die Frau, die durch ihren Ungehorsam dem unbeschwerten Leben im Paradies ein Ende gesetzt hatte: «Wenn die Welt ohne Frauen sein könnte», resümieren die Autoren des ‹*Hexenhammers*› (1487 in Straßburg gedruckt), «würden wir mit den Göttern verkehren.» Die Frau erschien als die «geheime Feindin, die die heile Welt der Gnade und Erlösung in den Rachen des Teufels zu werfen droht. Die wollüstige, sinnliche und von Natur aus aufsässige Frau ist das geeignete Werkzeug in der Hand des Teufels in seinem hartnäckigen Bemühen, Gottes Heilsplan zu sabotieren.»[6]

Die Hexe schließlich war der Inbegriff der verführerischen und gefährlichen Frau, «schön nach außen, aber darunter voller Verderbnis, die den männlichen Geist in den Abgrund der Sünde, des Todes und der Verdammnis zerrt».[7]
Hysterischer Frauenhaß und systematische Frauenvernichtung waren das Ergebnis: im kleinen das Züchtigungsrecht für den Mann und seine tagtäglichen Beschimpfungen und Schmähungen; im großen die brennenden Scheiterhaufen der Inquisition.
Feministische Theologinnen interpretieren den «Sündenfall» heute neu. Während Eva aktiv und von dem Wunsch nach Wissen getrieben handelt, erscheint Adam neben ihr als der passive Mann, der von Eva den Apfel* empfängt, ohne selbst aktiv zu werden oder sich über seine Handlung Gedanken zu machen. Als Gott ihn zur Rede stellt, schwärzt er Eva an: «Die Frau, die du mir gabst, hat mir von dem Baum gegeben.» (Gen. 2,12) Adam versucht seine Hände in Unschuld zu waschen. Die ursprünglich aktive Eva wurde durch die Vertreibung aus dem Paradies von Gott entmachtet und dem passiven Mann unterstellt: «Er aber soll über dich herrschen.» Adam, der Herrscher der neuen patriarchalen Ordnung außerhalb des Paradieses, hat sich die eben noch führende Eva unterworfen. Ihre lebensbejahende Fruchtbarkeit wird zum entsetzlichen Fluch degradiert: «Unter Schmerzen sollst du gebären».
Der biblische Mythos vom Sündenfall der Frau, so die Theologin Elga Sorge, kann als Geschichte des Patriarchats und seines Entstehens interpretiert werden. «Im Sündenfallmythos liegt der patriarchale Versuch vor, die Göttin zu stürzen und weibliche Fruchtbarkeit, Lebens- und Göttin-Weisheit zu entwerten, zu dämonisieren und zu verfluchen.»[8]
Die Symbole des biblischen Sündenfalls weisen auf den matriarchalen Hintergrund der Geschichte hin: die sich häutende Schlange, die Eva und nicht Adam mit ihrem Versprechen nach Weisheit lockt,

* In der Bibel selbst ist nur die Rede von der «Frucht» und den «Früchten», in den Darstellungen wird diese Frucht jedoch immer als ein Apfel abgebildet. Die Interpretation der Symbolik bezieht sich somit auf einen Apfel.

gilt als das uralte Symbol weiblicher Fruchtbarkeit und Klugheit. Daß Gott die Schlange unter allen Tieren des Feldes verfluchte, ist nach Ansicht von Elga Sorge «eine Mitteilung über den Geschlechterkampf, der Todfeindschaft einschließt: er wird ihr den Kopf zertreten, und sie wird ihn in die Ferse stechen».[9]

Der Apfel, den Eva vom Baum des Lebens und der Weisheit nahm, ist «das Symbol weiblicher Macht und Weisheit». Daß Eva den Apfel mit Adam teilte, zeigt, daß sie den Mann an ihrem Wissen teilhaben lassen wollte. Eva, die den Apfel besaß, war nicht nur weiser als Adam, sondern, auf Grund des «göttlichen» Verbots, auch mutiger, «als sie trotz des Verbots eines furchterregenden männlichen Gottes auf die in der Schlange verkörperte Weisheit hörte».[10]

«Eva», schlußfolgert die Exegetin Elga Sorge weiter, «kannte ganz offenbar die Angst noch nicht, durch zuviel Intellektualität und Selbständigkeit ihre Identität als Frau zu verlieren, eine Frauengestalt, die wir uns nicht ohne weiteres heute vorstellen können, weil man uns gründlich abtrainiert hat, an unsere eigenen Einsichten zu glauben.»[11]

Die Frau schweige in der Gemeinde

Bis heute hat Paulus als führender Apostel der ersten Christen mit seinen Briefen über die Stellung der Frau in der Gemeinde die Praxis der Kirche bestimmt. «Wie es in allen Gemeinden üblich ist», schreibt Paulus, «sollen die Frauen in der Versammlung schweigen; es ist ihnen nicht gestattet zu reden» (Kor. 14,33). «Eine Frau soll sich still und in aller Unterordnung belehren lassen. Daß eine Frau lehrt, erlaube ich nicht, auch nicht, daß sie über ihren Mann herrscht; sie soll sich still verhalten» (1. Tim. 2,11–12). Als Zeichen ihrer niederen Stellung gegenüber dem Mann ordnet Paulus die Verschleierung der Frau an.

«Der Mann aber darf sein Haupt nicht verhüllen, weil er Abbild und Abglanz Gottes ist. Denn der Mann stammt nicht von der

Frau, sondern die Frau vom Mann. Der Mann wurde auch nicht für die Frau geschaffen, sondern die Frau für den Mann» (1. Kor. 11,7–9). «Und», fährt er zur Bekräftigung fort, «nicht Adam wurde verführt, sondern die Frau ließ sich verführen und übertrat das Gebot» (1. Tim. 2,14). An die Frauen gerichtet, fordert er: «Ihr Frauen ordnet euch euren Männern unter wie dem Herrn (Christus); denn der Mann ist das Haupt der Frau, wie auch Christus das Haupt der Kirche ist ... Wie aber die Kirche sich Christus unterordnet, sollen sich auch die Frauen in allem ihren Männern unterordnen» * (Eph. 5,22–24).

Diese Aussagen Paulus' über die Stellung der Frau haben das christliche Frauenbild und die christliche Familienpolitik geprägt. Die Vorstellung, daß der Mann das Oberhaupt der Familie sei, hat sich bis in die Gegenwart hinein erhalten. Das Schweigegebot für Frauen in der Gemeinde gilt in der katholischen Kirche noch heute. Erst die radikale Wandlung der Stellung der Frau in der modernen Gesellschaft und ihre in immer stärkerem Maße akzeptierte Forderung nach voller Gleichberechtigung mit dem Mann lassen die paulinischen Weisungen aus der Bibel als Relikte einer längst vergangenen Epoche erscheinen. Auch einige männliche Theologen haben deshalb bereits zum Rückzug geblasen; das paulinische Erbe wird als Dokument früherer Zeit interpretiert, das in seiner Aussagekraft bezüglich der Unterordnung der Frau gegenüber dem Mann heute keine Relevanz mehr besitzt.

Demgegenüber stellen feministische Theologinnen fest, daß in der neuen ökumenischen Bibelübersetzung, die im Jahr 1979 fertiggestellt wurde, die inkriminierten paulinischen Texte nicht entsprechend kritisch kommentiert worden sind, obwohl eine zeitgemäße Lesart der Bibel ausdrücklich das Anliegen der neuen Einheitsübersetzung gewesen war. Dadurch entsteht der Eindruck, daß die Kirche bewußt am paulinischen Erbe festhalten will. Die hartnäckige Weigerung des katholischen Klerus, Frauen zum Priesteramt zuzulassen, bestätigt diesen Verdacht.

* Dieses ist der Wortlaut der neuen Einheitsübersetzung (!).

Der Streit um die Frauenordination, der sich an Paulus' Schweigegebot entzündet hatte, hat mittlerweile die feministischen Theologinnen selbst in zwei Lager gespalten: «Können feministische Theologinnen von einem heutigen feministischen Bewußtseinsstand aus die Ordination von Frauen überhaupt fordern, oder passen sie sich damit nur an die kritisierten klerikalen Strukturen an?»[12] fragt eine Theologin und stellt damit die hierarchischen Strukturen der Kirche insgesamt zur Diskussion. Die Furcht, daß kritische Theologinnen bei ihrem Einzug in die oberen Ränge der Kirchenhierarchie eingekauft und mundtot gemacht werden könnten, steckt dahinter. Wir sind überzeugt, argumentiert eine andere Frau, «daß den Frauen kein guter Dienst erwiesen wird, wenn man sie in der jetzt bestehenden Kirche zu ‹Priesterinnen› aufsteigen läßt».[13]

Demgegenüber hält die katholische Theologin Ida Raming die Frauenordination für den eigentlichen Dreh- und Angelpunkt der Frauenbefreiung in der Kirche. Denn, so ihre Argumentation, solange Frauen vom Priesteramt ausgeschlossen bleiben, wird sich auch die Frauenpolitik der Kirche um kein Jota verändern; denn der Ausschluß der Frauen vom Priesteramt ist ja bereits selbst Ausdruck einer diskriminierenden Kirchenpraxis.

An diesem Punkt stehen sich beide Parteien genauso unversöhnlich gegenüber wie die Diskutantinnen der Frage: «Frauen in die Bundeswehr, ja oder nein?» Sollen Frauen in ausgesprochenen Männerinstitutionen – wie Kirche und Bundeswehr – ihr Recht auf gleichen Zugang fordern oder aber diesen Institutionen generell den Rücken kehren?

Die Gegnerinnen der Frauenordination unter den feministischen Theologinnen wollen die Kirche als Ganzes verändern: «Überzeugender sind für uns Überlegungen», meint eine Frau, «die im Kontext eines Plädoyers für einen neuen Zugang von Laien zur Gemeindeleitung, neue Arbeitsformen für Männer und Frauen im kirchlichen Dienst suchen.»[14]

Gemeint ist damit die Forderung nach einer umfassenden Demokratisierung innerhalb der Kirche, die nach wie vor eine streng hierarchische, im heutigen Verständnis undemokratische, Trennung zwischen «oben» (Klerus) und «unten» (Laien) praktiziert, gemäß der paulinischen Weisung: «Einer ordne sich dem anderen unter» (Eph. 5; 21,5). Feministische Theologinnen gehen hier über eine rein frauenbezogene Kritik an der Kirche hinaus und fordern die generelle Veränderung hierarchischer Machtstrukturen in Kirche und Gesellschaft.

Das sündige Fleisch

Die Aussagen zur Sexualität bei Paulus haben die christliche Moral- und Sittenlehre und damit ihr Frauenbild geprägt. Sie zeichnen sich durch eine überspitzte Gegenüberstellung von «reinem Geist» und «sündigem Fleisch» aus, wobei der Mann den «Geist», die Frau hingegen das «Fleisch» verkörpert. Diese Verachtung des «Fleisches» bei Paulus hat für Frauen schlimme Konsequenzen gehabt.
Paulus schreibt:

> «Denn alle die vom Fleisch bestimmt sind, trachten nach dem, was dem Fleisch entspricht, alle, die vom Geist bestimmt sind, nach dem, was dem Geist entspricht. Das Trachten des Fleisches führt zum Tod, das Trachten des Geistes aber zu Leben und Frieden. Denn das Trachten des Fleisches ist Feindschaft gegen Gott; es unterwirft sich nicht dem Gesetz Gottes und kann es auch nicht. Wer vom Fleisch bestimmt ist, kann Gott nicht gefallen» (Röm. 8,5–9).

Dementsprechend empfiehlt Paulus: «Darum tötet, was irdisch an euch ist: die Unzucht, die Schamlosigkeit, die bösen Begierden ...» (Kol. 3,5) und fährt fort: «Wer ... in seinem Herzen fest bleibt, weil er sich in der Gewalt hat und seinen Trieben nicht ausgeliefert ist ..., der handelt richtig» (1. Kor. 7,37). Paulus propagiert die sexuelle Enthaltsamkeit und Ehelosigkeit und schreibt: «Es ist gut für den Mann, keine Frau zu berühren» (1. Kor. 7,1).

Obwohl heute Theologen diese extreme Gegenüberstellung von «reinem Geist» und «sündigem Fleisch» in der Regel ablehnen und auf das «Sakrament der Ehe» verweisen, ist der Priesterzölibat in der katholischen Kirche als Erbe paulinischen Denkens bis heute erhalten geblieben.

Feministische Theologinnen verweisen an dieser Stelle auf die enge Verbindung zwischen christlicher Sexualfeindlichkeit und Frauenfeindlichkeit von seiten der Theologie. Männliche Theologen waren es nämlich, die die eigene Angst vor der verbotenen Sexualität mit Angst und Haß gegenüber Frauen verbunden haben, um sie dann als die «ewigen Verführerinnen» ihrer eigenen Unschuld zu verachten. Diese Verachtung von Frauen gipfelte in den berüchtigten Hexenverfolgungen, die in einem Feldzug gegen das weibliche Geschlecht ausarteten. Die in ihrer Aggressivität bestürzenden Tiraden gegen die «Sünde Frau» greifen immer wieder auf das gleiche Argumentationsmuster zurück: die Frau als das triebhafte und niedere Prinzip gegenüber dem höherwertigen geistbegabten Mann. Noch heute finden wir im katholischen Lexikon für Theologie und Kirche die Behauptung, «daß die Frau dem Geschlechtlichen stärker verhaftet ist»[15] als der Mann.

Der Priesterzölibat reproduziert diese Frauenfeindlichkeit täglich aufs neue. Das belegen die «Enthaltsamkeitsbestimmungen» aus dem Kirchenrecht sehr deutlich, die den Umgang von Klerikern mit Frauen regeln. Dort heißt es nämlich: «Um der Gefahr der Unenthaltsamkeit und der Erregung von Verdacht und Ärgernis vorzubeugen, darf der Geistliche weibliche Personen, gegen die (z.B. wegen ihrer Vergangenheit, Jugend, körperlichen Reizen) Verdacht entstehen könnte, weder in seinem Haushalt aufnehmen noch öfter besuchen oder zu Besuch empfangen. Gestattet ist nur das Zusammenwohnen mit solchen Frauen, bei denen entweder zufolge naher Verwandtschaft ... oder wegen ihrer ehrbaren Lebensführung in Verbindung mit einem vorgerücktem Alter (etwa 35 bis 40 Jahre) kein Argwohn entstehen kann.»[16]

Der Priesterzölibat findet heute zunehmend Kritiker; zu sehr erscheint er als das Relikt eines unzeitgemäßen Askesekults. Feministische Theologinnen gehen dabei in ihrer Kritik einen Schritt weiter. Die Theologin Elga Sorge setzt der alten paulinischen Leibfeindlichkeit «die erotische Verbundenheit von Frauen und Männern mit dem eigenen SELBST» gegenüber, also die nicht vom Keuschheitswahn getrübte Eigenliebe, d. h. die Bejahung des eigenen Körpers und eine von Schuldgefühlen freie Verbindung zwischen Mann und Frau. Auch die erotische Beziehung von Frauen untereinander soll von ihrem alten Tabu befreit werden. Lesbische Frauen in der Kirche haben auf den vergangenen Kirchentagen ihr «coming-out» bereits angekündigt. In einem Gedicht drückt eine der beteiligten Frauen ihre Freude darüber aus:

«Die Kraft und die Stärke
und die Weiblichkeit
(in Seligkeit – Amen)
von Frauen,
die Frauen lieben,
fühl ich in mir:
Unsere Lebendigkeit,
unsere Intuition,
unser Leiden.
Unsere Freude
aneinander,
unsere Neugier
füreinander,
unsere Konflikte
miteinander.
Unsere Wärme,
unsere Zärtlichkeit,
unsere Lust.
Schwesterlichkeit zu lernen,
das Schweigen zu durchbrechen,
das uns doch nicht schützt,
zu fühlen und zu sehen

und zu hören,
daß wir da sind,
so viele Lesben in der Kirche,
das macht mir Mut,
Bernadette!»[17]

Biblische Frauengestalten

Feministische Theologinnen haben in den Schriften des Alten und Neuen Testaments Frauengestalten entdeckt, die der Frauenbefreiungstheologie neue Impulse vermitteln. «Ist es möglich», fragt die holländische Feministin Maria de Groot, «daß bei erneutem Lesen der biblischen Bücher mit Augen, die von der Sicht des Patriarchats erlöst sind, neue Einsichten zum Vorschein kommen?»[18] Frauengestalten in der Bibel müssen von patriarchaler Geschichtsschreibung und -verzerrung zunächst freigelegt werden. Die bibelkritische Forschungsarbeit steht erst am Anfang; ein Gesamtüberblick über die Stellung der Frau im Alten und Neuen Testament aus feministisch-theologischer Sicht ist noch nicht geschrieben. Einzelstudien und Voruntersuchungen bilden die ersten Mosaiksteine, die das Frauenleben und die Frauenmystik vor 2000–3000 Jahren dokumentieren.

Das Alte Testament und die Anfänge Israels fallen zeitlich zusammen «mit der letzten Phase des Übergangs von matriarchalen zu patriarchalen Gesellschaftsformen», schreibt die Theologin Helen Schüngel-Straumann und stellt fest, daß unter den Bedingungen der alttestamentarischen Geschichtsschreibung wichtige Frauengestalten viel schneller ihre Namen verloren haben als herausragende Männer.[19]

Diejenigen Frauennamen, die in den alttestamentarischen Überlieferungen noch erhalten geblieben sind, dürften demnach nur die «Spitze eines Eisbergs» andeuten.

Mirjam ist eine dieser überlieferten Frauengestalten aus dem Alten Testament. Beim Auszug der Israeliten aus Ägypten (vgl. Kapitel 2.1.) tritt sie neben Moses als Prophetin auf, die das israelische Volk aus der Sklaverei führt. Da die Geschichte vom Auszug aus Ägypten in der christlichen Theologie die «Bedeutung als Heilsereignis par excellence» besitzt, sehen feministische Theologinnen in der führenden Beteiligung einer Frau den Hinweis auf ihren heilsgeschichtlichen Auftrag.
Trotz patriarchaler Geschichts«übermalungen», die den Beitrag Mirjams gegenüber Moses herunterspielen, «findet man Bruchstücke einer Überlieferung, die wußte, daß Mirjam eine führende Persönlichkeit in der Vergangenheit Israels war».[20]
«Müttergeschichten» aus dem Alten Testament hat die Theologin Eva Schirmer neu geschrieben, da die Überlieferung von den «Müttern» zugunsten der «Väter» weitgehend vernichtet wurde. Aus der biblischen Erzählung über das Leben Abrahams hat sie die Geschichte seiner Frau Sarah heraus konstruiert:

«Ich bin Sarah, eine alte Frau. Vielleicht haben Sie schon einmal von mir gehört? Die Frau von Abraham. Seine Geschichte kannte früher mal jedes Kind. Und auch Sie haben sicher noch das Buch, in dem Sie die Geschichte nachlesen können. Meine Geschichte hat noch niemand geschrieben. Ich komme zwar in seiner vor, aber eben in seiner Sicht. Und nicht sehr positiv ...
Wir wohnten in einer großen Stadt, in einem schönen Haus mit Terrassengärten und vielen Dienern.
Nur Kinder hatten wir keine, obwohl ich der großen Göttin Ischtar viele Opfer gebracht hatte! In unserer Gesellschaft war eine Frau ohne Kinder nicht viel wert; aber Abraham liebte mich trotzdem. Vielleicht wäre alles ganz anders gekommen, wenn wir Kinder gehabt hätten. Aber so – Abraham hatte es eines Tages einfach satt, so zu leben wie bisher. Schon sein Vater hatte diese Unruhe in sich ... Ich habe gehört, heute nennt man das eine Midlife-Crisis. Solche Worte kannten wir damals noch

nicht, aber ich denke: genau das war es: Abraham wollte plötzlich alternativ leben, als wandernder Viehzüchter.
Ich fand mein Leben in der großen Stadt in unserem schönen Haus und Garten, mit Verwandten und Freunden, mit Besuchen und Festen viel schöner – aber Abraham war nicht davon abzubringen.
Ich bettelte, ich weinte – aber was wollte ich letztlich machen? Er hatte den Brautpreis für mich bezahlt, ich war sein Eigentum. Er konnte fordern, daß ich mitkam. Nicht mal die Möglichkeit hatte ich zu sagen: dann geh doch alleine, ich bleibe hier, bei meiner Familie ...»[21]

«Wo ist die Her-Story?» im Neuen Testament, fragt Elisabeth Moltmann-Wendel: «Wir tasten uns heute zu dem vor, was von Frauen erhalten ist, versuchen das, was über Frauen geschrieben ist, neu zu verstehen und vermuten, daß Frauen aktiver und aktiv schreibend waren, als man es bisher angenommen hat. Vielleicht gibt es Teile ... des Neuen Testaments, die von Frauen geschrieben wurden?»[22]
Weibliche Bibelgestalten aus den Evangelien wurden von männlichen Autoren auf verschiedene Frauenrollen festgelegt: Maria Magdalena, eine ehemalige Prostituierte und enge Vertraute Jesu auf «Sexualität und Sünde», Martha von Bethanien, eine Frau, die Jesus gastfreundlich in ihrem Haus empfing, auf «Küche und Haushalt» und Maria auf «Mütterlichkeit». Diese Frauen, erklärt Elisabeth Moltmann-Wendel, wurden ihrer ursprünglichen «Schönheit, Selbständigkeit und Originalität entkleidet und zum erwünschten christlichen Frauenbild umfunktioniert».[23]
Eine neue Theologie aus Frauensicht, nämlich Theo-phantasie fordert Elisabeth Moltmann-Wendel, um hinter den patriarchalen Verzerrungen die wahren Frauengestalten der Bibel wieder zu entdekken.
Die biblische Martha, die Jesus freundlich in ihrem Haus bewirtet hat, ist zur Patronin der Köche und Hausfrauen geworden; und

eine Frauenbewegung in England, die den Kampf gegen die Frauenemanzipation auf ihre Fahnen geschrieben hat, nennt sich deshalb «Marthabewegung». Martha ist in der männlichen Überlieferung die «nützliche Frau» mit dem Sinn fürs Praktische, aber dadurch auch weniger «wert» als beispielsweise Maria, die «das nachdenkende kontemplative Christentum» verkörpert.

«Frauen in der Kirche», schreibt Elisabeth Moltmann-Wendel, «die sich bis heute in Martha wiederfinden, fühlen sich in dieser Weise ‹minderwertig›, weniger wert und entwickeln Minderwertigkeitsgefühle.»[24] In ihren Augen war Martha eine führende Persönlichkeit, «eine zähe, kluge, streitlustige, tüchtige, emanzipierte Frau ...»[25] Deshalb war sie den Theologen ein Dorn im Auge und wurde abgewertet: «Zuviel Tüchtigkeit, zuviel Emanzipation ist gefährlich. Seht euch Maria an! Haltet euch an Maria! Bescheidenheit, Zurückhaltung in der Gemeinde steht der Frau besser an!»[26]

Maria Magdalena, eine ehemalige Prostituierte, die sich der Jesusgemeinde anschloß, ist als die reumütige «große Sünderin» in die Theologiegeschichte eingegangen. «Literatur und Kunst in der abendländischen Tradition, Geschichten und Bilder von der reuevollen und büßenden Frau, deren vergangene Schönheit noch sichtbar ist», haben ihr Bild geprägt.[27] Es ist ein Bild, das von Männern erfunden war und an dem sich männliche Phantasien entzündeten. «Frauen in der Kirche», schreibt Elisabeth Moltmann-Wendel, «haben sich mit dieser ihnen überlieferten, gepredigten, gemalten Maria Magdalena identifizieren müssen. Sie haben sich unterworfen, wie sie sich dem männlichen Sündenbild von Stolz, Sinnlichkeit und Sexualität unterwerfen mußten und es internalisiert haben. Wie sähe unsere Tradition aus», fragt die Autorin provokativ, «wenn sie aus Petrus einen bekehrten Zuhälter gemacht hätten?»[28] Maria Magdalena, aus feministisch-theologischer Sicht neu interpretiert, ist eine willensstarke Frau, die sich aus eigenem Antrieb der Jesusgemeinde anschließt und nicht mehr die reumütige große Hure, die den «Schutz» der männlichen Vorherrschaft sucht. Sie ist die schöne Geliebte Jesu, eine noch nicht domestizierte und entsexualisierte Frau, die auf Grund ihrer nicht verschütteten Stärke und Erotik zum Sinnbild eines ganzheitlichen Menschen geworden ist, einer ganzheitlichen Frau.

Frauen, die sich heute in der Kirche gegen überkommene männliche Leitbilder auflehnen, betrachten männliche «Geschichtenschreiberei» in der Bibel – und aus der Bibel heraus interpretierte Vorstellungen – mit zunehmender Kritik. Wer sind diese Frauengestalten in der Bibel tatsächlich gewesen, und «welche Phantasie löst ihre Geschichte bei Frauen heute aus?»[29] Wie könnte eine Bibel aussehen, in der Frauen die Hauptrollen spielen und nicht die «Väter», ein männlicher Messias und ein männlicher Vater-Gott? Neue Geschichten werden aus der Sicht von Frauen erzählt. Die Theologin Elga Sorge hat die Geschichte von der Versuchung Jesu am Ölberg für Frauen neu geschrieben:

Dritte Versuchung:
Als der Teufel sah, daß er mit all diesen Versuchungen bei der Tochter Gottes keinen Erfolg hatte, dachte er eine Weile nach; und endlich fiel ihm, so glaubte er, die Versuchung ein, der auch sie nicht widerstehen könnte. Und so führte er sie in ein wunderschönes Haus mit Garten und allem, was das Herz einer Frau erfreut, und zeigte ihr einen schönen Mann, der unermeßlich reich war an irdischen Gütern, aber auch an Geist und Klugheit, und er sprach zu ihr:
«Diesen Mann will ich dir geben und alle seine Reichtümer, wenn du nur ihm gehören willst, nie mehr andere Gedanken denken willst, als er sie für richtig hält, sein Wohl stets über das deine stellst, wenn du einverstanden bist, daß er die Welt für dich sein soll und du nur durch ihn lebst. Wenn du alle deine Kraft, Phantasie und Liebe nur auf dieses Haus konzentrierst und jeden Zugang zur Welt, der außerhalb liegt, nur durch ihn erhältst.»
Das antwortete die Tochter der Weisheit: «Die Frau lebt nicht vom Mann allein.»[30]

Zitatnachweise:
2. Frauen entdecken die Bibel

1 Schlangenbrut, Streitschrift für feministisch und religiös interessierte Frauen, Münster, Nr. 9, 1985, S. 43.
2 Ebd., S. 44.
3 Moltmann-Wendel, Das Land wo Milch und Honig fließt, a. a. O., S. 9.
4 Ruether, Rosemary Radford, Sexismus und die Rede von Gott, Schritte zu einer anderen Theologie, Gütersloh, 1985, S. 17.
5 Ebd., S. 96.
6 Ebd., S. 105.
7 Ebd., S. 105.
8 Sorge, Elga, Religion und Frau, Weibliche Spiritualität im Christentum, Stuttgart, 1985, S. 107.
9 Ebd., S. 105.
10 Ebd., S. 103.
11 Ebd., S. 103.
12 Zweimal Patriarchat, a. a. O., S. 219.
13 Ebd., S. 219.
14 Ebd., S. 219.
15 Höfer, Josef/Rahner, Karl (Hg.), Lexikon für Theologie und Kirche, Band 4, Freiburg, 1960, S. 298.
16 Mörsdorf, Klaus/Eichmann, Eduard, Lehrbuch des Kirchenrechts auf Grund des Codex Juris Canonici, Band 1, München, 1964, S. 263.
17 Schlangenbrut, a. a. O., Nr. 9, S. 13.
18 Groot, Maria de, Eine neue Exegese, in: Scharffenorth, Gerda/Diestel, Gudrun, u. a. (Hg.), Studien und Problemberichte aus dem Projekt «Frauen als Innovationsgruppe» des Deutschen Nationalkomitees des Lutherischen Weltbundes, Band 3, S. 220. Berlin, 1977ff.
19 Schlangenlinien, a. a. O., S. 211.
20 Schüssler-Fiorenza, Elisabeth, Interpretation patriarchaler Traditionen, in: Russell, L. M., Als Mann und Frau ruft er uns, Vom nicht-sexistischen Gebrauch der Bibel, München, 1979, S. 42.
21 Schlangenlinien, a. a. O., S. 232f.
22 Moltmann-Wendel, Elisabeth, Ein eigener Mensch werden, Frauen um Jesus, Gütersloh, 1984 (1980), S. 12f.
23 Ebd., S. 15f.
24 Ebd., S. 29.
25 Ebd., S. 34.
26 Ebd., S. 35.
27 Ebd., S. 70.
28 Ebd., S. 73.
29 Ebd., S. 73.
30 Sorge, Elga, Religion und Frau, a. a. O., S. 24.

3. 2000 Jahre Auseinandersetzung mit dem Patriarchat

Neben der Bibelforschung ist die Kirchengeschichte in das kritische Blickfeld feministischer Theologinnen gerückt. In welchem Ausmaß hat die Kirche die gesellschaftliche Rolle der Frau in den letzten Jahrhunderten geprägt, und welche Entwicklungen haben dazu geführt, Frauen aus dem Priesteramt zu verdrängen? Haben sich christliche Frauen ihre unterdrückte Stellung erst heute bewußt gemacht, oder können feministische Theologinnen an eine Tradition selbständiger religiöser Praxis von Frauen anknüpfen?

Daß historische Quellen von und über Frauen oft verschüttet sind und die wenigen überlieferten Reste zusätzlich einer «patriarchalen Redaktion» unterworfen waren, ist ein gravierendes Problem feministischer Geschichtsforschung. «Viele Traditionen und Informationen über den Beitrag der Frau im Urchristentum (sind) verlorengegangen», schreibt die Kirchenhistorikerin Elisabeth Schüssler-Fiorenza, «da der androzentrische Selektions- und Redaktionsprozeß diese entweder als nicht wichtig oder als bedrohlich angesehen hat.»[1] Deswegen findet sich gerade aus der Frühzeit des Christentums, als Frauen noch bedeutende Funktionen innehatten, wenig Überliefertes, und dieses wenige ist schwer zu rekonstruieren. Im Mittelalter muß die eigentliche Geschichte von Frauen wieder aus den Entstellungen, den Heiligenlegenden oder Verketzerungen, herausgeschält werden.

Frauen im Urchristentum

Die Gemeinde der Urchristen bestand vermutlich zu Beginn aus etwa 100 Jesus-Anhängern, die eine Art *«Liebeskommunismus»* lebten. In Erwartung einer kommenden neuen Ordnung, die Jesus ihnen prophezeit hatte, galten Besitz- und Ehelosigkeit als oberste Prinzipien. Mann und Frau waren gleichberechtigt. Auf Grund von Textanalysen des Neuen Testaments vermutet die Theologin Elisabeth Gössmann, «daß in den Urgemeinden, wie jedes männliche, so auch jedes weibliche Gemeindemitglied beten und prophetisch reden durfte, ... während im jüdischen Gottesdienst nur Männer vollberechtigte Gemeindemitglieder waren».[2] Viele Frauen fühlten sich daher von der praktizierten Gleichberechtigung der christlichen Urgemeinden angesprochen. Spätere Berichte weisen darauf hin, daß vor allem Maria Magdalena, die als die Vertraute Jesu galt, in der frühen Jesus-Gemeinde eine führende Rolle einnahm.[3]

Die Situation der ersten christlichen Gemeinden änderte sich, als der erhoffte «Messias» nicht wieder erschien und das Ende der «alten Welt» auf sich warten ließ. Jetzt begann die Diskussion um die zukünftige Ordnung der weiter rasch anwachsenden Kirchengemeinden. Wie aus späteren Überlieferungen bekannt ist, bildeten sich zu jener Zeit drei unterschiedliche «Fraktionen». Der Gruppe, die an der alten egalitären Praxis der Gemeinden festhielt, gilt das Hauptinteresse der feministischen Kirchenforschung. «Ihre fragmentarischen Überreste», meint Rosemary R. Ruether, «müssen gegen die patriarchalische Tradition der Kirche ...aufgespürt werden.»[4] Diese Fraktion widersetzte sich am entschiedensten allen Anpassungsbestrebungen und Repatrialisierungsversuchen; sie wurde vermutlich in erster Linie von Frauen getragen, die unter der Anpassung an die streng patriarchalen Gesetze der jüdischen Gesellschaft am meisten zu leiden gehabt hätten. Der religiöse Aspekt der Gleichheit von Mann und Frau mischte sich mit der Frage nach einer generellen Überwindung patriarchaler Vorherrschaft in Politik und Gesellschaft. Spätere, sogenannte «häretische» Bewegun-

gen haben diese «Tradition einer kulturellen Gegenströmung» (Schüssler-Fiorenza) im Christentum immer wieder aufgenommen. Die zweite Richtung, deren Wortführer der Überlieferung nach Petrus war, wollte das Christentum der jüdischen Gesetzgebung anpassen. «Gegen Wende des 1. Jahrhunderts», beschreibt Elisabeth Gössmann diesen Prozeß, «als die eschatologische Naherwartung sich nicht erfüllte, setzte eine Re-Judaisierungstendenz ein, d. h., die Christen mußten sich zurückfinden in das soziale Leben ihrer Zeit, das notwendig die patriarchalische Ordnung des Judentums war. Daher die Empfehlung, die Frau solle in Untertänigkeit zu ihrem Mann zurückgezogen leben und in Stille lernen.»[5]
Eine zwiespältige Rolle in diesem Streit der beiden Gruppen nahm offenbar Paulus ein. Einerseits lieferte er die folgenreichen Argumente für die Unterordnung der Frau und ihren Ausschluß aus den Kirchenämtern; andererseits erkannte er die Notwendigkeit der Mitarbeit von Frauen bei der Ausbreitung des Christentums an. Junia, die von späteren Bibelschreibern in «Junias» umbenannt wurde, war offenbar eine erfolgreiche und von Paulus hochgeschätzte Missionarin. Auch der ‹Diakonin› Phoebe erkannte er eine herausgehobene Stellung zu. Gleiches gilt von der Griechin Thekla, die von Paulus vermutlich selbst zur Mission nach Kleinasien geschickt wurde. So selbstverständlich also Paulus Frauen als gleichberechtigt bei der Arbeit der frühen Kirche anerkannte, so deutlich diskriminierte er sie auch in seiner langen Reihe von frauenfeindlichen Äußerungen. Die feministischen Theologinnen werten diese Aussagen zur Stellung der Frau in der Kirche als bloß zeitbezogene Äußerungen, die heute keine Gültigkeit mehr haben können.
Die Kirchenforscherinnen weisen auf Grund ihrer Untersuchungen darauf hin, daß die frühe Kirche keineswegs patriarchal organisiert war – wie die gängige Kirchengeschichte lehrt –, sondern daß Frauen in ihr einen gleichberechtigten Platz einnahmen. Frauen waren «nicht Randfiguren, sondern Apostel, Propheten und Missionare».[6]

In den folgenden Jahrhunderten gliederte sich die Kirche jedoch immer mehr in die patriarchale Umwelt der spätantiken Zeit ein. Ein verbindliches Kirchenrecht wurde geschaffen, das den Bischöfen die oberste Autorität zusprach. Diese Bischöfe waren ursprünglich die Finanzverwalter der Kirchengemeinden gewesen, während die eigentliche Leitung der Gemeinden bei den sogenannten «Charismatikern», Männern und Frauen, gelegen hatte. Diese hielten durch ihre begeisternden Reden und Gebete ihre Anhängerschaft zusammen. Allmählich gewannen jedoch die Bischöfe auf Grund ihrer Verfügung über die Finanzen mehr und mehr Einfluß in den strittigen Glaubensfragen, bis Mitte des 2. Jahrhunderts den Bischöfen die alleinige Lehrautorität zugesprochen wurde. Zugleich regelte das Kirchenrecht die klare Trennung des Klerus von den Laien; Frauen wurden nur die niederen Kirchendienste erlaubt, das Bischofsamt blieb allein den Männern vorbehalten.

In diesen Zeitraum fällt die endgültige Einigung über den verbindlichen Kanon der «Heiligen Schriften» und die Ausarbeitung eines festgefügten Dogmensystems durch die sog. «Kirchenväter», das bis heute für die katholische Kirche weitgehend Gültigkeit besitzt. Frauen wurden nunmehr als «minderwertig» und «geistlos» beschrieben; aktive Frauen als «gefährlich» und «teuflisch» verketzert. Der «Kirchenvater» Clemens von Alexandrien (gest. um 220 n. Chr.) schrieb, daß «jede Frau schon bei dem bloßen Gedanken, eine Frau zu sein, von Scham überwältigt sein sollte».[7]

Daneben bildete sich eine Vielzahl alternativer Formen des christlichen Glaubens, die als «Häresien» verfolgt wurden. «Es ist bemerkenswert», schreibt Rosemary R. Ruether, «daß diese frühen Häresien des ersten bis dritten Jahrhunderts unter anderem wegen ihrer frauenfreundlichen egalitären Anschauungen als Irrlehren betrachtet wurden.»[8] Eine dieser einflußreichen Richtungen waren die sogenannten «Gnostiker», die offenbar noch in enger Beziehung zu alten matriarchalen Religionen standen. Sie bekämpften den Monotheismus der Juden und sahen im patriarchalen Jahwe-Gott die

Inkarnation des Bösen. Jesus Christus galt als der Erlöser, der die Welt von der Herrschaft des männlichen Gottes befreien und ein neues Reich der Göttin errichten werde. Männer und Frauen waren im Priesteramt gleichberechtigt. Nach langen und harten Kämpfen setzten sich die «Kirchenväter» gegen diese frauenfreundliche Strömung im Christentum durch.

Eine andere kirchenkritische Richtung des frühen Christentums waren die sogenannten «Montanisten», deren Bewegung eng mit den beiden Prophetinnen Priscilla und Maximilla verbunden ist. Priscilla verstand sich als die Priesterin der Weisheit, die wie Eva vom Baum der Erkenntnis gegessen habe, und der Christus in Gestalt einer Frau erschienen sei und «ihr» Wiederkommen verkündet habe. Der Montanismus wurde zu einer großen sozialen Bewegung, die sich vor allem in Kleinasien verbreitete und dort besonders die christlichen Frauen anzog, die unter der streng patriarchalen Kirchenordnung am meisten zu leiden hatten. Priscilla und Maximilla wurden in der Spätantike zu Vorbildern einer christlichen Frauenreligiosität, die sich der Unterordnung unter das kirchlich-patriarchale Diktat widersetzt hatte. Priscilla wurde wegen ihrer «Anmaßung» zur Häretikerin erklärt und die Montanisten zu Beginn des 2. Jahrhunderts aus der Kirche verstoßen.

Es sind Beispiele von antiken christlichen Frauen überliefert, die sich auch innerhalb der Kirche einen Freiraum erhalten konnten, wie der sogenannte «Frauenkreis in Rom». Dieser Frauenkreis war ein vom «Kirchenvater» Hieronymus (ca. 347–419) ins Leben gerufener Zirkel adliger Frauen, die sich durch ihre hohe Bildung auszeichneten. Im Mittelpunkt dieses Kreises standen die beiden Witwen *Marcella* und *Paula*, die sich ganz dem Studium der Bibel, der griechischen und der hebräischen Sprache zugewandt hatten. «Hier erkennt man», schreibt Elisabeth Gössmann, «eine aufrichtige und tiefe spirituelle Gemeinschaft auf hohem kulturellen Niveau, eine Art ‹alternativen Lebens› mit Konsumverzicht und Abstand von der spätantiken Gesellschaft, ohne jede männlich-weibliche Hierarchie und mit gegenseitiger Verantwortlichkeit.»[9] Offenbar entstand die «Vulgata», die noch heute gültige Bibelübersetzung ins Lateinische, in Gemeinschaftsarbeit zwischen Hieronymus und dem Frauenkreis. Im Jahre 360 gründete Marcella in Rom das erste Frauenkloster in der westlichen Welt und Paula weitere Klöster in Bethlehem und anderen historischen Orten der Bibel.

Frauen im Mittelalter

Im Mittelalter war das Christentum in Europa die allein herrschende Religion. Den Frauen gestand es allein zwei Wege zu ihrem «Seelenheil» zu: die Ehe und Mutterschaft oder die Jungfräulichkeit. In der Ehe war die Frau dem Mann untertan: er hatte ihr gegenüber das Erziehungs- und Vertretungsrecht, nach dem Tod ihres Mannes durfte sie nicht wieder heiraten, und dem «Seitensprung» der Ehefrau folgten – anders als beim Mann – drakonische Strafen. Im wesentlichen war die Frau in dieser patriarchalen Form der Ehe auf die Rolle der Kindergebärerin eingeschränkt.

Anerkannter als die Institution der Ehe war der Stand der Jungfräulichkeit. «Das Idealbild der christlichen Frau», schreibt die Historikerin Annette Kuhn, «war das Bild einer in Zurückgezogenheit lebenden, sexuell enthaltsamen Frau, die ihr Äußeres wenig achtete, karg lebte, freigebig und hilfsbereit gegenüber den Armen und Kranken war sowie die heiligen Schriften studierte.»[10] Die feministische Kirchengeschichte konzentrierte sich daher auf diejenigen Formen weiblicher Religiosität, die im aufkommenden Nonnenwesen zu einer eigenen «Frauenmystik» geführt hatten. «Es ist eine Aufgabe der Theologie- und Philosophiegeschichtsschreibung», schreibt Elisabeth Gössmann, «diese Frauen, die in die Rubrik Mystik und Frömmigkeitsgeschichte abgeschoben wurden, als Theologinnen wiederzuentdecken, die einflußreich an der Formulierung der Sprache des Glaubens mitgewirkt und christliche Inhalte in eigenständiger Form überliefert haben.»[11] Exemplarisch für diese Form mittelalterlicher Frauenreligiosität waren in Deutschland vor allem drei Nonnen: die adlige Äbtissin des Hochmittelalters Hildegard von Bingen, die Begine Mechthild von Magdeburg und die «fahrende Schwester» Katrei aus Straßburg.

Hildegard von Bingen

Hildegard von Bingen ist eine der umstrittensten Frauen in der feministischen Kirchengeschichte. Den einen gilt sie als das Beispiel einer angepaßten Frau, die über den ihr vorgegebenen Rahmen des patriarchalen Frauenbildes nicht hinauskam und deshalb von den Männern als «Heilige» verehrt wurde; die anderen sehen in ihr ein Vorbild weiblicher Gestaltungskraft und die Begründerin einer «feministischen Theologie des Mittelalters».[12]

Hildegard von Bingen stammte aus einer Adelsfamilie in der Pfalz und wurde 1098 als zehntes Kind geboren. Wie damals üblich, wurde sie als nachgeborene Adelstochter schon früh einem der vielen Nonnenklöster versprochen, die seit dem 10. Jahrhundert überall in Europa entstanden waren. Diese Nonnenklöster waren Einrichtungen für unverheiratete und verwitwete adlige Frauen. Hier sollten sie in strenger Abgeschiedenheit, Schweigsamkeit, Armut und Keuschheit ein «gottgeweihtes Leben» verbringen. Viele dieser Klöster hatten ihren Ursprung in der sog. «Reklusinenbewegung» des 10. Jahrhunderts, als einzelne Frauen sich in feierlicher Weise in Einzelzellen einmauern ließen, um sich in völliger Isolation der Kontemplation und Askese zu widmen, wobei ihnen oft große Verehrung von seiten der Bevölkerung entgegengebracht wurde. Um diese Reklusinen scharten sich bald weitere Frauen; auf diese Weise entstanden neue Frauenklöster.

In einem dieser Klöster, der Frauenklause auf dem Disibodenberg bei Bingen, wurde Hildegard von Bingen bereits im Alter von acht Jahren auf ihren «Weg der Enthaltsamkeit und Gottesliebe» vorbereitet. Im Gegensatz zu den Männerklöstern, die ein größeres Gewicht auf körperliche Arbeiten legten, konnten Frauen des frühen Mittelalters in den Klöstern einen relativ hohen Bildungsgrad erwerben. Daher konnten – im Unterschied zu den Männern – die

Frauen des Adels meist lesen und schreiben; zahlreiche Nonnen betätigten sich als Schriftstellerinnen, Wissenschaftlerinnen und Künstlerinnen. Ihre Bildung beschränkte sich dabei nicht nur auf die Heilige Schrift, sondern umfaßte oft auch die «heidnischen Künste» der Grammatik, Dialektik, Rhetorik, Musik und Mathematik. Erst später, ab dem 13. Jahrhundert, als die Bildung Domschulen und Universitäten übertragen wurde, von deren Besuch Frauen ausgeschlossen waren, sank das Bildungsniveau der Nonnen auf das bloße Absingen von Kirchenliedern. So erhielt Hildegard von Bingen bereits früh eine vielseitige Ausbildung.
Mit 38 Jahren wurde sie Äbtissin des Klosters und trat wenige Jahre später zum erstenmal mit Visionen an die Öffentlichkeit. In diesen Visionen, sagte sie, habe sie eine «himmlische Stimme» gehört, die ihr aufgetragen habe, aufzuschreiben, was sie gesehen und gehört habe. Mit dieser Berufung auf ihre «göttlichen Eingebungen» war Hildegard von Bingen eine der wenigen Frauen des Mittelalters, die das öffentliche Rede- und Schreibverbot durchbrechen konnten. Während des gesamten Zeitraums blieben solche Begründungen die einzig mögliche Weise für Frauen, ihr eigenständiges Denken gegenüber dem Schweigegebot der Kirche öffentlich zu machen.
In ihrem bekanntesten Buch *‹Scivias›* entwarf die Mystikerin Hildegard von Bingen ein umfangreiches ganzheitliches Weltbild. Im Gegensatz zur offiziellen Kirchenlehre verfaßte sie eine einheitliche, auf dem Prinzip der umfassenden Mutterliebe gegründete Theologie. Nicht der blinde Gehorsam gegenüber Gott oder dessen väterliche Strenge, sondern die verbindende Liebe stand im Mittelpunkt ihres Weltbildes: die Liebe zwischen Gott und den Menschen, ihre Verbundenheit untereinander und die Liebe zwischen Mann und Frau. Die Frau, so Hildegard von Bingen, ist nicht das böse und sündhafte Wesen, das männliche Theologen aus ihr gemacht hatten, sondern das «schwache Geschlecht», das des männlichen Schutzes bedarf.
Hildegard von Bingen war schon zu ihrer Zeit umstritten: einerseits wandte sie sich als fromme Visionärin entschieden gegen die Auswüchse in der Kirche, gegen den korrupten und verderbten Klerus,

vor allem gegen die verschwenderischen Bischöfe der Rheinstädte Mainz, Köln und Worms. Insgesamt viermal unternahm sie zu Fuß, zu Pferd und mit dem Schiff lange Reisen ins Rheinland, ins Maingebiet und ins Siegerland, um dort «dem Klerus und dem Volk den Willen Gottes zu künden».[13] Andererseits bekämpfte sie als kirchentreue Frau in ihren Schriften und Predigten alle abweichenden Lehren und Ketzerbewegungen, wie die «Waldenser» oder «Katharer», die sie «Lästermäuler und Lügenpropheten des Teufels»[14] nannte. Als Hildegard von Bingen im Jahre 1151 die Frauenklause verließ und ein eigenes Kloster gründete, achtete sie sorgfältig darauf, daß ihre «achtzehn gottgeweihten Jungfrauen»[15] dem Adelsstand entstammten; denn, so Hildegard von Bingen, wie Gott die Menschen und Tiere voneinander geschieden habe, so solle auch der Mensch nicht die unterschiedlichen Stände vermischen. 1179 starb sie achtzigjährig in ihrem Kloster.

Die Begine Mechthild von Magdeburg

Die mittelalterliche Ständeordnung begann im 13. Jahrhundert an Einfluß zu verlieren; die Städte wuchsen rasch heran und mit ihnen der Warenverkehr, der die Selbstversorgung der Naturalwirtschaft, auf der die mittelalterliche Gesellschaft gegründet war, auszuhöhlen begann. Vermehrt floß der Reichtum nun in die Städte und Hände eines mächtiger werdenden Bürgertums. In den Städten entstand ein Proletariat, das sich aus Bettlern, Tagelöhnern, Knechten und Mägden zusammensetzte. Von dieser Entwicklung waren in erster Linie die Frauen betroffen: Frauen, die keine Mitgift zur Heirat erhalten konnten oder kein Handwerk erlernen durften, mußten sich als Hökerinnen, Wäscherinnen oder Mägde verdingen und landeten oft genug im Armenhaus und in der Prostitution.
Seit dem 12. Jahrhundert kam es zu einer Welle von Klosterneugründungen, um die «überflüssigen», ledigen Frauen und Witwen aufzunehmen; unter den «gefährdeten» Frauen der städtischen Unterschicht propagierte die Kirche das Ideal der Jungfräulichkeit. Als

der Andrang beängstigend groß geworden war, beschlossen die traditionellen Orden der Prämonstratenser und der Zisterzienser, keine Frauen mehr aufzunehmen; die von Dominikus und Franz von Assisi neu gegründeten Orden sprangen ein. Um 1300 unterhielten die Dominikaner- und Franziskanerorden allein in Deutschland 80 Frauenklöster; weit mehr als 10000 Frauen hatten sich dem «gottgefälligen Leben» hinter Klostermauern verschrieben.

Dennoch reichte die Zahl der Klöster nicht aus. Die traditionellen Orden nahmen in der Regel nur adlige Frauen auf, und die neu gegründeten Damenstifte der Dominikaner standen gewöhnlich nur Frauen aus dem städtischen Bürgertum offen. Der Klarissenorden der Franziskaner hingegen sprach mit seinen strengen Ordensregeln der absoluten Armut und des Redeverbots nur eine Minderheit von Frauen an. So kam es zu einer neuen religiösen Frauenbewegung, dem sogenannten Beginentum.

Vermutlich vom Priester Lambert de Beghe in Belgien gegründet, breitete sich diese neue Form des religiösen Lebens von Frauen rasch über Deutschland und Frankreich aus. Im Gegensatz zu den Nonnen mußten die Beginen kein Gelübde ablegen und waren keinen festen Ordensregeln unterworfen. Sie lebten in Konventen oder Beginenhäusern nach selbstbestimmten Regeln zusammen und hatten keine Äbtissin im traditionellen Sinn, sondern wählten ihre «Meisterinnen» selbst. Die Voraussetzung für die Aufnahme in den Konvent war der Wunsch, in Ehelosigkeit und Keuschheit, in Armut und geistiger Vervollkommnung zu leben, ein guter Leumund sowie die Zahlung eines Eintrittsgeldes. Dieses wurde als Stiftung eingebracht und konnte beim Verlassen des Konvents meist wieder mitgenommen werden. Später kam es zu Stiftungen reicher Bürgerinnen oder Bürger, die auch armen Frauen den Eintritt in den Beginenkonvent ermöglichten. Als äußeres Zeichen trugen die Beginen eine einfache, meist braune, grüne oder blaue Tracht.

Um ihren Lebensunterhalt zu sichern, pflegten die Beginen neben der geistlichen Beschäftigung auch das tätige Berufsleben. Sie führten vor allem Textilarbeiten aus, nähten, webten und stickten, brauten zum Teil selbst Bier und siedeten Seife. Ihre wirtschaftlichen

Aktivitäten nahmen bald ein solches Ausmaß an, daß sie zur Konkurrenz der von Männern dominierten Zünfte wurden. Oft versuchten die Stadträte sie zugunsten der Zünfte einzuschränken. Am Anfang des 14. Jahrhunderts gab es in allen großen deutschen Städten Beginenhäuser, in denen im Durchschnitt jeweils ein Dutzend Frauen zusammenlebten: Köln hatte 89 Häuser, Straßburg 85, Hamburg 55, Frankfurt ca. 40, Mainz 28. In ihrer Blütezeit, im 14. und 15. Jahrhundert, bildeten die Beginen mit circa 5 Prozent einen immerhin beachtenswerten Anteil der Stadtbevölkerung.

Auf Grund der Ungewöhnlichkeit und der Unkontrollierbarkeit dieser «autonomen Frauenbewegung» begegnete man den Beginen von Anfang an mit Mißtrauen; sie wurden gemaßregelt und mehrmals verfolgt. Man schmähte sie als scheinheilige «Frömmlerinnen», die nur vermeintlich wie Nonnen lebten, in Wirklichkeit jedoch gotteslästerliche Reden führten und sich sexuellen Ausschweifungen hingäben. «Es gibt bei uns Frauen», berichtete ein Franziskaner seinen Oberen, «die sich Beginen nennen, und einige von ihnen beherrschen Spitzfindigkeiten und freuen sich über Neuerungen. Sie haben die Geheimnisse der Schriften, die selbst für Leute, die in der heiligen Schrift bewandert sind, kaum zu ergründen sind, in der französischen Volkssprache interpretiert. Sie lesen dies gemeinsam unehrerbietig frech, in Zusammenkünften, in verborgenen Winkeln und öffentlichen Plätzen. Ich habe eine Bibel in französischer Sprache gesehen, gelesen und besessen, von der Exemplare bei Buchhändlern in Paris zum Abschreiben öffentlich ausgelegt sind. Die Ketzereien und Irrtümer, Zweifel und unzutreffende Interpretationen, die in solchen enthalten sind, können durch den geringen Umfang des Papiers nicht erfaßt werden.»[16]

1310 wurde die Begine Margarete Porete in Paris öffentlich verbrannt. Sie hatte erklärt, daß sie die Sakramente der Kirche nicht mehr benötige, da sie selbst Gott gefunden habe.

Die bekannteste deutsche Begine war Mechthild von Magdeburg, die zu Beginn des 12. Jahrhunderts geboren wurde und vermutlich aus sächsischem Adel stammte. Mit 23 Jahren verließ sie ihr Elternhaus und kam nach Magdeburg, wo sie 30 Jahre lang als Begine

lebte. Über ihr Leben in der damals aufblühenden Handelsstadt an der Elbe ist wenig überliefert. Sie lebte dort in großer Zurückgezogenheit, um sich – wie viele Frauen zu jener Zeit – ganz der «Gottesminne» hinzugeben. Lange Jahre schrieb sie – als eine der ersten in Deutsch – an einem Buch, das auf Grund seiner neuen dichterischen Sprache großes Interesse fand. Es wurde in den Beginenhäusern gelesen und soll Dante (1265–1321) als Anregung für seine «Göttliche Komödie» gedient haben. Vermutlich auf Grund der Anfeindungen, denen sie wegen ihrer Veröffentlichungen ausgesetzt war, zog Mechthild sich 1270 aus Magdeburg ins Kloster Helfta bei Mansfeld zurück. 1285 starb sie dort im Alter von 75 Jahren.
Mechthilds mystische Visionen drückten ihre unmittelbare und ganz persönliche Liebe zu Gott und Christus aus, die sie in außergewöhnlich erotischen Bildern beschrieb.

> «Herr, nun bin ich eine nackte Seele
> Und du in dir selber ein wohlgezierter Gott.
> Unser zweier Gemeinschaft
> Ist ewige Lust ohne Tod –
> Da geschieht eine selige Stille
> Nach ihrer beider Wille.
> Er gibt sich ihr und sie gibt sich ihm.
> Was ihr nun geschieht, das weiß sie
> Und dessen getröste ich mich.
> Nun, dies mag nicht lang bestehn.
> Wo zwei Liebende heimlich zusammenkommen;
> sie müssen oft ungeschieden voneinandergehen.»[17]

Solch erotische Frauenmystik traf zu Mechthild von Magdeburgs Zeiten das Gefühl vieler Frauen; alleingelassen, in sozialer Unsicherheit lebend und von der Kirche diskriminiert, suchten sie ihr Glück in dieser Form der Innerlichkeit und Intimität des Glaubens. Diese mystische Frömmigkeit der Frauen wurde, solange sie den Rahmen der Einzelerfahrung nicht überschritt, von der Kirche

geduldet und oft direkt gefördert und führte dann zu Formen einer selbstvergessenen, sentimentalen Herzjesuverehrung.
Mechthild ging jedoch über diese gesteckten Grenzen hinaus. Sie veröffentlichte ihre «göttlichen Visionen» und durchbrach damit das kirchliche Schweigegebot. In ihrem mystischen Werk «Das fließende Licht der Gottheit» verglich sie die Liebe Gottes und seines Sohnes zu den Menschen mit der «verzehrenden Liebe» eines Bräutigams zu seiner Braut:

> «Da sprach der Vater: ‹Sohn,
> Auch mich rührt starke Lust
> In meiner göttlichen Brust,
> Und mich verfolgt die Minne.
> Wir wollen fruchtbar werden, auf daß man uns wieder minne
> und unsre große Ehre ein wenig erkenne.
> Ich will mir selber machen eine Braut,
> die soll mich mit ihrem Munde grüßen
> und mit ihrem Anblick verwunden.
> Dann erst beginnt die Minne.›
> Da sprach der heilige Geist zu dem Vater:
> ‹Ja, lieber Vater, die Braut will ich dir zum Bette bringen.›»[18]

In diesen erotischen Bildern brachte Mechthild von Magdeburg die Abhängigkeit Gottes gegenüber dem Menschen zum Ausdruck; durch Gottes Liebe wird der Mensch zum gottähnlichen Partner Gottes. Der Mensch, so schlußfolgerte sie, trägt Göttliches in sich. Und über Maria schrieb sie: «Ihr Sohn ist Gott und sie die Göttin.»[19] Solche Aussagen und Schlußfolgerungen waren ketzerisch; denn die Kirche lehrte, daß Gott von den Menschen unabhängig und Maria zwar die «Mutter Gottes», aber keine Göttin sei. «Die Grenze zur Ketzerei», schreibt die Religionshistorikerin Eva Schirmer, «war schnell erreicht, wenn nämlich die liebende Seele so gar nicht mehr angewiesen war auf die Mittlerschaft der männlichen Priester, und die Tugendübungen der Kirche für unnütz erklärt wurden.»[20]

So entstand für die offizielle Kirche im 13. Jahrhundert durch die Mystik selbständig denkender und fühlender Frauen eine ernste Gefahr. Gerade die Beginen der mittelalterlichen Städte waren es, die sich, abgestoßen von der Verweltlichung und Machtbesessenheit des Klerus, von der Kirche ab und dem unorthodoxen und freien Geist einer «wahren Gottesliebe» zuwandten.

Schwester Katrei von Straßburg

Ihren Höhepunkt erreichte die religiöse Frauenbewegung im 14. und 15. Jahrhundert, als das arme Stadtvolk sich mit dem aufkommenden «fahrenden Landvolk» vermischte und zu einer mächtigen Oppositionsbewegung gegen die korrupte Herrschaft des Adels, des Patriziats und des Klerus wurde. Tausende verarmter Frauen wanderten auf den Straßen mit den Landsknechtsheeren und reisten den großen Ereignissen hinterher, den Konzilen oder Reichstagen. Allein zum Basler Konzil (1431) sollen mehr als 1000 Frauen als Prostituierte in die Stadt gekommen sein.

Unter diesen Frauen bildete sich eine eigene radikale Form der Religiosität heraus, das schweifende oder wandernde Beginentum. Die seßhaften Beginen wie Mechthild von Magdeburg, die in den Konventen lebten, gehörten nicht zu den ganz Armen; entweder hatten sie eigenes Geld oder konnten sich ihren Lebensunterhalt durch eigene Arbeit verdienen. Die wandernden Beginen dagegen mußten vom Betteln und von Almosen leben, manchmal auch von Diebstahl und Prostitution. Sie bezeichneten sich als Kinder Gottes und betrachteten die Armut und das Betteln als vollkommener als die Arbeit – hatten doch auch Jesus und seine Jünger nicht gearbeitet. Ihr «ketzerischer» Kerngedanke war die «Selbstvergottung» der eigenen «Heiligkeit» und «Sündlosigkeit». Die Kirche erschien ihnen als ein direktes Hindernis auf dem Weg zum Glauben; die kirchlichen Gesetze des Eigentums, der Ehe und die Sakramente der Taufe und des Abendmahls lehnten sie ab. Sich selbst hielten sie für vollkommener als die männlichen Priester und die «scheinheiligen»

Kirchgänger und wollten niemand anderem außer Gott gehorchen. Ihre Predigten seien besser und ehrlicher als die der Priester, da sie Gott näherstünden.

Schwester Katrei aus Straßburg gehörte zu diesen wandernden Beginen. Von ihrer Herkunft ist nur bekannt, daß sie vermutlich dem Kleinbürgertum Straßburgs entstammte und 1317 wegen Ketzerei von den Sakramenten ausgeschlossen wurde. In dem überlieferten Dialog zwischen Schwester Katrei und ihrem Beichtvater, von dem man annimmt, er sei der bekannte Mystiker Meister Eckart (ca. 1260–1327) gewesen[21], wandte sie sich grundsätzlich gegen die Autorität der Kirche und bezeichnete sich selbst als identisch mit Gott. Sie betrachtete sich nicht mehr als das armselige Weib, das zur Gnade und zum Heil der Gaben der «allein seligmachenden Kirche» bedürfe, sondern war selbst bei Gott, eins mit Gott: «Herr, freut euch mit mir, ich bin Gott geworden.»

Solche «Selbstvergottung», die in Katreis mystischer Vision zum Ausdruck kam und von vielen Frauen des 15. Jahrhunderts nachgeahmt wurde, forderte den Zorn und die Rache der Kirche heraus. Wurde doch ihre Daseinsberechtigung durch diese Frauen grundsätzlich in Frage gestellt. So setzten um die Mitte des 14. Jahrhunderts die Beginenverfolgungen im großen Stil ein. Die Beginen wurden angeklagt, kirchenfeindliche, ketzerische und pantheistische Lehren zu verbreiten. Mehr und mehr begann man zwischen den «guten» seßhaften und den wandernden «ketzerischen» Beginen zu unterscheiden. 1367–69 wurden in Erfurt 400 Beginen verurteilt, 200 von ihnen verbrannt. Im 15. Jahrhundert setzte die letzte Welle der Beginenverfolgungen ein, die bereits mit den anschließenden Hexenprozessen zu verschmelzen begann. Die noch verbliebenen Beginenhäuser wurden während der Reformation aufgelöst. Nur in Belgien und Holland konnten sich einige bis in das 20. Jahrhundert hinein halten.

Damit hatte die Frauenbewegung des Mittelalters ihr Ende gefunden. Sie hatte zunächst als Kritik herausragender Nonnen an der Verweltlichung des Klerus begonnen, wurde jedoch im Laufe des Mittelalters radikaler. Mehr und mehr Frauen stellten die herrschenden Doktrinen der Kirche von der Sündhaftigkeit und Gottesferne der Frau in Frage. Diese Bewegung führte schließlich zu einer eigenen Frauenreligiosität, die auf die Kirche verzichtete und einen unmittelbaren Zugang zu Gott suchte. Noch ist diese Geschichte der Frauenreligiosität des Mittelalters nur in Ansätzen geschrieben; aber dennoch wird sie heute als «die erste feministische Theologie» bezeichnet: «Sie ist aus der Situation der betroffenen Frauen heraus entwickelt, eine Art Befreiungstheologie», schreibt Eva Schirmer, «insofern Frauen hier Subjekt ihrer Theologie sind, als Seherinnen, die in ihren Visionen ihre eigenen Empfindungen als Frauen ausdrücken.»[22] Bei Hildegard von Bingen ist es die große Mutter Kirche, gebärend und doch Jungfrau; bei Mechthild von Magdeburg die liebende Seele der Braut zu ihrem Bräutigam, die eins mit ihm wird; und bei Katrei von Straßburg die selbständige Frau, die allein ihren Weg zu Gott sucht. Wenn auch heute die erotischen Bilder und die oft überschwengliche Sprache befremdend wirken, so drücken sich darin Wut und Enttäuschung, aber auch die Sehnsüchte und Hoffnungen von Frauen im Mittelalter aus.

Frauen der Neuzeit

Den Höhepunkt der Frauenverfolgungen bildeten die Hexenprozesse im 16. und 17. Jahrhundert, die bis zum Ende des 18. Jahrhunderts andauerten. Über die Gründe des kollektiven Wahns dieser Zeit ist viel und kontrovers diskutiert worden. Die einleuchtendste Erklärung für diesen Massenmord dürfte wohl sein, daß zu dieser Zeit die Frauen zu einer Gefahr für die Männergesellschaft zu werden schienen. Zu viele Frauen konnten oder wollten sich nicht mehr in die herrschenden Lebensformen integrieren. Es gab zu viele ledige und verwitwete Frauen, die zu einer wachsenden Belastung der Finanzen wurden. Mehr und mehr repräsentierten die sozial ausgeschlossenen Frauen nicht nur «ketzerisches», sondern auch ein «heidnisches» Hexenwissen aus vorchristlicher Zeit über medizinische Vorgänge und Therapien. Heilkundige und geistig selbständige Frauen zogen mit ihrem Wissen die Massen der Verunsicherten, Notleidenden und Verzweifelten an und wurden zu einer Bedrohung für die Kirche.

So kam es zu einer «großen Koalition» der weltlichen und geistlichen Mächte: die Städte und der Landadel wurden zum einen «überflüssige Esserinnen» los und konnten sich obendrein in vielen Fällen an den vermögenden Witwen auch noch bereichern. Die Kirche setzte zur großen «Säuberung des Leibes Christi von den schädlichen Gliedern» (Mary Daly) an. Die Saat der jahrtausendealten Frauenverachtung ging jetzt auf. Wie wahllos diese Säuberungswelle um sich griff, zeigen die abstrusen Begründungen der Hexenprozesse; die eine Frau hatte Geschlechtsverkehr mit dem Teufel gehabt, die nächste das Vieh, die Ernte, den Mann «verhext»; in den Reformationskriegen war die eine mit dem protestantischen Antichristen im Bunde, die andere mit dem papistischen.

Das Resultat dieses Gynozids, des massenhaften Frauenmordes, war, daß auf Jahrhunderte jede selbständige Frauenbewegung unterblieb. Hinzu kam, daß die Reformation das Nonnen- und Beginenwesen, das Voraussetzungen für eigenständige Frauenaktivitäten geschaffen hatte, auflöste; Ehe und Mutterschaft allein bildeten den Lebensrahmen für die Frau.

> «Da die Frauen in einem Maße auf das Haus und die häuslichen Aufgaben verwiesen wurden, wie es seit dem Hellenismus nicht mehr der Fall gewesen war», schreibt die Feministin Marilyn French, «waren sie jetzt gezwungen, ihre Identität ausschließlich aus ihren häuslichen Funktionen zu beziehen. Im Verein mit männlichen Schriftstellern entdeckten und propagierten sie eine neue Berufung – die Mutterschaft.»[23]

Die Frau hatte sich dem Ehemann zu unterwerfen und konnte sich einzig dadurch verwirklichen, daß sie ihm Kinder und damit Nachkommen und Arbeitskräfte zur Verfügung stellte. Lediglich die Sozialarbeit, der hingebungsvolle Dienst an den Kranken und Armen, wurde als außerhäusliche Frauenarbeit respektiert.

Die Geschichte der religiösen Frauen vom Beginn der Neuzeit bis zum Ende des 18. Jahrhunderts ist noch kaum aufgearbeitet worden. «Die Quellen aus christlicher Antike und Mittelalter sind bereits wesentlich mehr erfaßt von der Neuaneignung durch theologisch geschulte Frauen als die der uns näherstehenden Jahrhunderte.»[24] Selbständige Frauen blieben weitgehend die Ausnahme; und wo sie sich artikulierten, orientierten sie sich immer weniger an der christlichen Religion, sondern an der neuen humanistischen Bildung.

Anna Maria Schurmann

Eine dieser Frauen war Anna Maria Schurmann. Sie war die Tochter eines Kölner, zum Protestantismus übergewechselten Patriziers. 1607 in Köln geboren, lernte sie schon von frühester Kindheit an Sprachen; wie es heißt, beherrschte sie insgesamt dreizehn Sprachen: Lateinisch, Griechisch, Hebräisch, Chaldäisch, Syrisch, Arabisch, Türkisch, Französisch, Englisch, Spanisch, Belgisch, Holländisch. In den Fremdsprachen soll sie schlagfertiger als in ihrer Muttersprache gewesen sein; dazu hatte sie große Kenntnisse in Mathematik, den neuen Naturwissenschaften, der Malerei, der Bildenden Kunst und der Musik. Bald verließ sie Köln, um im liberalen Holland weiterzustudieren. In Utrecht schloß sie sich der frühpietistischen Bewegung an und durfte als einzige und erste Frau an den theologischen und philosophischen Vorlesungen teilnehmen. Um diese damals als peinlich empfundene Situation etwas abzumildern, mußte sich Anna Maria Schurmann im Hörsaal in einen vergitterten Käfig setzen, «der sie und die Theologiestudenten gegen den ungewohnten Anblick eines weiblichen Wesens im Hörsaal schützen sollte».[25]
Bekannt wurde ihr Briefwechsel mit dem Theologen André Rivet aus Leiden, in dem sie die Gründe darlegte, warum es Frauen genauso wie Männern gestattet sein müsse, zu studieren. Sie kritisierte, daß Frauen ihr Lebtag auf das langweilige Los der Beschäftigung mit Nadel und Faden eingeschränkt würden. Alle Menschen, auch die Frauen, müßten das Recht haben, «das Bild des Lichts und der Wahrheit wieder in sich aufleuchten zu lassen». Immer wieder

setzte sie sich für die gleichen Bildungschancen von Mann und Frau ein. In den vierziger Jahren des 17. Jahrhunderts wurde Anna Maria Schurmann als die «holländische Sappho» verehrt, als die Ausnahmeerscheinung des weiblichen Geschlechts, die mit den Großen ihrer Zeit, mit den Philosophen Descartes, Gassendi, Huyghens, mit der Königin Christina von Schweden, die sie zum Disput nach Stockholm einlud, mit Elisabeth von der Pfalz oder dem französischen Minister Richelieu in Kontakt stand.

Um 1650 brach sie jedoch plötzlich dieses Leben einer «Vorzeigedame» der gebildeten Welt ab. Sie schloß sich der pietistischen Sekte der Labadisten an, die Gemeinden in Holland, Frankreich, der Schweiz und in Deutschland gegründet hatte. Diese Labadisten führten ein Gemeinschaftsleben streng nach urchristlichen Grundsätzen. Sie lebten miteinander in Gütergemeinschaft, praktizierten die völlige Gleichheit der Geschlechter und lehnten den kirchlichen Sonntag ab, weil «das Leben ein einziger Sabbath» sei. Immer wieder wurde die Gemeinde als Ketzer-Sekte verfolgt. Schließlich kehrte Anna Maria Schurmann mit dem Rest der Gemeinde nach Holland zurück, wo sie entscheidend daran mitwirkte, in Wiewert eine nach urchristlichen Grundsätzen aufgebaute, kommunistische Kolonie zu errichten. Dort starb sie fast vergessen im Jahr 1678.

Über die Frage, warum die ehemals gefeierte und gelehrte Anna Maria Schurmann diesen Schritt zum «Ketzertum» vollzogen hat, ist viel spekuliert worden. Vielleicht war es die Frustration über die Ergebnislosigkeit ihrer bisherigen Bemühungen um die Gleichberechtigung der Frau, vielleicht ihr Zorn über ihre ungewollte Rolle als ein ergötzliches Exotikum in der Männerwelt, die sie zur Labadisten-Sekte zog.

Maria Ward

Ein vergleichbares Schicksal hatte die Engländerin Maria Ward, die Gründerin der sogenannten «Englischen Fräulein». 1585 als Tochter eines englischen Landadeligen geboren, wurde sie als Katholikin

von den Jesuiten erzogen. 1606 flüchtete sie aus England nach Flandern, wo sie Häuser erwarb, um in einer Art klösterlicher Gemeinschaft Mädchen in Sprachen, den Künsten, dem Gesang und in der Handarbeit zu unterrichten. Bald entstanden weitere Institute in Trier, Köln und in Italien. In Verhandlungen mit dem Papst verlangte sie, daß ihre Institute als ein klausurfreier Orden der Kirche anerkannt würden und nur dem Papst – wie der Jesuitenorden – unterstellt sein sollten. Doch vor allem der englische Klerus intervenierte gegen ihr Vorhaben in Rom, und die kirchliche Inquisition befahl ihre Gefangennahme als Häretikerin, Schismatikerin und «Rebellin gegen den Heiligen Stuhl». Ihr Orden wurde 1630 verboten und Maria Ward in München festgesetzt. 1642 starb sie in England, ohne die Bestätigung ihres Ordens erhalten zu haben.
Maria Ward hatte sich mit ihren Forderungen nach der Klausurfreiheit von Ordensfrauen und dem Bildungsrecht für Frauen über die kirchlichen Lehren hinweggesetzt, die erklärt hatten, daß die Frau unzulänglich sei und in der Kirchenversammlung schweigen solle; sie wurde dafür bestraft. Erst im Jahre 1909 hob der Papst das kirchliche Verbot auf, sie als Ordensstifterin zu bezeichnen.

Anfänge der modernen Frauenemanzipation

Wie Anna Maria Schurmann und Maria Ward waren viele Frauen mit der zudiktierten Rolle ihrer «natürlichen Unzulänglichkeit» nicht zufrieden. Die bürgerliche Aufklärung des 17. und 18. Jahrhunderts war sich mit der Kirche darin einig, daß Frauen in der Politik, in der Öffentlichkeit und in der Kirche zu schweigen hatten. So wandten sich viele Frauen, vor allem im protestantischen Norden Europas, den neu entstandenen Sekten zu, den Mormonen, Baptisten, Quäkern, Shakern, Levellern und anderen. Sie wirkten oftmals bei der Gründung neuer Sekten und Gemeinden mit und predigten mit Leidenschaft in den Gemeinden.
Doch die Strukturen selbst der radikalsten Sekten wurden, sobald

sie sich etabliert hatten, zunehmend konservativ und verdrängten die Frauen wieder aus ihren erreichten Positionen. Viele Frauen, denen es in Europa zu eng geworden war, wanderten daher nach Amerika aus und bereiteten dort den Boden für die moderne «Women's Liberation»-Bewegung. Die Unabhängigkeitserklärung der Vereinigten Staaten billigte den Frauen erstmals gleiche Rechte zu, und die vielen neu gegründeten Freikirchen und Sekten boten den Frauen erheblich mehr Freiraum als im alten Europa. Dieser Pioniergeist der in Europa Verfolgten und Unterdrückten hat in der feministischen Theologie der USA ihre Fortsetzung gefunden.

In Deutschland hingegen blieben die Emanzipationsversuche von Frauen zunächst einmal stecken. Erst die Französische Revolution von 1789 brachte auch den Frauen in Deutschland Hoffnung auf Befreiung. Diese fand zunächst jedoch nur in den bürgerlichen Salons der Rahel Varnhagen (1771–1833) oder Henriette Herz (1764 bis 1847), in der Romantik der Caroline Humboldt (1766–1829) oder Caroline Schlegel (1763–1809) ihren Ausdruck, die gleichberechtigt mit ihren Männern schrieben und dichteten, Reisen ins Ausland unternahmen und moderne Ehen führten. Doch schon bald brachen diese Emanzipationsversuche ab. In den Befreiungskriegen gegen Napoleon kehrten die Frauen in christlich-patriotischer Opferbereitschaft zur traditionellen Rolle der Fürsorglichkeit zurück und drängten danach, als Pflegerinnen der verwundeten deutschen Soldaten dem Vaterland zur Seite zu stehen. Dabei blieb es dann auch.

Erst 1848 wieder erreichte der Funke der Rebellion die Frauen in Deutschland: als selbständige Kräfte wirkten sie an den revolutionären Veränderungen mit. Während die Frauenrechtlerinnen Emma Herwegh und Malvida von Meysenbug (1816–1903) auf den Barrikaden kämpften, schrieb Fanny Lewald feministische Aufsätze über die Frauenfrage, und Louise Otto-Peters (1819–1895), die führende Frauenfigur des 19. Jahrhunderts, veröffentlichte die berühmten «Lieder eines deutschen Mädchens». Mit dem Recht auf Bildung und Berufstätigkeit verbanden die Frauen auch die Forderungen nach politischer Gleichberechtigung. Als die «Paulskirchen-Verfassung» von 1849 Männer und Frauen das gleiche Recht der Vereins- und Koalitionsbildung zusprach, schien ein Durchbruch zur Gleichberechtigung der Frauen gegeben zu sein. Doch schon ein Jahr später trat das «Vereinsgesetz» in Kraft, wonach «Frauenpersonen, Schülern und Lehrlingen» die Aufnahme in politische Vereine verboten war.

Für die Kirchen hatte der Emanzipationsprozeß der Frauen weitreichende Folgen. Die aktiven Trägerinnen der Frauenbewegung zogen fast geschlossen aus den Großkirchen aus und schlossen sich den freigeistigen Ideen des 19. Jahrhunderts oder der sozialistischen Frauenbewegung an. Die Frauenrechtlerin Luise Büchner, die Schwester von Georg und Ludwig Büchner, bekannte sich zum naturwissenschaftlichen Materialismus und Atheismus, ebenso Johanna Kinkel, die Frau des Theologen Gottfried Kinkel. Malvida von Meysenbug verehrte Ludwig Feuerbach und dessen atheistischen Humanismus, später Friedrich Nietzsche; Louise Otto-Peters schließlich, die Gründerin der deutschen Frauenbewegung, sympathisierte mit linkshegelianischem Gedankengut.[26] Politisch aktive und sozial selbständige Frauen fanden mit ihrer Forderung nach Gleichberechtigung weder in der protestantischen noch in der katholischen Kirche Raum; weder die Nonne noch die Pfarrersfrau waren die Leitbilder eigenständiger Frauen.

In der zweiten Hälfte des 20. Jahrhunderts setzte bei vielen Frauen eine Neuorientierung ein. Der Kampf gegen die patriarchalen Gesellschaftsstrukturen und die Skepsis gegenüber den früheren Forderungen der Frauenrechtlerinnen nach einer bloßen «Gleichberechtigung» mit dem Mann traten jetzt in den Vordergrund. Die Suche nach einer autonomen und frauenbestimmten Identität führte zur Neuentdeckung matriarchaler Gesellschaften und neuen Formen weiblicher Spiritualität und Theologie.

Zitatnachweise:
3. 2000 Jahre Auseinandersetzung mit dem Patriarchat

1 Gössmann, Elisabeth: Die streitbaren Schwestern. Was will die feministische Theologie? Freiburg 1981, S. 63.
2 Ebd., S. 52.
3 Moltmann-Wendel, Elisabeth: Ein eigener Mensch werden. Frauen um Jesus, Gütersloh 1984, S. 81ff.
4 Ruether, Rosemary R.: Sexismus und die Rede von Gott. Schritte zu einer anderen Theologie, Gütersloh 1985.
5 Gössmann, a. a. O., S. 52.
6 Ebd., S. 65.
7 Zitiert in Gould Davis, Elizabeth: Am Anfang war die Frau, München 1977, S. 235.
8 Ruether, a. a. O., S. 53.
9 Gössmann, a. a. O., S. 70.
10 Kuhn, Annette: Frauen im Mittelalter, Band 2, Düsseldorf 1984, S. 44.
11 Gössmann, Elisabeth: Das wohlgelahrte Frauenzimmer, München 1984, S. 11.
12 Schirmer, Eva: Mystik und Minne, Frauen im Mittelalter, Berlin (West) 1984, S. 96.
13 Kuhn, a. a. O., S. 311.
14 Schirmer, a. a. O., S. 109.
15 Kuhn, a. a. O., S. 309.
16 Ebd., S. 349.
17 Schirmer, a. a. O., S. 116.
18 Ebd., S. 122.
19 Ebd., S. 117.
20 Schirmer, Eva: Ordensfrauen und Beginen, in: Schlangenbrut – Zeitschrift für feministisch und religiös interessierte Frauen, Heft 6, S. 8.
21 Vgl. Schirmer, a. a. O., S. 125ff.
22 Ebd., S. 97.
23 French, Marilyn: Jenseits der Moral. Frauen, Männer und Moral, Reinbek 1985, S. 274.
24 Gössmann, a. a. O., S. 98.
25 Gössmann, Das wohlgelahrte Frauenzimmer, S. 40.
26 Moltmann-Wendel, Elisabeth: Frauenbefreiung. Biblische und theologische Argumente, München 1982, S. 19–35.

«Als eine Frau lesen lernte …

... trat die Frauenfrage in die Welt.» Marie von Ebner-Eschenbach, von der dieser Aphorismus stammt, hat als eine geborene Gräfin Dubsky von Haus aus die Möglichkeit zum Lesenlernen gehabt. Andere Frauen ihrer Generation hatten dieses Privileg nicht. Mitte des letzten Jahrhunderts war eine gute Schulbildung immer auch eine Frage des Geldes. Heute ist es keine Frage mehr, ob eine Frau lesen kann. Sie kann selbstverständlich auch rechnen.

4. Auf der Suche nach der Göttin

Ein neuralgischer Punkt zwischen Feminismus und Theologie ist der Gottesbegriff. Ist das Gottesverständnis der christlichen Religionen heute überhaupt noch in der Lage, Frauen eine auf Selbständigkeit zielende religiöse Perspektive zu eröffnen, oder ist es hoffnungslos verstrickt in patriarchale Muster, hierarchische und sexistische Grundüberzeugungen?

Feministinnen jedenfalls sehen im Christentum ein Gottesbild vorherrschen, das die ehemalige katholische Theologin Mary Daly eindrucksvoll beschrieben hat:

«Das biblische und allgemein beliebte Bild von Gott als einem mächtigen Patriarchen im Himmel, der nach seinem unerklärlichen und scheinbar willkürlichen Ratschluß belohnt und straft, hat die Vorstellung von Millionen Jahrtausende lang beherrscht. Die Symbolfigur des Vaters im Himmel, eine Erzeugung menschlicher Phantasie, die vom Patriarchat mit dem Stempel der Glaubwürdigkeit versehen wurde, hat dieser männlich dominierten Gesellschaft ihrerseits einen Dienst erwiesen, indem sie ihre Mechanismen zur Unterdrückung der Frauen als recht und billig erscheinen ließ. Wenn Gott in ‹seinem› Himmel ein Vater ist, der über ‹sein› Volk herrscht, dann liegt es in der Natur der Dinge, entspricht es dem göttlichen Plan und der kosmischen Ordnung, wenn die Gesellschaft männlich beherrscht ist.»[1]

Macht es da für Frauen, die nach ihrer eigenen religiösen Identität suchen, überhaupt noch einen Sinn, sich mit einer Religion zu identifizieren, die sich dieser Tradition verpflichtet weiß?

Vor allem in den USA, in Holland und der Bundesrepublik hat sich in den beiden letzten Jahrzehnten eine neue Richtung in der Theologie, die sog. *feministische Theologie*, herausgebildet. Sie verfolgt das Ziel, dieses vorherrschende Gottesbild vom «Vater unser» radikal in Frage zu stellen, um eine Gottesvorstellung zu begründen, die den religiösen Bedürfnissen und Erfahrungen von Frauen entspricht. «Aus der Gottesoffenbarung Israels», schreibt die holländische Theologin Catharina Halkes, «gibt es das Bilderverbot. Aber wir Menschen haben es nicht lassen können, uns ein Bild von Gott zu machen – ein sehr männliches: Gott ist Vater, Richter, König und Herrscher und noch vieles mehr, typische Ausdrucksweisen männlicher Denker und Schreiber.»[2] Die gängigen Bilder vom strafenden und demütigenden Gott bei der Vertreibung der ersten Menschen aus dem Paradies, vom unumschränkten Patriarchen und Gebieter, der auf dem Berg Sinai dem Volk seine Gesetze auferlegt, von der Liebe Gottes zu seinem Sohn Jesus, in der die Frauen keinen Platz mehr finden können – all diese vertrauten Denkschablonen entstammten einer jahrtausendealten Gesellschaft, in der ausschließlich Männer ihre Phantasien ins Gottesbild projiziert haben. Und so fordert daher stellvertretend für die feministische Theologie die Deutsch-Amerikanerin Elisabeth Schüssler-Fiorenza: «Solange die zentralen christlichen Glaubenssymbole nur in männlicher Sprache und androzentrischen Bildern ausgedrückt werden, muß betont werden, daß eine solche Rede von Gott einseitig ist und durch Bilder und Symbole, die in der Erfahrung der Frau wurzeln, ausgeglichen werden muß.»[3]

Seither haben sich in der feministischen Theologie verschiedene Strömungen herausgebildet. Ihnen ist zwar gemeinsam, neue, frauengemäße Gottesbilder zu suchen; sie haben dabei jedoch unterschiedliche Schwerpunkte gesetzt. Eine vor allem dem Katholizismus verpflichtete Richtung möchte nachweisen, daß in der Bibel «verborgene Gottesbilder» enthalten sind, die weibliche Eigenschaften repräsentieren und für christliche Frauen heute wieder fruchtbar gemacht werden müssen. Andere Theologinnen versuchen, eine eigene *weibliche* Gottheit wiederzuentdecken, die unter dem Patriarchat der Kirche verschüttet worden sei. Eine dritte Richtung steht der «Theologie der Befreiung» nahe und sieht im

Gott des Christentums den Gott der Befreiung aus Not und Unterdrückung, der Frauen auch heute anzusprechen vermag. Eine weitere Strömung forscht jenseits des Christentums nach frauenbestimmter Identität und hat es aufgegeben, in ihm noch nach Ansatzpunkten zur Frauenbefreiung zu suchen.

Die «Weiblichkeit Gottes»

Eine Gruppe feministischer Theologinnen hat sich damit befaßt, die Bibel gewissermaßen «gegen den Strich» zu lesen. Sie sucht in ihr nach den «verborgenen Gottesbildern», nach Metaphern und Symbolen, die ihrem Ursprung nach weiblicher Natur sind. Phillis Trible, Letty Russell, Virginia Mollenkott, Christa Mulack und andere Bibelforscherinnen räumen zwar ein, daß die Menge der männlichen Bilder, gerade im Alten Testament, überwältigend groß ist; sie haben dennoch eine überraschende Fülle an weiblichen Bildern entdeckt, die offenbar der Schreibkunst der männlichen Autoren entgangen ist. «Kann denn eine Frau ihr Kindlein vergessen, eine Mutter ihren leiblichen Sohn? Und selbst wenn sie ihn vergessen würde; ich vergesse dich nicht», sagt Gott in der Bibel (Jes. 49,15). Und an anderer Stelle: «Ich gieße reines Wasser über euch aus, dann werdet ihr rein. Ich reinige euch von aller Unreinheit» (Ez. 26,25).
Vernimmt man da nicht das Wirken der Frau, wissend, daß die Reinigung Frauenarbeit war? fragen Theologinnen. Sie finden im Alten Testament viele Bilder, die weibliche Eigenschaften und mütterliche Instinkte Gottes zum Ausdruck bringen. Oftmals erscheint Gott im Symbol des *Muttertiers*, das sein Volk Israel «auf Adlerflügeln getragen» (Hiob 39,27–30) habe und das er um sich versammle «wie eine Henne ihre Küken» (2. Esra 1,27–30). In dieser Symbolik der Adlermutter, der Henne oder auch der Bärin zeige sich, so Virginia Mollenkott, die Weiblichkeit Gottes, die mütterlichen Schutz und Hilfe gewährt. Solche Bilder drückten eigentlich viel unverfälschter das Wesen Gottes aus, als all die männlichen Symbole der

Macht, der Strafe und der Rache, die die durch ihre patriarchale Sozialisation verdorbenen Schreiber in die Bibel hineingebracht haben.

Dort, wo Gott sowohl mit Männlichem als auch mit Weiblichem verglichen werde, sei kein Platz mehr für den Anspruch auf die Ausschließlichkeit eines Vaterbildes. Die Bibel begründe vielmehr eine Androgynität des Gottesbildes, ein harmonisches und gleichwertiges Verhältnis von Männlichem und Weiblichem, von Väterlichem und Mütterlichem, das erst in späterer Zeit patriarchal entstellt wurde. So wie nur Mann *und* Frau gemeinsam *den* Menschen abgeben, kann auch das Göttliche nur aus der polaren Einheit, aus der sich ergänzenden Beziehung von Männlichem und Weiblichem bestehen.

Diese Androgynität Gottes gilt auch für Jesus, den Sohn Gottes und den Erlöser der Christen. Die Person Jesu von Nazareth, wie ihn das Neue Testament beschrieben hat, hat nichts mit den nachträglichen patriarchalen Projektionen zu tun, die ihn als Herrscher, König oder als Richter verstehen wollten. Jesus habe im Gegenteil jene Androgynität besessen und ausgestrahlt, die den patriarchalen Männern damals und heute fehlt. An Hand der Interpretation verschiedener Jesusgeschichten im Neuen Testament, der «Hochzeit zu Kana» oder seines Verhaltens gegenüber der «Ehebrecherin», wollen die Theologinnen zeigen, wie sehr Jesus nicht nur durch seine Männlichkeit, sondern ebensosehr durch seine weibliche «Anima» bestimmt war. Für Christa Mulack ist das Wesentliche von Jesu Persönlichkeit, daß er als Mann fähig war, die patriarchalen Verdrängungen und Projektionen bei sich zu überwinden, und daß er es verstand, sie ebenso bei anderen aufzulösen. Er habe sich diese geistige Kraft erworben, die die komplementären Pole des Männlichen und des Weiblichen in sich zu integrieren vermochte. Jesus, der Sohn Gottes, sei daher ein ganzheitlicher Mensch gewesen, der die Vorherrschaft des Männlichen aufheben wollte und der damit, so die Religionspsychologin Hanna Wolff, «die Androzentrik der antiken Welt durchbrochen hat».[4] Deswegen sei es unmöglich und ungerechtfertigt, Jesus einseitig, wie die Amtskirche, mit dem männlichen Geschlecht zu identifizieren, um damit die Frauen aus den sakralen Bereichen zu verdrängen. Ihnen müsse es auch in den Kirchen erlaubt sein, sich sowohl gleichberechtigt mit dem Weiblichen im Gottesbild zu identifizieren, als auch Jesus als den zu erfahren, der Mann und Frau in gleicher Weise erlöst hat.

Wo diese feministische Bibelexegese aufhört, setzt eine andere Forschungsrichtung von Religionswissenschaftlerinnen an: wenn wir annehmen, daß diese «verborgenen Gottesbilder» der Bibel tatsächlich die ursprünglicheren und unverfälschteren Darstellungen des Göttlichen sind – woher kommen dann eigentlich diese zunächst befremdlichen Vorstellungen einer Weiblichkeit Gottes? Die Antwort darauf ist, daß sie gleichsam das ferne Echo früherer Kulturen sind, in denen die Gottheit als weiblich, als *Göttin* verehrt worden ist, und die matriarchal organisiert waren. Die patriarchalen Schreiber des Alten Testaments hätten offenbar «einen ungeheuren Energieaufwand betrieben» ... «um jegliche Erinnerung an die (ihrer) Religion vorausgegangene Matriarchatskultur und deren Ausläufer auszurotten».[5] Zu diesem Zweck sind die altbekannten matriarchalen Mythen umgeschrieben worden, sind alte Symbole der Göttin dem Gott der Juden einverleibt worden. Am deutlichsten läßt sich diese patriarchale Umdeutung daran erkennen, daß viele der Attribute, die Gott zugeschrieben wurden, eindeutig weibliche Merkmale sind. So drückt das Alte Testament das Erbarmen und die Barmherzigkeit Gottes mit dem hebräischen Wort «rächem» aus, das ursprünglich «Mutterleib», «Gebärmutter» bedeutet hatte. Und die Annahme ist naheliegend, daß «rächem» ursprünglich das Symbol der vormaligen Göttin der Fruchtbarkeit war, bis es von Jahwe, dem Gott der Hebräer, übernommen wurde.

Bis zuletzt, so die Schlußfolgerung der Forscherinnen, hatten die Autoren des Alten Testaments es nicht gewagt, die Symbole der verehrten und im Volk beliebten Göttin gänzlich zu vernichten. Sie kamen nicht umhin, diese Symbole als Attribute ihres Einen Gottes auszugeben, und formulierten dabei selbst solche Skurrilitäten wie die «Gebärmutter» eines männlichen Gottes. So gesehen, ist also die Androgynität Gottes, die Verbindung seiner männlichen und weiblichen Eigenschaften, ein Kompromiß, den die Schreiber des Alten Testaments gegenüber der matriarchalen, von ihnen bekämpften Göttinverehrung eingehen mußten.

Thea-Sophia statt Theologie

Einigen Theologinnen genügt es nicht mehr, nur Belege dafür zu suchen, daß die Männlichkeitsbilder in der Bibel einseitige und unstatthafte Gottesvorstellungen sind. Auch der «androgyne Gott» bleibt letztlich männlich. «Um dem männlichen Gott das fehlende Weibliche beizufügen», schreibt die protestantische Theologin Elga Sorge, «wird stets das Weibliche ins Gottesbild integriert, aber niemals umgekehrt, dem Gott ein eigenes Göttinbild vorgehalten, durch das der Gott sich kritisieren und verwandeln könnte. Es scheint schwierig zu sein nach so vielen tausend Jahren Patriarchat, selbständige Weiblichkeit auf der Ebene des Göttlichen zu beschreiben und zuzulassen».[6] Für sie ist daher die entscheidende Aufgabe der feministischen Theologie, die Göttin wiederzuentdecken, das Tabu endlich zu durchbrechen, das immer wieder aufgerichtet worden ist.

Daß damit nicht nur ein Streit um Worte gemeint ist, versucht Elga Sorge am Problem der *«Theodizee»*, d. h. an der Frage nach der Ursache des Bösen in der Welt, deutlich zu machen. Warum gibt es, obwohl Gott doch die allumfassende und einheitsstiftende Kraft ist, dennoch soviel Böses, Ungerechtes und Krankes in der Welt? Warum läßt ein liebender Gott einen solch unbeschreiblichen Mangel an Liebe und Gerechtigkeit zu? Die traditionelle theologische Erklärung hierfür war der «Sündenfall», die Vertreibung aus dem Paradies, die Eva durch ihre Verführung verursacht hat. Was aber wäre, wenn diese Erklärung des Bösen nicht stimmt; wenn sie eine patriarchale Verzerrung wäre? Elga Sorge will zeigen, daß die Ursache des Bösen in Gott selbst liegt, daß «der patriarchale Allmachtsvater (...) nicht omnipotent, sondern impotent»[7] ist. Sinnhaft, so

Sorge, wird diese Impotenz im Kreuzestod Christi. Gott hat es nicht einmal vermocht, seinen «eingeborenen» Sohn zu schützen und vom Tode zu erretten. Ja, er forderte sogar von seinem Sohn den Tod und ließ ihn am Kreuz allein. Wer angesichts dieser Gewalttätigkeit Gottes noch von der Liebe Gottes zu seinem Sohn, von Vaterliebe, sprechen würde, der müsse in sein Gottesbild überaus todesliebende und sadomasochistische Wünsche projizieren. Dieser kreuzigende Gott, so Sorge, sei abstoßend und abtötend statt befreiend und liebend. Welch ein Verhältnis müsse in der Glaubenserfahrung eigentlich zustande kommen, wenn sich die suchende Hinwendung zum Göttlichen in solch verzerrter Maske gewalttätiger Liebe erfüllt? Es ist daher nicht verwunderlich, daß der Mord an Millionen Frauen, Juden und Soldaten mit dem Bild des kreuzigenden Gottes gerechtfertigt worden ist. Ein solcher Gott ist bös und muß daraus befreit werden.

Es genügt nicht, um diesen bösen Kern nur eine weiblich-liebevolle Bekleidung zu legen, sondern dieser Kern selbst muß radikal geändert werden, damit aus der Gotteserfahrung eine bedingungslose Liebe hervorgehen kann. Dies macht die «Wiederkehr der Göttin» erforderlich. Denn die Göttin hatte das, was Gott fehlt:

Diesseitigkeit statt Jenseitigkeit, lebenspendende Fülle statt todbringender Leere, Liebe statt Gewalt, Weisheit statt Macht. Die Aufgabe der religiösen Frauen ist daher, das Tabu des Einen Gottes zu durchbrechen und zu dem seit Jahrtausenden verschütteten Erbe der Frauen, der Großen Göttin, wieder zurückzukehren und sie als selbständige göttliche Macht wieder erfahr- und erlebbar zu machen.

Die Theologin Dorothee Sölle hatte diese Erfahrung einmal an Hand eines Erlebnisses mit ihrer Tochter beschrieben. Diese zeichnete die Verse auf das Blatt: «And I hope the lord is happy / and the people are happy too.» Darunter hat sie Gott gemalt: «Es ist eine tanzende Gestalt mit ausgebreiteten Armen. Mitten auf dem blauen Rock steht ‹God›. Es ist eine Frau, und sie tanzt. Der befreite Mann», fügt Sölle hinzu, «wenn es ihn geben wird, wird diesen Gott lieben».[8]

Der Glaubenskern einer solchen «Thea-Sophia», einer Göttin-

Weisheit, ist eine erneuerte matriarchale Spiritualität, die das Göttliche nicht in reiner, jenseitsbezogener Geistigkeit erfährt, sondern die ganze Person, den Körper, die Seele und den Geist mit einbezieht und das Göttliche und «Heile» in sich selbst erfährt. Sie knüpft an eine alte Weisheitstradition an, die in den matriarchalen Religionen vorherrschend war, und deren Spuren selbst bis ins Alte Testament reichen. Dort taucht sie immer wieder als personifizierte Weisheit unter dem Namen «Chochma» auf; wandelt als «Gesandte Gottes» in den Straßen und sucht die Menschen, um ihnen das Wesen Gottes zu offenbaren – kehrt jedoch enttäuscht und zornig wieder zu Gott zurück. In früherer Zeit wurde sie von den Juden als das Symbol der Klugheit und Gerechtigkeit, als die große Lehrerin der Menschen verehrt.

Schon vor mehreren Jahren ist von dem Religionsforscher Felix Christ die Vermutung geäußert worden, daß «schon Jesus selbst sich als Sophia verstand»[9]; das heißt, daß er sich in einer Tradition gesehen hat, in der die Verehrung der Großen Göttin noch präsent war, und die den ganzen Mittelmeerraum beherrscht hatte, bis sich die patriarchalen Religionen durchgesetzt hatten. Jesu Predigt der Liebe statt der Unterwerfung und des Gehorsams, seine Hoffnung auf das kommende Reich, in dem Frieden und Gerechtigkeit herrschen und die Menschen in Einklang mit dem Göttlichen leben werden – all die Kernaussagen der christlichen Botschaft sind Belege dafür, daß Jesus nicht in der jüdischen Tradition der Jahwe-Verehrung gestanden hat, sondern ein «Vertreter des matriarchalen Bewußtseins»[10] gewesen ist.

Viele der Schriften über Jesu Leben, meinen die «Theasophinnen», die von der patriarchalen Kirchenführung der Häresie wegen nicht in den Kanon der «Heiligen Schriften» aufgenommen wurden, die sog. «Apokryphen», haben Jesus engstens mit dieser matriarchalen Weisheit verbunden: die Legenden von seinem Tod und seiner Wiederaufstehung feiern ihn als den neuen Heros der Göttin, der von den dunklen Mächten der Finsternis in den Tod gerissen und von ihr wieder zum Leben erweckt wurde, und der nun ihr zur Rechten auf dem Thron des Himmels sitzt. Dereinst, so die Legende, wird er

Rache nehmen am schändlichen Werk des Gottes, der ihr – der Weisheit – die Herrschaft entrissen hat, und wird als Christus das Reich der Göttin wieder errichten.

An diesem Jesus-Bild, das dem Weiblichen die große göttliche Kraft zugesprochen hatte, die Welt wieder zu erlösen, knüpfen die Theasophinnen an. Jesus gilt ihnen als Stifter einer Religion, in deren Mittelpunkt nicht der Gehorsam, sondern der matriarchale Eros steht. Matriarchaler Eros meint dabei nicht die Liebe zum Nächsten als ein patriarchales Gebot, das vom einzelnen Verzicht, Demut und Unterwerfung verlangt, sondern die liebende Zuwendung zum Mitmenschen, zur Natur und zum Göttlichen; eine Zuwendung, die auf Ich-Stärke und auf einem ganzheitlichen Selbst beruht. Daher muß der christliche Befehl: «Du sollst deinen Nächsten lieben» ersetzt werden durch die Gewährung Jesu: «Ihr dürft einander ohne Einschränkung lieben»; denn Liebe ist die zentrale Botschaft Jesu. Diese Liebe aber ist herabgewürdigt worden zur patriarchalen Erotik, die die Eine Liebe aufgespaltet hat in die asketisch-geistige «Nächstenliebe» einerseits und den wollüstig-körperlichen «Sex» andererseits. Jesu Liebe aber sei der Eros, den er der liebenden Kraft der Göttin verdankt und die vom Menschen als Freude in der Arbeit, als Lust in der Sexualität und als Glück in der Beziehung zu anderen und zur Gottheit erfahren wird.

Die besondere Faszination, die von der Person Jesus ausgeht, liegt darin, daß seine Liebe, besonders zu den Frauen, einer matriarchalen Spiritualität entsprungen ist. Jesus widerstand sowohl der patriarchalen Rechtgläubigkeit als auch männlichem Herrschafts- und Machtstreben, was die Männer um ihn, wie Petrus, mehr als einmal irritiert hatte. Die matriarchale Spiritualität von Jesus, seine ganzheitliche Liebesfähigkeit ist für Theologinnen heute die christliche Botschaft für Frauen: die Wiedergewinnung der Liebesfähigkeit, die «die Heiligung und das Heilwerden der ganzen Person»[11] einbezieht, die die Leiblichkeit des Menschen nicht abwertet, sondern die spirituelle Einheit von Leib und Geist sucht.

Da der letzte Bezugspunkt der Religion die verbindende und lebendige Liebe sei, müsse der Gott des Christentums es eben lernen, daß er nicht einzigartig ist, sondern daß er neben sich die Göttin der Frauen hat, der er sich in Liebe – aber auch Respekt – zuwenden müsse.

Der Gott der Befreiung

Nicht wenige Theologinnen stellen allerdings angesichts solcher Interpretationen göttlicher Weiblichkeit die Frage, wo denn da noch das eigentlich Christliche bliebe. So gibt etwa die Protestantin Elisabeth Moltmann-Wendel zu bedenken, «ob Frauen sich heute nicht durch so viel entdeckte Weiblichkeit Gottes ... begeistern lassen und dabei übersehen, daß Jesus von Gott dem Vater sprach und seine Jüngerinnen und Jünger das ‹Vater unser› lehrte»[12]. Sie ist unzufrieden mit der Überstrapazierung der Weiblichkeit Gottes, weil diese letztlich vom christlichen Glauben wegführt, und hält dagegen, daß der Gott der Christen keineswegs der «Patriarch im Himmel» ist, wie Mary Daly ihn tituliert hatte; auch ist es ein Mißverständnis, vom «nekrophilen Gott» zu reden, wie Elga Sorge dies tut. Für die Christen ist Gott vielmehr derjenige, den Jesus «abba» genannt hat. «Abba» – dem deutschen «Pappa» oder dem englischen «daddy» vergleichbar – ist jedoch eine solch vertrauliche Anrede gewesen, daß es wegen dieser Vertraulichkeit für einen orthodoxen Juden undenkbar gewesen war, Gott so anzusprechen. «Er hat so mit Gott geredet, wie das Kind mit seinem Vater, so schlicht, so innig, so geborgen».[13] Für Jesus ist Gott eben nicht mehr der ferne, jenseitig-fremde und furchtbare Gott gewesen, sondern der intime Vater, der ihm Kraft und Geborgenheit verliehen hatte.

Jesus, so die Theologinnen, hat ein Gott-Mensch-Verhältnis gestiftet, das das patriarchale Gottesverständnis des Alten Testaments überwunden hat; durch ihn hat der Gottesname einen radikalen Bedeutungswandel erfahren. Anstatt patriarchale Herrschaftsmuster zu legitimieren, hat Jesus zur Überwindung jeglicher Herrschaft aufgefordert; sein Wort: «Ihr sollt niemand euren Vater hei-

ßen auf Erden, denn einer ist euer Vater, der im Himmel ist», ist auch noch heute ein Aufruf, alle patriarchalen Verhältnisse umzustoßen. Es ist also verkehrt, nach der «Wiederkehr der Göttin» zu rufen, um die Frauenfeindlichkeit der christlichen Religion zu überwinden; es kommt im Gegenteil darauf an, die Botschaft Jesu gegen ihre Verzerrungen durchzusetzen. «Die Kirche als Verkörperung liebevollen Umgangs miteinander, in der die Umarmung Zeichen der Verbundenheit ist, doch in der sich auch fruchtbarer Raum findet, die eigene Art Glaubenserlebnisse und theologische Reflexion zu entdecken»[14] ist denn auch die Vision der Katholikin Catharina Halkes, die den Auftrag «Abbas» ernst nehmen will.
Im Mittelpunkt dieser theologischen Richtung steht daher nicht die Quantitätsanalyse des Männlichen und des Weiblichen im Göttlichen, die doch nur wieder die traditionellen Vorstellungen von dem «Männlichen» und dem «Weiblichen» transportiert. So harmonisch dieses Konzept von der ursprünglichen «Komplementarität» des Weiblichen und des Männlichen im Göttlichen zunächst auch erscheinen mag, so problematisch wird es allerdings, wenn man es genauer betrachtet: wird nämlich das weibliche Element wiederum als das «rezeptive» und das männliche im Gegensatz dazu als das «aggressive» verstanden, dann werden nur die alten Rollenklischees von der «Einfühlsamkeit» der Frau und von dem Machtstreben des Mannes unter dem betulichen Prinzip der «Ergänzung» der beiden Geschlechter weitergeführt.
Im Zentrum des Glaubens, der den christlichen Auftrag ernst nimmt, steht dagegen für die Befreiungstheologinnen die Verheißung des göttlichen Vaters und seines Sohnes, die Menschen zu befreien, ihnen Frieden und Gerechtigkeit auf Erden zu bringen. So ist für Elisabeth Moltmann-Wendel die zentrale Botschaft des christlichen Gottes seine Ankündigung an das «Volk Israel», es in ein Land zu führen, «wo Milch und Honig fließt», und der Exodus des Volkes Israel das biblische Leitbild für die feministische Theologie. Denn hier, beim Auszug aus Ägypten, ist Gott nicht bei den Pharaonen, den Mächtigen und Herrschern gewesen, sondern bei den Hebräern, den Armen und Versklavten, den Ausgebeuteten

und Unterdrückten, denen er den Weg aus ihrer Not und Sklaverei gewiesen hat.
Diese Botschaft gilt es heute gerade für die Frauen in aller Welt fruchtbar zu machen. Der provozierende Ruf der Befreiungstheologinnen «She is black» ist keine Aufforderung, die Kirchen statt mit dem weißen Patriarchengott mit einer schwarzen Muttergöttin auszuschmücken. Er wollte vielmehr ins Bewußtsein heben, daß der Gott der Christen der ist, der bei den Unterdrückten in aller Welt, der Rasse und des Geschlechts, zu finden ist, und der ihnen Hoffnung im Kampf gegen ihre Unterdrückung gibt. «Exodus» meint den hoffnungsvollen Aufbruch in eine Welt des Friedens und der Gleichberechtigung von Mann und Frau. Die Übertragung der geschlechtlichen Unterschiede auf die Ebene des Göttlichen, meinen die Theologinnen, ist dem christlichen Glauben wesensfremd.
Dasselbe gilt für Jesus, den Sohn Gottes. Theologisch bedeutsam ist in erster Linie nicht, Jesus als einen «androgynen» oder «animaintegrierten» Menschen erneut zu heroisieren. Vielmehr ist es das heilsgeschichtliche Neue gewesen, daß in Jesus Gottes Wort Fleisch und Blut geworden sei. Jesus war kein «Siegertyp»; er wollte ausdrücklich kein Befreier der Juden vom Joch der römischen Besatzung sein. «Jesu Vision vom Königreich», schreibt Rosemary R. Ruether, «ist weder nationalistisch noch auf das Jenseits bezogen.
Das Kommen des Reiches Gottes wird auf Erden erwartet, wie auch das Vater-unser augenfällig deutlich macht: Dein Reich komme. Dein Wille geschehe auf Erden. Es wird die Zeit sein, in der Strukturen der Beherrschung und Unterdrückung überwunden sein werden, in der die Grundbedürfnisse des Menschen befriedigt sein werden (täglich Brot), in der alle im Einvernehmen mit Gott und miteinander leben werden (nicht in Versuchung geführt, sondern erlöst von allem Bösen»)[15]. Aus feministischer Sicht kommt es darauf an, dieser Botschaft und den gelebten Beziehungen Jesu, besonders zu den Frauen, nachzugehen.
Die Evangelien des Neuen Testaments, so Elisabeth Moltmann-Wendel, zeigen, daß Jesus keinen Unterschied zwischen Mann und

Frau gemacht hat. So ist beispielsweise sogar eine Frau, nämlich Maria Magdalena, die erste Zeugin der Auferstehung von Jesus gewesen; ihr, nicht den Aposteln, gab er den Auftrag zur Verkündigung seiner Botschaft.

Das Bedeutsame an dieser Rolle der Maria Magdalena sehen die Theologinnen darin, daß die Frauen um Jesus offenbar einen ganz unmittelbaren und völlig gleichberechtigten Zugang zu ihm hatten und daß sie keinen männlichen Vermittler brauchten, der ihnen die Worte Jesu erklärte; im Gegenteil, es war eine Frau, die als erste die Mission Jesu erkannt habe und auf Grund dessen in späterer Zeit, besonders bei den Frauen, als «Apostel der Apostel» verehrt wurde. «Die Frauen», schreibt Elisabeth Moltmann-Wendel, «spielten auf jeden Fall eine einzigartige Rolle in seinen letzten Tagen, und sie wurden – nach den meisten Zeugnissen (Paulus macht eine Ausnahme in 1. Kor 15,5) – wohl auch die ersten Zeugen seiner Auferstehung. Die Bibel enthält eine in der Welt einzigartige Geschichte von Größe, Souveränität, Weisheit und Mut von Frauen. Sie ist vielleicht das interessanteste Buch einer Frauenemanzipation.»[16]

Nicht die Tatsache, daß Jesus ein androgyner Mensch war, sei demnach entscheidend, sondern daß er als der Sohn Gottes ein neues, anti-patriarchales Bewußtsein gestiftet hat. «Wir sollten nicht», meint daher Rosemary Ruether, «das Konzept der Zweigeschlechtlichkeit akzeptieren, sondern vielmehr, daß alle menschliche Wesen von ganzheitlicher und gleichwertiger Natur und Persönlichkeit sind, seien sie nun männlich oder weiblich.»[17] Keine physiologische noch psychologische Untersuchung hat bislang einen angeborenen Unterschied zwischen Mann und Frau belegen können, von der Gebärfähigkeit abgesehen. Der «kleine Unterschied» beruht allein auf erlerntem und sozial bedingtem Verhalten. Der christliche Glaube, so Ruether, will Frauen nicht zurück in die selbst gewählte oder erzwungene «Weiblichkeit», in das eingeengte Korsett der Mütterlichkeit und opfervoller Fürsorglichkeit bringen; er hebt aber auch nicht auf einen «außerirdischen Geistestrip» ab, sondern führt die Menschen «zu einer verwandelten Mitte, zur Harmonisierung von Ich und Körper, Ich und den anderen, Ich und der Welt»[18].

Die Prophezeiung des «Friedens auf Erden» beinhaltet die Befreiung der Frau, aber auch ein neues Naturverständnis: «Frieden auf Erden» heißt eben auch «Frieden mit der Erde». In der Verheißung des Alten Testaments vom «Land, in dem Milch und Honig fließt» spiegeln sich die Züge eines anderen Naturverständnisses wider, das zugleich Symbole einer Frauen-Wirklichkeit enthält. Denn die Milch, die Speise der Götter, ist das alte weibliche Symbol der lebenspendenden Nahrung, durch die das Leben auf Erden hervorgebracht wird und weiterbesteht. In diesem Bild drückt sich ein Verständnis von der Natur aus, die nicht unterworfen und beherrscht wird, sondern die als freigiebige «Mutter Natur» allen genügend Nahrung spendet. Und im Bild des fließenden Honigs ist das süße Leben, die Hoffnung auf Liebe und Glück auf Erden symbolisiert, in der die Natur sich dem Menschen selbst zum Genuß darbietet. In einfacher Form faßt dieses Bild den christlichen Glauben an die zukünftige Harmonie der Menschen untereinander und der Menschen mit der Natur zusammen.

Allerdings, so die Theologin Dorothee Sölle, fällt die Befreiung und der Frieden auf Erden nicht vom Himmel. «Befreiung kann nicht verliehen werden wie ein Gnadengeschenk, das man jemandem gibt; weder Völkern noch sozialen Klassen noch dem unterdrückten Teil der Menschheit, dem ich angehöre, kann Befreiung geschenkt werden, ohne daß die Betroffenen Anteil an der Erarbeitung der Befreiung haben.»[19] Die christlichen Feministinnen wollen daher zu der großen Befreiungsbewegung beitragen, die die Armen der «Dritten Welt», die Naturschützer und die Verteidiger der Menschenrechte umschließt. Im Glauben an den christlichen Gott sehen sie die Kraft, die fähig ist, den Konflikt von Mann und Frau, von Reich und Arm, von Mensch und Natur, von Jenseits und Diesseits zu überwinden.

Mary Daly: Jenseits von Gottvater, Sohn & Co.

Anders als die Befreiungstheologinnen argumentiert eine Gruppe vorwiegend amerikanischer ehemaliger Theologinnen. Diese hatten sich Mitte der sechziger Jahre vehement für eine Kirchenreform eingesetzt, um die Zulassung der Frauen zum Priesteramt zu erreichen. Doch ihnen wurde, wie die jüdische Religionsforscherin Naomi Goldenberg sagte, zunehmend deutlicher, daß eine Zulassung der Frauen zum Priesteramt zugleich das ganze in zwei Jahrtausenden errichtete Dogmensystem zum Einsturz bringen müßte. Denn die Wahl von Frauen zum Bischofs- oder Kardinalsamt würde nicht nur bedeuten, daß die Kirche den jahrhundertelangen Ausschluß der Frauen als Irrtum eingestehen müßte, sondern all die Dogmen, auf die sich der Ausschluß gründet, vom Vorzug des Männlichen, von Gott als Vater, von Christus als Mann usw. falsch gewesen waren. So verrät denn auch die Erklärung des Papstes Paul VI. von 1977 gegen die Zulassung von Frauen zum Priesteramt ein tiefes Wissen um den Zusammenhang von christlichem Gottesbild und kirchlicher Frauenfeindlichkeit.

Die praktische Konsequenz dieser Frauen war, daß sie den Kampf um das Priesteramt für sinnlos hielten – so sinnlos, als würden Schwarze für den Eintritt in den Ku-Klux-Klan kämpfen (Mary Daly). Sie sahen die Kirche so heillos in sexistische Kategorien verstrickt, daß sie ihr den Rücken kehrten und sich dem radikalen Feminismus anschlossen.

Die sicherlich scharfsinnigste und brillanteste feministische Kritik am Christentum ist von der ehemaligen katholischen Theologin Mary Daly formuliert worden. Ihre beiden Werke ‹*Jenseits von Gottvater, Sohn & Co.*› (1973) und ‹*Gyn/ökologie. Eine Meta-Ethik des radikalen Feminismus*› (1978) sind in ihrer Wirkung wohl nur mit Simone de Beauvoirs Buch ‹*Das andere Geschlecht*› zu vergleichen, das schon in den fünfziger Jahren eine radikale Kritik am Christentum formuliert hatte. Mary Daly, die anfangs den Vorstellungen von einem androgynen Gott anhing, sieht darin heute ein völliges Mißverständnis der christlichen Glaubensvorstellung. Ein solches Wesen, meint sie heute, ist «ein Bastard – es vermittelt so etwas wie John Travolta und Farah Fawcett Major mit Tesafilm zusammengeklebt»[20]. Keiner Frau ist mit einem solchen «Un-Wesen» gedient; statt der Frau eine frau-bezogene religiöse Identität zu verleihen, würde ein solches Wesen Frauen nur wiederum von männlichen Wesensmerkmalen abhängig machen, ihre Zerrissenheit eher vergrößern als beheben und damit gerade die Unterordnung der Frauen vertiefen, die eigentlich behoben werden sollte. Ihr geht es nicht mehr um die Gleichberechtigung von Mann und Frau, um den gleichen Zugang zu Berufen, Ämtern und Institutionen, die in ihrem Kern doch nur patriarchal organisiert sind; daher lehnt sie sämtliche theologischen und politischen Reformversuche von Frauen als unfruchtbar, ja gefährlich ab.

Ob «Gott Vater» oder «Gott Vater und Mutter», jegliche Vorstellung von Gott, ja selbst das Wort Gott muß aus dem Denken von Frauen gestrichen werden; denn es führt immer wieder auf dieselbe Bahn, an deren Ende das männlich besetzte Gottesbild steht. Und so sieht Daly denn auch ihr Werk ‹*Gyn/ökologie*› als Beitrag zur Aufklärung über die «Verschmutzung von Seele/Geist/Körper durch patriarchale Mythen und Sprache auf allen Ebenen»[21]. Sie wirft ihren reformerischen Mitschwestern ein völliges Mißverständnis des Christentums vor. Es ist unmöglich, meint sie, den Glaubenskern lediglich von seinen patriarchalen Verzerrungen zu befreien, um ihn bewahren zu wollen; denn dieser Glaubenskern selbst, die Botschaft der christlichen Religion ist Frauenhaß, ist die Lust, alles Lebendige und Lebensbejahende der Frauen abzutöten und zu ersticken. Nicht ohne Grund ist das Ursymbol des Christentums das Kreuz; das Kreuz, das den Lebensbaum früherer matriarchaler Religionen abgelöst hat. «Der Baum», schreibt sie, «ist keineswegs auf ein Symbol für biologische Fruchtbarkeit einzuengen. Er stellt eine Quelle kosmischer Energie dar. In der Kunst des alten Ägyptens wird der Baum dargestellt, wie er die Sonne selbst hervorbringt. Dieser kosmische Baum, die lebendige Quelle von strahlender Energie/strahlendem Sei-en ist der tiefe Hintergrund des christlichen Kreuzes, dieses Gestells aus totem Holz, an dem ein sterbender Körper mit Nägeln befestigt ist ... Das ‹Marterholz› der ‹bösen Frau Welt›[22]. So zeigt schon dieses Kreuzeszeichen, daß das Martyrium, die Nekrophilie, die Liebe zum Toten und all die Vorstellungen vom «irdischen Jammertal», an dessen Ende, dem Tod, die Erlösung steht, der eigentliche Glaubensinhalt des Christentums ist. All die Lebens- und Leibesfeindlichkeit dieser patriarchalen Religion jedoch erhebt sich auf dem Frauenhaß, auf der Entwürdigung der lebenspendenden, biophilen Weiblichkeit. Das Patriarchat in der Religion sei nicht bloß ein «Ausrutscher», ein bedauerlicher und korrigierbarer Fehler, sondern ein Fehler im System selbst: es ist ein systematischer, jahrtausendealter, physischer, seelischer, geistiger Frauenmord.

Jeder Versuch, die unsäglichen Grauen, die im Zeichen des Kreuzes in die Geister, die Seelen und Körper von Millionen Frauen eingebrannt wurden, hurtig damit zu umgehen, daß dies ja nur von «irregeleiteten» Männern geschehen ist; die Erklärung, daß man/frau es künftig besser machen will, setzt sich, so Daly, nicht ernsthaft und ehrlich mit den Taten der Geschichte und damit auch der Gegenwart auseinander und nimmt nicht wahr, welch gewaltige Aufgabe auf die Frauen zukommen wird. «Es ist leicht», schreibt sie, «Mittel zu finden, sich von der Last der folgenschweren Erkenntnis zu befreien, daß die patriarchale Religion tatsächlich patriarchal ist.»[23] «Patriarchat» aber: das bedeutet für Daly eben nicht nur die Benachteiligung der Frauen im Beruf und in der Familie, sondern es bedeutet den historischen Raub jeglicher frauen-bezogenen Identität.

Diesen Raub sieht sie exemplarisch in der patriarchalen Mythologie des Christentums verankert. Seine Mythologie bezieht ihre mythische Kraft und Macht aus dem Raub der Frauenreligionen; entkleidet man sie dessen, so würde die ganze Lüge und der Betrug der patriarchalen Religion deutlich und ‹des Kaisers neue Kleider› sichtbar. Der Grundmythos des Christentums ist, daß «Gott Vater» seinen «Sohn» gezeugt hat; und daß aus der innigen Vater-Sohn-Liebe der «Heilige Geist» hervorgegangen ist. Sie sind drei Personen, die doch, «gleich ewig» und «wesensgleich» sind; ein dreieiniger Gott also, dessen Liebesbeziehung zugleich Selbstliebe ist. Es ist, so Daly, ein rein männliches Ensemble, das diesen «sensationellsten Einakter der Jahrhunderte, die eigentliche Love Story»[24] aufführt. Der Mythos solch sublimer männlich-homosexueller Erotik ist das verfeinerte Grundmuster aller patriarchal-phallokratischen Machtbesessenheit: aus der liebenden gegenseitigen Zuneigung des Mannes zum Manne entspringt der «Geist», oder trivialer: wenn man «von Mann zu Mann» spricht, dann kommt Geistvolles dabei heraus. Wenn Frauen jedoch den schüchternen Einwand wagen, wo sie denn dabei bleiben, dann heißt es, daß das Vernünftige schließlich auch etwas den Frauen bringt; oder theologisch gesprochen: «Ihr seid beim Heiligen Geist mit inbegriffen. Der hat weibliche Züge.» Der Punkt ist nur, meint Daly, daß der von Männern ausgedachte «Geist» nichts mit den Frauen zu tun hat. «Aufgetuckte Tunten, ob göttlich oder menschlich, gehören zur Männervereinigung.»[25]

Doch diese männliche Homoerotik der christlichen Dreieinigkeit allein ist für Daly noch nicht das Entscheidende. Entscheidend ist, daß diese «Love Story» ihre mythische, Jahrhunderte wirkende Kraft aus der ausgesaugten Weiblichkeit schöpft. Wie ein Vampir, der vom Lebenssaft seiner Opfer lebt, saugt die patriarchale Religion die biophile Energie aus den Frauen; sie liebt deren Tod, der ihr Leben ist.

Diesen «verkappten Vampirismus» der christlichen Religion macht Mary Daly an ihrem höchsten Fest, den «Heiligen Abend» der «Geburt Gottes» deutlich. An diesem Tag soll Gott seinen «eingeborenen Sohn», der als wesensgleich schon vorher eins mit Gott gewesen war, zur Welt gebracht haben. Aber da nun bei aller Phantasie diese Geburt ohne weibliche Mithilfe kaum vorstellbar ist, brauchte Gott eine Frau, die das Geschäft der göttlichen Fleischwerdung erledigen sollte, nämlich die «Jungfrau Maria». Einerseits ist diese Frau als Gebärerin vonnöten, andererseits aber spielt sie die überflüssigste Rolle in diesem Liebesdrama. Ja, sie ist sogar so überflüssig, daß es der Paarung Gottes mit Maria nicht einmal bedurft hat.

Maria ist die «in Reinheit harrende Schale», in die der göttliche Same gelegt wurde und die nach der Geburt ihres Sohnes nichts anderes zu tun gehabt hat, als in Andacht vor ihm niederzuknien. Als dreist empfindet es Daly, daß das Christentum den uralten Mythos der «Parthenogenese», der jungfräulichen Geburt ohne männliche Beteiligung, aufnimmt und gegen die Frauen kehrt. Denn in diesem Mythos war ursprünglich die lebenspendende Kraft der Frau geheiligt und verehrt worden; sie war es, die allein Kinder bekam und neues Leben stiftete. Der Mythos der Göttin, die ihren Sohn, ihren Heros, gebar, mit dem sie sich dann vermählte, war im gesamten Orient die herrschende Religion gewesen und brachte die Ehrfurcht vor den Frauen zum Ausdruck. Doch was bislang das Weibliche ganz allein bewerkstelligt hatte, wird ihr jetzt, so Daly, durch das Christentum geraubt; denn Maria tut bei dem Liebesakt von Vater und Sohn gar nichts. Ja, sie braucht nicht einmal mehr vergewaltigt und bezwungen zu werden, so perfekt schon war die Gehirnwäsche, so vollkommen war sie schon erorbert.

Diese Plünderung des Frauenmythos meint Daly mit dem «verkappten Vampirismus» des Christentums. Die Phallokratie der männlichen Selbstliebe gründet notwendigerweise auf der vollständigen Zerstörung frauen-bezogener Identität. Denn die Homoerotik des Mannes ist produktiv und zeugend nur dann, wenn sie die weibliche Kraft ausplündert. Der Frauenhaß ist daher dem Christentum immanent und die Kehrseite der Männererotik, die auf der Ver-nicht-ung des weiblichen Wesens beruht. Der Frauenmord, die Hexenprozesse, die moderne Gynäkologie in Europa und Amerika, die alle im Zeichen des Kreuzes geschehen sind, sind für sie keine «Pannen», sondern gehören wesensmäßig zum Christentum.

Aus all dem folgert Mary Daly, daß Frauen nach der jahrtausendelangen Verfolgungsjagd des Patriarchats das Göttliche in sich selbst wiederentdecken müssen. «Wenn du dich für den Gott deiner Väter entscheidest, dann liefert dir die Bibel die Modelle dieser Sklaverei», hatte die amerikanische Theologin Phillis Trible einmal die Situation der Feministinnen beschrieben. «Wählst du aber den

Gott der Schwesterlichkeit, so mußt du der patriarchalischen Religion absagen und ohne Modell deine Freiheit einfordern.»[26] Feministinnen müssen eine Reise in eine noch ungewisse Zukunft antreten; sie müssen die Wege aufdecken und erkennen, wie den Frauen ihr gestohlener Kosmos wieder «in Form von Cosmopolitan-Magazin oder Kosmetika zurückgegeben»[27] wird; die Linien, die «von religiösen Mythen zu dreckigen Witzen (reichen), von theologischen Lobpreisungen der ‹wahren Anwesenheit› Christi bis zu kommerziellen Verführungen, die Coca-Cola als ‹das wahre Ding› bezeichnen, von dogmatischen Doktrinen über die ‹Göttliche Hostie› zu den frisierten Angaben über die Zutaten der ‹Hostess-Törtchen›, von ans Unbewußte appellierender Werbung bis zur hehren Kunst. Phallische Mythen und phallische Sprache schaffen, rechtfertigen und verschleiern die reale Umweltverschmutzung, durch die alles empfindende Leben auf der Erde mit Vernichtung bedroht ist.»[28]

Daly fordert ein Anknüpfen und Wiedererinnern an die Traditionen der großen weisen Frauen, die ihre Spiritualität und biophilen Energien in sich selbst trugen. Diese «Häxen», wie sie sie nennt, «das sind solche, die widerspenstig, eigensinnig, zügellos, unkeusch sind und vor allem männlicher Werbung nicht zugänglich ... Als Furien lehnen die Frauen dieser Tradition der Großen Häxen den Fluch des Kompromisses ab»[29]. So will sie an Stelle der todesliebenden und frauenverachtenden Vater-Sohn-Beziehung und des bedrohlichen Vaterrechts das «verlorene Bündnis ... das Band zwischen Müttern und Töchtern»[30] wieder knüpfen. Dieses alte Band ist zerrissen worden: Mütter verloren ihre geistige Identität an ihre Ehemänner und Söhne, denen sie ihr Wissen gaben; Töchter suchen bei den Vätern und Ehegatten ihre verlorenen Mütter und lassen sich väterlich «bemuttern». Dies will sie ändern. Die Tochter soll in den Mittelpunkt der Suche nach frauen-bezogener Identität treten; denn «alle Frauen sind nun mal Töchter»[31]. Töchter sind unbelastet von den Rollen der Mütter, die ihnen das Patriarchat aufzwang; Töchter sind fähig, ihr eigenes Selbst zu finden und unbelastet, sich auf andere Selbst zu beziehen. Mutter

und Tochter, so Daly, können Schwestern werden, wenn die Mutter ihr eigenes Tochter-Sein in sich wiederentdeckt.
Von diesem Tochter-Recht aus können Frauen sich auf die Reise machen, ihr eigenes Sei-en, ihre Energien und in den anderen ihre Schwestern entdecken. «Die Göttliche Tochter, die ihre Rechte verlangt, heißt Nemesis. Sie negiert und brandmarkt die Schänder und ihre Verkleidungen, ihre verlogenen Mütter-Larven, ihr erstickendes ‹Bemuttern›. Sie weist die Verzerrung der Mutter zur ‹anderen› weit von sich.»[32] Sie ist sie selbst.
Dalys radikaler Feminismus sucht nicht mehr Gott, den «Vater» – sei er noch so androgyn oder liebevoll wie «abba» –, nicht mehr den «Sohn» oder den «Heiligen Geist». Daly sucht aber auch nicht mehr, wie die Forscherinnen des Matriarchats oder der matriarchalen Religionen, die «Über-Mutter», die «Große Göttin», der die Frauenverehrung allein gelten soll. Jenseits aller Religionen sucht sie nur sich selbst als Frau: die weise Frau, die selbständige Tochter, die die göttliche Kraft in sich verspürt und ihrer Schwester mitteilt. Sie hat die Theologie hinter sich gelassen und sich auf die Suche nach der lesbischen Imagination in allen Frauen, nach einem neuen, frauen-bezogenen Sei-en begeben.

Zitatnachweise:
Auf der Suche nach der Göttin

1 Daly, Mary: Jenseits von Gottvater, Sohn & Co., München 1980, S. 27
2 Halkes, Catharina: Unser Gott ist machtlos und weiblich, in: Publik Forum 16, 1977, S. 13
3 Schüssler-Fiorenza, Elisabeth; in: Concilium 5/78, S. 292
4 Wolff, Hanna: Jesus der Mann, Stuttgart 1976, S. 80
5 Mulack, Christa: Die Weiblichkeit Gottes, Stuttgart 1983
6 Sorge, Elga: Religion und Frau, Stuttgart 1985
7 Ebd., S. 39
8 Sölle, Dorothee: Über die Unterdrückung des Mannes, in: Almanach 11 für Literatur und Theologie, Der Mann, Wuppertal 1977, S. 15
9 Christ, Felix: Jesus Sophia, Zürich 1970, S. 154
10 Mulack, Die Weiblichkeit Gottes, a. a. O., S. 207

11 Sorge, Religion und Frau, a. a. O., S. 78
12 Moltmann-Wendel, Elisabeth: Das Land, wo Milch und Honig fließt, Gütersloh 1985, S. 107
13 Jeremias, Joachim: Abba, Göttingen 1964, S. 63
14 Halkes, Catharina: Suchen, was verlorenging, Gütersloh 1985, S. 70f.
15 Ruether, Rosemary R.: Sexismus und die Rede von Gott, Gütersloh 1985, S. 150
16 Moltmann-Wendel, Elisabeth: Ein eigener Mensch werden, Gütersloh 1984, S. 13
17 Ruether, Rosemary, Sexismus und die Rede von Gott, a. a. O., S. 139
18 Ebd., S. 92
19 Sölle, Dorothee: Vater und Mutter im Himmel, in: Das Argument, Berlin (West) 1981, S. 666
20 Daly, Mary: Jenseits von Gottvater, Sohn & Co., a. a. O., S. 8
21 Daly, Mary: Gyn/ökologie, München 1981, S. 29
22 Ebd., S. 102f.
23 Daly, Mary: Jenseits von Gottvater ..., a. a. O., S. 92
24 Daly, Mary: Gyn/ökologie, a. a. O., S. 60
25 Ebd., S. 60
26 Phyllis Trible: Gegen das patriarchale Prinzip in Bibelinterpretationen, in: Moltmann-Wendel, Frauenbefreiung, München 1982, S. 94
27 Daly, Mary: Gyn/ökologie, a. a. O., S. 26
28 Ebd., S. 30
29 Ebd., S. 36
30 Ebd., S. 363
31 Ebd., S. 364
32 Ebd., S. 365

5. Maria, die strahlende Göttin

Seit dem 3. Jahrhundert wird Maria im Christentum als Mutter Gottes verehrt. Bereits die frühe Marienverehrung sah in Maria das Urbild der positiven und idealen Frau, die auserwählt worden war, die Mutter des Erlösergottes zu sein. Maria galt als der positive Gegenpol zur Eva, der Verführerin. Extreme Frauenfeindlichkeit und inbrünstige Marienverehrung waren deshalb kein Gegensatz in der christlichen Theologie, sondern die beiden Seiten ein und derselben Medaille: «Denn alles, was das Fleisch der Eva Böses gebracht, hat der Segen Marias hinweggenommen», schrieben die beiden Verfasser des frauenfeindlichen ‹*Hexenhammers*›, die Dominikaner Heinrich Institoris und Jakob Sprenger.

Während die frühe Marienverehrung im offiziellen christlichen Kult insgesamt von geringer Bedeutung gewesen war, hat sie im 19. und 20. Jahrhundert mit den Marienerscheinungen von La Saletta, Lourdes und Fatima ihren bisherigen Höhepunkt erreicht. Aus dieser Zeit stammen auch die bedeutendsten Mariendogmen. 1854 wurde das Dogma von der «unbefleckten Empfängnis» Marias verkündet, das besagt, daß Maria ohne «Erbsünde» geboren war. Mit dieser Aussage wurde der Grundstein für ihre «Unsterblichkeit» gelegt, die im Jahr 1950 mit dem Dogma der «leiblichen Himmelfahrt» Marias bestätigt wurde. Damit durchbrach Maria den Kreislauf des Todes, den Eva mit der «Erbsünde» auf die Welt gebracht hatte. Seither sitzt sie als Himmelskönigin an der Seite von Gottvater und Sohn.

Auf der Suche nach weiblichen Leitbildern und Orientierungshilfen innerhalb der christlichen Religion haben feministische Theologinnen Maria neu entdeckt.

Aus der Kritik am herkömmlichen Marienbild, das einseitig an den sexuellen Ängsten der am Zölibat verpflichteten katholischen Geistlichkeit orientiert ist, setzen sie eine «andere Maria» (Catharina Halkes) als lebendiges und lebbares Vorbild für kritische Frauen heute.

«Maria», beschreibt die holländische Feministin Catharina Halkes ihr Engegement, «verlangt nach Befreiung von dem Bild, das man sich von ihr gemacht, und von den Projektionen, die eine männliche Priesterhierarchie mit ihr in Zusammenhang gebracht hat. Meine Entschlossenheit, Maria nicht einfach so fallenzulassen, wurzelt in einem tiefempfundenen Gefühl der Solidarität oder Schwesternschaft. Darüber hinaus ist es notwendig, daß wir die Frauen von noch gültigen, die Frauen einschränkenden Marienbildern befreien. Daher müssen diese Bilder analysiert und demaskiert werden.»[1]

Die Rückeroberung solch weiblicher Urbilder und Symbole innerhalb der christlichen Mythologie sehen viele feministische Theologinnen als eine notwendige und lohnenswerte Aufgabe an, als Akt der Um- und Neubewertung ehemals einseitig männlich geprägter Glaubensinhalte. Nicht die Mariensymbolik als solche ist frauenfeindlich, argumentiert die feministische Marienforscherin Christa Mulack, sondern ihre einseitig männliche Interpretation. Die Aufgabe einer feministischen Theologie sieht sie folglich nicht darin, die unliebsamen Marienbilder und -symbole als Ganzes zu zerstören, sondern nur deren überlieferte frauenfeindliche Deutung. In ihrer kürzlich erschienenen umfangreichen Studie zum christlichen Marienkult schreibt Mulack, daß «in den Mariendogmen eine uralte weibliche Symbolik enthalten (ist), deren Ablehnung sich nur selbstzerstörerisch auf die Frau auswirken kann. Wir müssen von daher reklamieren, was von Anfang an unser war.»[2] In den Mariendogmen der katholischen Kirche sieht sie die Relikte vorchristlicher Mutterkulte aus alten Religionen überliefert: Jungfräulichkeit, Mütterlichkeit und Gottesgebärerin sind Symbole, die weit in die matriarchalen Kulturen zurückreichen.

Demgegenüber bezeichnet die Amerikanerin Mary Daly Maria als das «vollkommene Vergewaltigungsopfer» der christlichen Religion. Für sie ist Maria nichts weiter als ein durch und durch patriarchales Symbol, von Anfang an dazu benutzt, Frauen zu diskriminieren und zu spalten. Maria, die «bedingungslos Ja-sagende», die «immer verfügbar ist» (Ratzinger), die demütige Magd des Herrn.

Auch Protestanten tun sich mit der Marienverehrung traditionellerweise schwer, einer Marienverehrung, die die Gottesmutter in den Rang einer Göttin erhebt und dabei die männlichen Hauptgottheiten zu verdrängen droht. Die feministische Theologin Elisabeth Moltmann-Wendel geht in ihrer Kritik an der neuen feministischen Marienverehrung noch einen Schritt weiter und befürchtet das Abgleiten in eine feministische Despotie: «Maria als Fruchtbarkeit darstellendes Frauensymbol, Norm einer neuen Frauenkultur und eine aus ihr sich ableitende monolithische Schwesterlichkeit ohne Runzeln und Flecken – wie sie von manchen Frauen der feministischen Theologie geträumt wird, wird nie Modell für alle Frauen sein.»[3]

«Die Offenbarung von Göttlichkeit und weiblichem Prinzip in Maria, und die Entdeckung der Frauen als göttliche Offenbarungsmedien scheinen mir häufig verbunden zu sein mit festen Vorstellungen, was ‹Weiblichkeit› ist, und (mit) Intoleranz gegenüber anderen Bildern.»[4] Denn, so argumentiert Moltmann-Wendel weiter, die Verwendung einer fest definierten Symbolgestalt wie die der Maria beinhaltet Erstarrung und Bevormundung für Frauen statt Befreiung. «Ein feministisches Prinzip, eine Maria, ein Glaube – das ist die patriarchale Kirche mit umgekehrten Vorzeichen.»[5]

So starr festgelegt sehen feministische Marienforscherinnen indes ihr weibliches Urbild ganz und gar nicht. Maria ist

> «die Frau, die ganz Mensch war und alle Leiden des weiblichen Geschlechts durchlebt hat: Schwangerschaft, uneheliche Mutterschaft, Armut, Flüchtlingselend, Ausgestoßensein, Verlust des eigenen Kindes durch die unverbesserliche Mordlust eines männlichen Denk- und Gesellschaftssystems …»[6]

Für sie ist Maria das Symbol der Befreiung. Sehen sich damit in geistiger Verwandtschaft mit der tief im Volksglauben lateinamerikanischer Völker verwurzelten Marienfrömmigkeit, die ihren zentralen Platz in der Theologie der Befreiung besetzt hat. Im Protestantismus mit seiner Zerstörung der Bilder und Symbole – auch der weiblichen – und der alleinigen Gültigkeit des «Wortes», d. h. der Bibel, «hat der jüdisch-monotheistische Männlichkeitswahn seine höchste Zuspitzung erfahren», schreibt Christa Mulack.[7] Die vier Mariendogmen – jungfräuliche Geburt, Gottesmutterschaft, unbefleckte Empfängnis und Aufnahme Marias in den Himmel als Himmelskönigin (und Göttin) – werden den heute lebenden Frauen als Orientierungshilfe angeboten und aus feministischer Sicht neu interpretiert.

Die Jungfrauensymbolik

Die Frau ohne Unterleib

Kaum ein anderes Symbol vermag kirchenkritische Frauen heute mehr in Rage zu versetzen als das der Jungfräulichkeit Marias. Die klassische theologische Trennung zwischen der sündigen, weil «normal» lebenden Frau Eva und der reinen, unschuldigen und damit verehrungswürdigen heiligen Maria hat den Frauen unermeßlichen Schaden zugefügt – physischen und psychischen. Die letzten Evas wurden auf den Scheiterhaufen marienwütiger Inquisitoren verbrannt, als der «heilige Kreuzzug» gegen das Böse in der Welt ausgerufen worden war; und fast überall, wo man des Bösen habhaft werden konnte, zeigte es sich in weiblicher Gestalt.

> «Je dunkler und schuldbefleckter der Mann das Bild der Frau malte, desto reiner und unbefleckter mußte Maria gestaltet werden. Je stärker das Bedürfnis war, der Frau Schuld zuzuweisen – und dieses Bedürfnis ist beim Mann seit Adam sogar biblisch belegt! –, desto mehr wuchs aus dem Unbewußten das Bedürfnis, die Frau zu entschulden.»[8]

Und so gilt noch heute in der – nicht nur klerikalen – Männerwelt die Dichotomie von der Heiligen und der Hure, die eine für das un-

schuldige Leben zu Hause in der Familie und die andere für das sündige Vergnügen.
Maria, die reine, makellose «Magd des Herrn», wie wir sie im Religionsunterricht auf unschuldig-süßen Marienbildchen kennengelernt haben, ist eine Erfindung der männlichen Theologie. Sie hat ein Frauenidol geschaffen, dem sich Männer ohne Furcht vor den «ewigen Verführungsfallen» der Frau nähern können. Maria ist «die Frau ohne Unterleib», entsexualisiert, dienstbar, verfügbar, die unschuldig Dienende. Kein Mann hat sie je berührt und «beschmutzt». So wird das Dogma von der ewigen Jungfräulichkeit Marias aus dem 7. Jahrhunter interpretiert. «Maria ist das höchste Ideal der katholischen Frau», tönt es von kirchenoffizieller Seite noch heute.
Ganze Bibliotheken sind voll von leidenschaftlichen – für außenstehende Nichttheologen höchst perversen – akribischen Untersuchungen männlicher Theologen über die ewige Jungfrauenschaft Marias: ante partum, in partu und post partum. Wie der göttliche Same an der Jungfräulichkeit Marias vorbei in den unschuldigen Schoß gelangen konnte und von dort das Kind wieder hinaus, ohne die jungfräuliche Mutter zu verletzen; diese Frage hat Legionen von zölibatären Theologen immer wieder aufs neue animiert. Angewidert legen Frauen heute diese sexualneurotischen Elaborate männlicher Mariologen zur Seite.
«Frauen erleben die Jungfrau als Symbol einer weiblichen Rolle, die ihnen verhaßt ist», schreibt Christa Mulack, «weil sie sie zu geschlechtslosen Wesen machen soll.» Unterwürfig, dienstbar, bescheiden, brav. «Ein Symbol, geschaffen, den Unterdrückten die Selbstunterdrückung beizubringen, den Verunsicherten die Selbstzensur, den doppelt Ausgebeuteten die Selbstausbeutung.»[9] Eine katholische Frau erklärt ihre Ablehnung mit den Schuldgefühlen, die «diese» Maria den Frauen beizubringen versucht:

> «So wie zur Unterdrückung der Schwarzen das Bild eines treuherzig-aufopferungsbereiten Onkel Tom gehörte, so gehörte zu der Frau das Bild einer verklärten und erhabenen Maria. Sie thront über uns. Sie ist rein, wir sind schmutzig. Sie ist entsexualisiert, wir haben sexuelle Probleme und Bedürfnisse. Wir kön-

nen sie nie erreichen und sollen deshalb Schuld und Schamgefühle empfinden. Das wiederum macht demütig.»[10]

Eine Weiterentwicklung erfuhr die Lehre von der Jungfräulichkeit Marias durch das Dogma von der «unbefleckten Empfängnis», das der Marienpapst Pius IX. im Jahr 1854 verkündet hat. Das Dogma besagt, daß Maria nur dadurch Gottesgebärerin werden konnte, weil sie «unbefleckt empfangen», das heißt ohne «Erbsünde» gezeugt worden sei. Damit wurde Maria ein weiteres Stück von den Frauen, die zur «Kaste der Eva» (Mary Daly) gehören, entrückt.

«Frauen spüren diese künstlich geschaffene Distanz», schreibt Christa Mulack, «die auf diese Weise zwischen ihnen und Maria hergestellt wurde.»[11] Maria bleibt damit das unerreichbare Vorbild an Reinheit und Makellosigkeit, das Frauen nichts weiter als Schuldgefühle ob ihrer Sündhaftigkeit und Verwandtschaft mit Eva auferlegen kann. Eine derart entleibte und entseelte Maria vermag den Frauen kaum noch religiöse Impulse zu vermitteln. Doch viele Theologinnen sehen sie in einer quasi säkularisierten Form wieder auferstehen; mächtiger und drohender als je zuvor: «Wo früher die unbefleckte Madonna in der Nische stand, macht sich jetzt Frau Saubermann breit – beide Ideologien zwingen Frauen eine Rolle auf, die sie schwächt und verkrüppelt.»[12] Das Symbol der jungfräulichen Reinheit wurde durch das der makellosen Reinlichkeit ersetzt.

Wie ist es angesichts dieses Virginitätswahns eigentlich möglich, fragt die Theologin Christa Mulack, «daß einer der fundamentalsten menschlichen Triebe, der Sexualtrieb, der so weitreichende Auswirkungen auf die zwischenmenschlichen Beziehungen hat, in der christlichen Tradition immer wieder als böse und sündhaft beschrieben wurde, wo doch andererseits der Mensch als ein Geschöpf Gottes gilt, der ihn nun einmal so und nicht anders ausgestattet hat?»[13] Warum wird die Geburt der Frau als verunreinigend angesehen?

Die männliche Theologie basiert auf «der Negierung der Mutter», versucht die Theologin Rosemary R. Ruether eine Antwort zu geben.

«Die Verwerfung von Sexualität und Fortpflanzung ist nicht nur Ausdruck der Prüderie. Vielmehr basiert antisexuelle Askese als solche auf der Wunschvorstellung, sich durch Flucht aus dem weiblichen Reich der Sexualität und der Fortpflanzung auch von Endlichkeit und Sterblichkeit zu befreien. Die Flucht vor Sexualität und Geburt ist letztlich ein Versuch, dem Tod zu entfliehen, für den Frauen als Eva und Mutter verantwortlich gemacht werden.»[14]

Den Gebärneid des Mannes sieht Christa Mulack als ein weiteres Motiv hinter der männlichen Abwertung der weiblichen Sexualität. In gleicher Weise, wie der Mann in der Religion die Gebärfähigkeit der Frau in die Schöpferkraft des männlichen Geistes legte (vgl. Schöpfungsmythos), wertete er die reale Gebärfähigkeit der Frau ab. Weibliche Fruchtbarkeit empfindet er als bedrohliche Macht für seine selbstdefinierte Autorität. Diesen Prozeß der Abwertung der biologischen Schöpferkraft der Frau setzte die Theologie fort, «bis schließlich die Frau, um etwas zu gelten, auf ihre Gebärfähigkeit verzichten und sich der Unfruchtbarkeit des Mannes anpassen mußte. Sie legte ein Keuschheitsgelübde ab und wurde zur christlichen Jungfrau. Als solche gab sie dem Mann keinerlei Anlaß mehr zum Gebärneid. Endlich war er vor ihr sicher.»[15]

Den Willen zur Macht hat Erich Fromm, der wesentliche Vertreter der Humanistischen Psychologie, in seinem Buch ‹*Haben und Sein*› als eine weitere Ursache der christlichen Sexualunterdrükkung bezeichnet. «Alle Anstrengungen zur Unterdrückung der Sexualität müßten schwer verständlich bleiben, wenn es nur um die Sexualität an sich ginge. Aber nicht darum geht es, sondern das Brechen des menschlichen Willens ist der Grund, weshalb die Sexualität so verteufelt wird.»[16] Hinter der kirchlichen Diffamierung der weiblichen Sexualität und dem Jungfräulichkeitswahn im Marienkult sieht Christa Mulack den Willen zur Macht und das «Bedürfnis, die Menschen auszubeuten und zu unterdrücken. Ausbeutung, Unterdrückung und Sexualfeindlichkeit bilden demnach eine grundlegende patriarchale Trinität … in der alles zum Besitz des Mannes und somit verdinglicht wird: Die Frau, das Kind, das Tier, die Mutter Erde, die Natur.»[17]

Die jungfräuliche Göttin

Die Jungfrauensymbolik ist in allen Kulturen bekannt. Bei den meisten Völkern der Erde finden sich religiöse Anschauungen, wonach herausragende Menschen von einer «Jungfrau» geboren wurden ohne die Mithilfe eines männlichen Erzeugers. Viele Helden aus der Antike behaupten von sich, «Sohn einer Jungfrau» zu sein, oder aber diese Auszeichnung wurde ihnen im nachhinein mittels einer Legende angehängt, um damit ihre Besonderheit zu untermauern.

Aus der buddhistischen Religion ist bekannt, daß Buddha von einer Jungfrau geboren wurde, einer Frau, die auf Grund ihrer Jungfräulichkeit über andere Frauen erhaben war. Damit sollte auf die Einmaligkeit des Ereignisses, auf die Geburt eines außergewöhnlichen Kindes hingewiesen werden. Die Legende erzählt, daß Bodhisattva in Gestalt eines weißen Elefanten sich seitlich in den Mutterleib senkt und damit den Erlöser zeugt. Maya, die Gottesmutter, gebiert ihren Sohn Gautama Sidharta, der seitlich aus ihr ins Freie kommt. Der Mutterschoß bleibt unverletzt.

Auch der islamische Prophet Mohammed wurde nach den Schilderungen des Koran von einer Jungfrau empfangen: Marjam, die «keinen Mann kennt» und vom Geist befruchtet wird.

Aus dem vorderasiatischen Kulturkreis sind zahlreiche Jungfrauen-Göttinnen überliefert, «die nicht empfangen, aber gebären». Venus, Ishtar, Astarte und Anat wurden als jungfräuliche Liebesgöttinnen der klassischen Mythologie verehrt. Die römische Diana war die jungfräuliche Göttin, die keine Beziehung zu Männern unterhielt. An ihrem Kulttag, den 15. August, fanden Frauenprozessionen statt; am gleichen Tag, der heute in der katholischen Kirche als größter Marienfeiertag begangen wird – als Tag ihrer Himmelfahrt.

Jungfräulich, das heißt unabhängig und nicht verheiratet, waren auch die römischen Vestalinnen, die Hüterinnen des heiligen Feuers. Als Priesterinnen der Liebe praktizierten sie in ihren heiligen Tempelbezirken den Liebeskult, ohne jedoch einem bestimmten Mann jemals anzugehören und damit ihre jungfräuliche Unabhängigkeit und Selbständigkeit aufzugeben. Frauen, die heirateten und damit in den Besitz eines Mannes übergingen, brachten im Tempel der Jungfrauen der Göttin ein Sühneopfer dar.

Die Jungfrauensymbolik reicht zurück in die frühen Zeiten der Menschheitsgeschichte, in denen die Beteiligung des Mannes am Akt der Zeugung noch nicht bekannt war; der Zusammenhang von Geschlechtsverkehr und Zeugung wurde nicht gesehen. Die Frau war diejenige, die – für alle sichtbar – aus sich heraus neues Leben gebar. Sie allein galt als das schöpferische Prinzip.

> «Genau wie die Mutter Erde war auch die Frau befähigt, das Leben aufrechtzuerhalten, es zu verewigen. Durch viele Jahrhunderttausende lebt der Mensch unter dem Eindruck, daß es allein die Frau ist, die neues Leben entstehen läßt. In ihrer Sippe hört das Leben nicht auf; denn dort wird es weitergegeben. Eine Männergruppe hingegen ist zum Aussterben verurteilt.»[18]

Die Frau, die solche Fähigkeiten verkörperte, erhielt die Qualität der Göttlichkeit zugesprochen, einer Göttlichkeit, die von Unabhängigkeit geprägt war.

Der Kirche werfen feministische Theologinnen vor, die ursprüngliche Bedeutung der Jungfrauensymbolik bei Maria in ihr Gegenteil verkehrt zu haben. Der Heilige Geist, die biblische «ruach», durch den Maria geschwängert wurde, galt ursprünglich als Symbol weiblicher Fruchtbarkeit. Die bloße biologische Deutung der Jungfrauenschaft und der theologische Disput über das Hymen entlarvt die patriarchale Betrachtungsweise. Jungfräulichkeit in diesem Sinn ist allein für Männer von Bedeutung: Maria, die «reine Magd», «die ganz zur Verfügung steht» und «sich gebrauchen läßt», die das Persönliche gleichsam abgelegt hat – als jungfräuliche Göttin ist sie kaum noch zu erkennen.

Die Integrationskraft, die das frühe Christentum in seinem Verbreitungsgebiet entfalten konnte, drückt sich nicht zuletzt im Aufbau des Marienkultes aus. So wurden «heidnische» Göttinnenreligionen nicht einfach abgeschafft, sondern christianisiert und in das christliche Lehrgebäude übernommen. Maria gilt Religionshistorikern deshalb als die unmittelbare Nachfahrin der römischen Diana und zahlreicher weiblicher Gottheiten im vorderasiatischen Raum. Die Symbole, mit denen Maria heute noch umgeben wird, die Schlange und der Mond, weisen auf die alten matriarchalen Göttinnensymbole der Fruchtbarkeit, der Ewigkeit und der «göttlich-weiblichen Weisheit» um die Geheimnisse des Lebens hin.

Auf einer Mondsichel stehend erhebt sich Maria, die Schutzherrin Bayerns, auf dem Marienplatz in München. Sie wird als heilige Jungfrau verehrt, unter deren Schutzmantel zahlreiche Kriege im Namen des Christentums geführt wurden. So wie sie war die reine «unbefleckte» Göttin Anahita aus dem persischen Kulturraum die schützende Mutter, aber auch die kämpfende Kriegerin, die ihre Kinder gegenüber den Feinden verteidigte.

Jungfräulichkeit und Autonomie

Jungfräulichkeit erscheint feministischen Marienforscherinnen heute wieder als Symbol «für die Selbstwerdung der Frau, Leben von innen heraus, von einem selbst gefundenen Zentrum her» (Penelope Washbourn). Oder, wie die Holländerin Catharina Halkes es ausdrückt: «Jungfrau heißt dann nicht primär die Frau, die von allem sexuellen Verkehr absieht, sondern die Frau, die kein abgeleitetes Leben führt, als Mutter von, Tochter von, Gattin von, sondern die als Ganzheit in sich selbst heranreift, die als Person intakt ist, die sich selbst angehört und aus ihrer eigenen Mitte heraus offen für andere ist. Durch diesen Reifungsprozeß wird sie fruchtbar, gibt sie Leben.»[19]

In den «Zehn Geboten der Liebe für die Frau» werden die Grundsätze weiblicher Unabhängigkeit gegenüber dem Mann formuliert:

«3. Gebot: Liebe nie einen Mann, weil du dir selbst nicht genug bist oder weil du die große Erlösung, das große Abenteuer oder gesellschaftliche Anerkennung erwartest. Du brauchst keinen Mann, der deinen Wert steigert. Erfülle dir deine Träume und Wünsche selbst, und warte nicht auf den Märchenprinzen. Du brauchst weder einen Bewacher noch einen Beschützer. Sei dir selbst genug. Erst wenn du dir selbst genug bist, bist du bereit, die Heilige Hochzeit zu feiern.
4. Gebot: Mißtraue einem Mann, wenn er sagt, daß er dich liebt, denn es muß nicht heißen, daß er dich wirklich liebt. Es kann auch heißen, daß er dich begehren, ausnutzen, benutzen, gebrauchen, besitzen, aussaugen, mißbrauchen will. Erst, wenn etwas in d i r sagt, daß er dich wirklich liebt, kannst du sicher sein, daß er dich liebt. Wisse, daß lieben leben lassen bedeutet.
8. Gebot: Gib niemals deine Ziele und Werte für einen Mann auf, denn er liebt dich nicht, wenn er das von dir verlangt.
9. Gebot: Verrate niemals eine Frau oder ein Kind eines Mannes wegen, denn Frauen und Kinder haben deine Liebe nötiger.»[20]

Die mütterliche Jungfrau in ihrer Symbolik auf das Leben der Frauen heute übertragen interpretiert Catharina Halkes so:

> «Mütterlichkeit ist das Bild des Schoßes, der umfaßt, behütet, wachsen läßt, nährt und gebiert und dadurch eigenständig Leben hervorbringt. Die Mutter ist das Bild des Hauses. Die Jungfrau in ihr hat in dem Haus das Bedürfnis nach einem eigenen, gesonderten Raum, in dem sie zu sich selbst steht.»[21]

An die Praxis weiblicher Unabhängigkeit in den mittelalterlichen Frauenklöstern erinnern feministische Theologinnen mit dem Hinweis, daß die Wertschätzung der Jungfrau damals den Frauen einen Raum geschaffen hatte, in dem sie frei von ehelichen Banden und männlichen Zumutungen ihr eigenes Leben unter Frauen leben konnten. Daß Luther während der Reformation die Klöster auflöste und durch die Heirat einer Nonne die «wahre Bestimmung» der Frau demonstrierte, werten sie als Akt patriarchaler Willkür gegen-

über dieser Form der weiblichen Autonomie. «Der Ordensstatus einer Nonne», so Christa Mulack, bedeutete «eine Aufwertung vor der Verheirateten; denn als Jungfrau galten sie fast soviel wie der Mann.»[22]
Die «Sündlosigkeit Marias», die im Dogma von der «unbefleckten Empfängnis» formuliert wurde, hat Mary Daly als Symbol für die weibliche Befreiung aus der patriarchalen Unterdrückung interpretiert: «Wenn der Gedanke aber, daß Maria frei von der ‹Erbsünde› sei, gesondert betrachtet wird, kann er eine völlig andere Bedeutung haben. Er kann als eine Negation des Mythos vom weiblichen Bösen verstanden werden, als eine Ablehnung des Sündenfalls der Religion in der Sklaverei des Patriarchats.»[23]
Christa Mulack bezeichnet Maria als «unbefleckt» von der patriarchalen Korrumpiertheit ... «Maria, die von der Erbsünde Unbefleckte und daher im paradiesischen Jenseits patriarchalen Denkens Beheimatete, ist Repräsentantin jenes weiblichen Seelenanteils, der nicht mitgefallen ist ins Patriarchatbewußtsein mit seiner unterdrückerischen Vorstellungswelt und von dieser auch nicht infiziert werden konnte.»[24]
Sowohl Maria als auch Eva waren in ihrem Lebensinhalt nicht auf einen Mann hin ausgerichtet, sondern stellten sich und ihr Leben in den Dienst einer «höheren Sache». Eva, die vom Baum der Erkenntnis aß, und Maria, die die uneheliche Schwangerschaft auf sich nahm, um den Messias zu gebären. Darin sieht Mary Daly «die Auswirkung der Macht und des Einflusses des Muttergöttinnensymbols ..., welches das Christentum nie ganz auslöschen konnte.»[25]
Ohne die patriarchale Brille interpretiert, heißt das Symbol von der Frau, die frei ist von der Erbsünde, daß sie nicht vom Mann «erlöst» zu werden braucht.[26]

Die Muttersymbolik

Die Magd des Herrn

Mütterlichkeit, die neben Jungfräulichkeit zweite Wesenseigenschaft Marias, hat Frauen in der Kirche angezogen und abgestoßen. Abgestoßen deshalb, weil Mütterlichkeit im männlich-klerikalen Sinn mit einer bis zur Selbstaufgabe reichenden Opferbereitschaft der Frau gleichgesetzt wurde. Generationen von Müttern wurden auf diese Weise mit Schuldgefühlen konfrontiert; Schuldgefühle, die an die Substanz des Selbstverständnisses von Frauen gingen. Was blieb, war ein Gefühl von Unzulänglichkeit und Versagen.

Wie ganz anders war da die «Große Mutter Maria», die den Frauen stets als leuchtendes und unerreichbares Vorbild vorgesetzt wurde: Maria als Inbegriff einer bis zur persönlichen Selbstaufgabe reichenden Fürsorge und Hingabe an ihre Umwelt. «Maria stellt sich ganz der Erde zur Verfügung», erklärt Kardinal Ratzinger in einer Marienpredigt aus dem Jahr 1979, «sie läßt sich gebrauchen und verbrauchen. Sie ist gleichsam die offene Schale der Sehnsucht. Sie hat gleichsam das Persönliche abgegeben, um nur noch Ihm zur Verfügung zu sein, und ist gerade dadurch Person geworden. Der heilige Johannes hat diesen Prozeß wundervoll angedeutet, wenn er in seinem Evangelium Maria nie beim Namen nennt. Sie heißt nur noch die Mutter Jesu.»[27]

Maria, die solcherart auf einem strahlenden Sockel steht, ist das klerikale Männeridol einer vollkommenen Frau:

> «Man wird schwerlich in ihr Züge der in einem kämpferischen Sinn emanzipierten Frau entdecken, sie lebt eben völlig für den Dienst an ihrem Sohn und muß sich von ihm verfügen lassen, wie er es braucht und will. Solcher Dienst ist aber Sache aller christlichen Zeiten, wie sehr sich das Bild der Frau in ihnen auch wandeln mag. Verehrung aus der Ferne wäre nutzlos, wenn die Haltung Marias nicht unmittelbar auch zur Nachahmung, ja in gewissem Sinn zum Nachvollzug aufmuntern würde.»[28]

Entsetzt wenden sich Frauen von dieser Kultur infantil-männlicher

Machtphantasien ab. Maria steht demütig-passiv zwischen dem Vater-Gott und seinem Sohn und ist allein dadurch heilig geworden, weil der Mann sie erwählt und sie ihm einen Sohn geboren hat. Viele Frauen verweigern heute die Rolle der Mutter und ahnen die Fallstricke, die in langer Vorarbeit gelegt worden sind. Die Theologin Elisabeth Burmeister hat in einem Gedicht ihre Ablehnung dieser traditionellen Maria-Mutter formuliert:

MARIA / du bist meine Mutter nicht /
wird Zeit / daß die Leute es wissen

meiner Mutter Gestalt / meiner Mutter Gesicht
hat Gottes-Urteil und Gottes-Gericht
verwüstet / geschunden / zerrissen /
mit der glühenden Zange gebissen

meiner Mutter Gesicht / meiner Mutter Gestalt
ist geschändet / geblendet / entstellt von Gewalt /
wie die Erde geworden /
so elend / so alt /
so bitter / so böse /
so hart / so kalt /
– und IHR habt sie auf dem Gewissen!

Maria / behalte dein glattes Gesicht /
die falsche Demut / den falschen Verzicht /
den falschen Gehorsam / die falsche Pflicht /
die falsche Geduld bis zum Jüngsten Gericht /
ich WILL sie nicht / hörst du / ich will sie nicht!

behalt' sie /
laß sie dir lohnen
vom Gott /
der straft und belohnt:
ich will in der Finsternis wohnen /
wo meine Mutter wohnt[29]

Die Gottes-Mutterschaft Marias wurde auf dem Konzil von Ephesus (431 n. Chr.), dem Sitz der Muttergöttin Artemis, zum Dogma erklärt. Auf den Ruinen des von christlichen Fanatikern zerstörten Artemistempels entstand das neue Heiligtum der Messiasgebärerin.

Im Mittelmeerraum, in dem sich das Christentum zunächst ausbreitete, herrschte über viele Jahrhunderte hinweg der ägyptische Isis-Kult, der von Religionshistorikern als Vorbild für den Maria-Mutter-Kult der römischen Kirche betrachtet wird. «Isis, von der die gleiche Ruhe ausströmt wie nachher von Maria, ist voll mütterlicher Gnade und Erbarmen, sie verspricht Hilfe und spendet Trost ...»[30] Die gleiche trostspendende Funktion hat Maria im christlichen Kult übernommen. Die Gebete, die die Gläubigen an sie richten, ähneln stark denen der Isis:

«Du heilige und ewige Retterin des Menschenvolkes,
allezeit freigebig gegen die Sterblichen, die dich umfassen.
Du schenkst süße Mutterliebe allen, die in Not sind.»[31]

Isis mit dem Götterknaben Horus auf dem Schoß gleicht ganz Maria, die ihren Sohn Jesus hält, der als König der Welt in der einen Hand das Szepter, in der anderen die Weltkugel trägt. Der Horus-Jesus-König «kommt zur Macht, indem er den ‹Thron besteigt› und so seinen Platz auf dem Schoße der Großen Göttin, der Erde, als ihr Sohn einnimmt»[32]. Horus ist das göttliche Kind, das Verbindungsglied zwischen den Menschen und der Göttin.

«Als Knabe auf dem Schoß der Göttin, als erwachsener Mann an ihrer Hand. Als seine Begleiterin erinnert sie ihn auch an seinen Ursprung und die Herkunft seiner Macht. Und wenn er auf dem Thron sitzt, so sitzt er wiederum auf ihr.»[33] Der Messias ist deshalb als Sohn geboren,

> «denn der männliche Mensch muß an diese Beziehung, dieses Angewiesensein immer wieder erinnert werden, neigt er doch dazu, diese Tatsache zu verdrängen, aus den Augen zu verlieren. Herkunft, Höhepunkt und Rückkehr zur Quelle des Lebens er-

fährt der Mann als unaufhebbar mit dem Weiblichen verbunden, dessen Göttlichkeit durch Jahrtausende hindurch erfahrbar war und daher außer Frage stand.»[34]

Maria, die den Messias gebiert, symbolisiert das Göttliche der weiblichen Fruchtbarkeit.

Der Niedergang der antiken Mutterkultur wird von Religionshistorikern als Widerspiegelung des Übergangs der frühen Mutterrechtsgesellschaften hin zum Patriarchat interpretiert. Die Göttinsymbolik der matriarchalen Religionen enthielt nicht nur die Vorstellung von der «hegenden und nährenden» Mutter, sondern auch die des «verschlingenden, wilden Tieres» und des Todes. Sie war die wilde, unbezähmbare Natur, die Herrin über Leben und Tod gleichermaßen; symbolisiert in der Dreifaltigen Göttin, die Erde, Himmel und Unterwelt gleichzeitig umspannte. «Mit vielfältigen, kultischen Handlungen wurde in Umzügen, Freudensfesten und Opferhandlungen die Mutter Erde als Ursprung des Lebens gefeiert und besänftigt.»[35]

Von Maria ist nur noch die nährende Mutter übriggeblieben; das Urweibliche dagegen, die fordernde und unbezähmbare Frau wurde eliminiert.

Begreift man Religionen als Mittel zur Bewältigung von Angst, dann hat der patriarchale Kult der Muttergöttin Maria die Aufgabe, «den Männern die Furcht zu nehmen vor der Urtümlichkeit des Weibes, sie sanft zu stimmen»[36]. Als solche ist Maria überliefert worden. «Sie war von der Großkirche okkupiert», schreibt Elisabeth Moltmann-Wendel, «hatte alle gewünschte und vorstellbare Weiblichkeit in sich vereinigen müssen und war von einer lebendigen, kritischen, zornigen, unangepaßten Mutter zu einem Symbol von Weiblichkeit erstarrt.»[37]

Ausgeprägte Marienfrömmigkeit findet sich heute in jenen Kulturkreisen, in denen die Erinnerung an die große Mutter noch stark lebendig ist, in Afrika, Lateinamerika und Asien; in Kulturkreisen, die nicht vollständig christianisiert sind und in denen das Christentum mit den alten heidnischen Mutterkulten eine Verbindung eingegangen ist. Den «Mühseligen und Beladenen» ist Maria das Sinnbild der mütterlichen Liebe und Fürsorge. Bei Maria fühlen sie sich aufgehoben und verstanden, bedingungslos angenommen. Demgegenüber wird der männliche Vater-Gott als der strafende Richter erlebt.

Auch die lateinamerikanische Befreiungsbewegung hat die Mutter-Göttin als Schutzpatronin erkoren und nicht den Gottessohn. «Jesus, der Mann», schreibt Christa Mulack, «stand religionsgeschichtlich betrachtet immer auf der Seite der Herrschenden, die ihn sehr schnell vereinnahmten.»[38] Maria, die sich selbst jeglicher Ausübung von Macht enthalten hat, gilt als Vertreterin mütterlich-fürsorgender – auch befreiender – Werte. «Die ‹Magd des Herrn›, an der so viele Frauen heute großen Anstoß nehmen, ist für viele inzwischen zur Magd, zur Dienerin der Liebe und der Freiheit geworden, die eintritt für eine bessere Gerechtigkeit als jene, die das Patriarchat zu bieten hat.»[39]

Skeptikerinnen sehen in Maria das passive und willenlose «Gefäß», das darauf wartet, daß der Mann seinen Inhalt hineinlegt. Andere sehen in ihr eine Frau aus dem Volk, die unehelich schwanger wird und zu dieser Schwangerschaft steht.

Maria, so argumentiert Christa Mulack, wurde nicht Mutter um der Mutterschaft willen, sondern in Erwartung auf das kommende Reich, auf die kommende Befreiung. Ihre Mutterschaft symbolisiert somit die Ablehnung des alten unterdrückerischen patriarchalen Systems. «Vielleicht sollte auch die heutige Frau dieses Symbol zum Anlaß nehmen, sich nach der Sinnhaftigkeit ihrer weiblichen Funktionen zu fragen.»

«Sie muß sich darüber im klaren sein, daß ihr Leib der Ort der

Fleischwerdung des Göttlichen ist. Nur sie kann das Göttliche in diese Welt bringen. Diese Verantwortung wurde ihr von der Göttin Natur in den Schoß gelegt. Sie sollte sie sich von keinem Herrn der Welt nehmen lassen. Erst wo die Frau für solche Erkenntnis reif geworden ist, kann sie Vorbild sein für ihre Tochter und ihr das Bewußtsein vermitteln, daß sie eine Gottesgebärerin ist, denn nur mit diesem Bewußtsein kann sie aus sich leiblich, seelisch und geistig/geistlich das neue Männliche entstehen lassen, durch das der Welt Heil und nicht Zerstörung widerfährt.»[40]

Die Mutter-Göttin Maria, so Catharina Halkes, verweist auf die ganzheitliche Dimension des Glaubens:

«Verbundenheit mit der Erde, verwurzelt im Grund, aufgenommen in den Kosmos, in Wasser und Lüfte, in den Himmel. Das männliche Wort allein ist nicht genug; Symbole, Bilder, Gebärden, der Ausdruck mit unserem Körper, Tanz und Erotik sind verschwunden, und uns bleibt nur noch eine strenge Ethik und eine ohnmächtige dürftige Praxis übrig. Wenn ich als christliche Feministin auf der Suche nach der Bedeutung von Maria bin, dann suche ich mehr als ein neues Leitbild für Frauen. Denn ich suche auch nach einem ganzheitlichen Gottesbild und nach einem ganzheitlicheren, integrierteren, humaneren Bild der Kirche.»[41]

Frauen, so Christa Mulack, die patriarchales Bewußtsein hinter sich lassen, können in Maria eine positive Symbolfigur entdecken. Die Erneuerung der Mariensymbolik ist für Frauen «wie eine Erleuchtung, wenn sie nach dem Durchleben einer Phase der Abwendung von Maria in ihr auf einmal die Mit-Frau, die Schwester, die Mutter, sich selbst entdecken.»[42] Ihren eigenen Annäherungsprozeß an diese «andere Maria» hat Christa Mulack in einem Gedicht so beschrieben:

«Maria, verzeih,
ich habe dich immer belächelt.
Das hatten mich die Väter gelehrt.

Maria, verzeih,
ich habe deine Anhängerinnen für naiv gehalten.
Das hatten mich die Väter gelehrt.

Maria, verzeih,
ich sah in dir nur Wachs und Gips.
Das hatten mich die Väter gelehrt.

Maria, verzeih,
du warst für mich nur finsteres Heidentum –
denn davor haben die Väter Angst.

Heute weiß ich, daß du die nicht bist,
die mich die Väter gelehrt hatten.

Heute bist du mir wert,
das hat mich mein Frausein gelehrt.

Heute teilst du mein Gebet,
das hat mich mein Frausein gelehrt.

Heute weiß ich dich in mir,
das hat mich mein Frausein gelehrt.

Heute teilst du meine Liebe –
eine Liebe von Frau zu Frau.»[43]

Zitatnachweise:
5. Maria, die strahlende Göttin

1 Halkes, Catharina, Suchen was verlorenging, Beiträge zur feministischen Theologie, Gütersloh, 1985, S. 81.
2 Mulack, Christa, Maria, Die geheime Göttin im Christentum, Stuttgart, 1985, S. 19.
3 Moltmann-Wendel, Elisabeth, Das Land wo Milch und Honig fließt, a.a.O., S. 201.
4 Ebd., S. 200.
5 Ebd., S. 202.
6 Mulack, Christa, Maria, a.a.O., S. 11.
7 Ebd., S. 10.
8 Ebd., S. 188.
9 Ebd., S. 85.
10 Ebd., S. 85.
11 Ebd., S. 189.
12 Sölle, Dorothee, Sympathie, Theologisch politische Traktate, Stuttgart, 1978, S. 60.
13 Mulack, Christa, Maria, a.a.O., S. 75.
14 Ruether, Rosemary Radford, Sexismus und die Rede von Gott, a.a.O., S. 176.
15 Mulack, Christa, Maria, a.a.O., S. 83.
16 Fromm, Erich, Haben oder Sein, Stuttgart, 1977, S. 82.
17 Mulack, Christa, Maria, a.a.O., S. 77.
18 Ebd., S. 50.
19 Halkes, Catharina, Eine andere Maria, in: Una Sancta, Zeitschrift für ökumenische Begegnung, Freising, Nr. 32, 1977, o. Seitenzahlen.
20 Mulack, Christa, Maria, a.a.O., S. 93.
21 Halkes, Catharina, Eine andere Maria, a.a.O.,
22 Mulack, Christa, Maria, a.a.O., S. 69.
23 Daly, Mary, Jenseits von Gottvater, Sohn und Co., München, 1980, S. 105.
24 Mulack, Christa, Maria, a.a.O., S. 194.
25 Daly, Mary, Jenseits von Gottvater, Sohn und Co., a.a.O., S. 106.
26 Mulack, Christa, Maria, a.a.O., S. 195.
27 Ratzinger, Josef in: Hirtenschreiben der deutschen Bischöfe, Maria die Mutter des Herrn, Bonn, 1979, S. 30.
28 Ebd., S. 8.
29 Schlangenbrut, a.a.O., NR. 3, 1983.
30 Schenke, Hans-Martin, Der Gott «Mensch» in der Gnosis, Berlin, 1962, S. 365.
31 Mulack, Christa, Maria, a.a.O., S. 112.
32 Ebd., S. 114.

33 Ebd., S. 115.
34 Ebd., S. 119.
35 Maria, Jungfrau, Gottesmutter, Königin, in: Der Spiegel, Nr. 51. Hamburg, 1983, S. 158.
36 Ebd., S. 159.
37 Moltmann-Wendel, Elisabeth, Das Land wo Milch und Honig fließt, a. a. O., S. 199.
38 Mulack, Christa, Maria, a. a. O., S. 91.
39 Ebd., S. 90.
40 Ebd., S. 159.
41 Halkes, Catharina, Gott hat nicht nur starke Söhne, a. a. O., S. 118.
42 Mulack, Christa, Maria, a. a. O., S. 154.
43 Ebd., S. 1.

II. Feministische Matriarchatsforschung

Daß dem Patriarchat eine Gesellschaftsordnung vorausgegangen ist, in der Frauen einen weit größeren, ja dominierenden Einfluß auf sämtliche Lebensbereiche hatten, wird heute allgemein diskutiert. Zu groß sind die Ungereimtheiten und Widersprüche geworden, mit denen sich die Forscher auseinandersetzen mußten, wenn es um die alten Zivilisationen der Kreter und Sumerer, der Ägypter und Kelten ging. Warum begegnen wir bei den Ausgrabungen oftmals ausschließlich weiblichen Statuetten, Idolen und Plastiken? Warum werden die, mit unseren Augen verwirrenden, Verwandtschaftsbeziehungen erst dann einleuchtend, wenn wir sie matrilinear und nicht in der Vaterlinie ordnen? Was bedeutet es, wenn in bekannten Märchen von Prinzessinnen die Rede ist, durch deren Heirat der junge Mann erst König wird? Diese Fragen versuchen die feministischen Matriarchatsforscherinnen zu beantworten.

Zwar haben schon im 19. Jahrhundert einige Forscher, wie Ferdinand von Eckstein in seiner nahezu unbekannt gebliebenen Studie über die matriarchale Ordnung der Karer in Kleinasien und Johann Jakob Bachofen in seinem Werk über ‹*Das Mutterrecht*› von 1861 oder Morgan mit dem Buch ‹*Die Urgesellschaft*› von 1877 auf die damals unerhörte Tatsache hingewiesen, daß in früheren Zeiten Frauen herrschten, sie blieben aber Außenseiter. Selbst das umfangreiche Werk von Robert v. Ranke-Graves über die matriarchalen Ursprünge der griechischen Mythologien blieb von der Wissenschaft weitgehend unbeachtet. Das patriarchale Vorurteil, daß allein der Mann kulturbildend sein könne und die Frau zu schwach und kraftlos sei, war noch zu stark. «Die Heftigkeit des Widerstands gegen die Theorien der Mutterherrschaft», sagt die amerikanische Feministin Elizabeth Gould Davis, «erweckt den Argwohn, daß er auf einem emotionalen Vorurteil gegen eine Annahme beruht, die dem Denken und Fühlen unserer patriarchalen Kultur so fremd ist.»[1]

Bis heute blieb trotz wichtiger Einzelergebnisse die Matriarchatsforschung unzureichend; sie war überlagert von den traditionellen Vorurteilen über die «wahre Bestimmung» der Frau und den patriarchalen Mißverständnissen der Strukturen und Funktionsweisen matriarchaler Kulturen. Die Feministinnen gehen deshalb davon aus, daß im Grunde nur Frauen in der Lage sind, eine «sachgerechte» und «frauengemäße» Darstellung der frühen Matriarchate geben zu können.

All die Vorurteile der Wissenschaftler erwiesen sich als mehr und mehr hinfällig: daß die These vom früheren Matriarchat eine reine Vermutung sei, wird mit jedem neuen Ausgrabungsergebnis durchlöchert; die teilweise spitzfindigen Unterscheidungen zwischen «Matrilinearität» (Erbfolge und Namensgebung durch die Mutter), «Matrilokalität» (Wohnsitz bei der Mutter) und «Matriarchat» (Mutterherrschaft) mögen zwar im einzelnen hilfreich sein, können aber nicht mehr die Erkenntnis verhindern, daß in den alten Kulturen Frauen dominierten. Und auch die großzügige Anerkennung dieses Faktums, das jedoch nur für kulturlose, primitive und barbarische Stämme gelten könne, ist unhaltbar geworden, seit bekannt ist, daß die matriarchalen Kulturen teilweise hochentwickelt waren.

Neben der Erforschung der matriarchalen Ökonomie und Sozialstruktur bildet die Rekonstruktion der alten Religionen einen der Schwerpunkte der Arbeit feministischer Matriarchatsforscherinnen. Denn im religiösen Bewußtsein spiegelte sich das Leben, die Arbeit und die Verhältnisse der Menschen zueinander wider. Die Mythen hatten die Bedeutung gleichsam unhinterfragbarer, allgemein gültiger Prinzipien. Sie gaben den Völkern Antwort auf die «letzten Fragen» nach dem Sinn des Lebens, des Todes und Ordnung der Welt. Kunst und Heilkunde, Astronomie und Wetterkunde waren in den Kult und in die Mythologie eingebettet. In der Mythologie spiegelte sich aber auch der Kampf der patriarchalen gegen die matriarchalen Gesellschaften wider, der oft an die alten Mythen anschloß, um sie grundlegend umzuinterpretieren. Daher kann die Religion Auskunft sowohl über die Lebensweise und die

Bewußtseinsformen der matriarchalen Gesellschaften geben als auch über die geistigen Kämpfe zwischen Matriarchat und Patriarchat.

Zitatnachweis:

1 Gould Davis, Elizabeth: Am Anfang war die Frau, München 1977, S. 75

1. Die Göttin und ihr Heros

Das Auffälligste bei der Betrachtung der alten Kulturen ist die Verehrung der Göttin und die damit zusammenhängenden Kulte und Rituale. Im Zeitraum zwischen 9000 v. Chr. und etwa 1000 v. Chr. existierten im gesamten subtropischen Klimagürtel von Hinterindien über China und Indien, den Vorderen Orient, Mittel- und Nordeuropa bis nach Mittel- und Südamerika zum Teil hochentwickelte Gesellschaften, in denen die Verehrung der Göttin vorherrschend war. Die für unseren Kulturraum bedeutsamsten Religionen waren der sumerisch-babylonische Ishtar-Kult, die ägyptische Verehrung der Isis, der vorderorientale Astarte-Kult und die Religion der Insel Kreta. Aus ihrer patriarchalen Umformung hat sich später die griechisch-römische Religion und das Christentum herausgebildet.

Catal Hüyük

In allen matriarchalen Religionen der Hochkulturen zwischen dem 3. und 1. Jahrtausend v. Chr. begegnet man dem Mythos von der «Großen Göttin» und ihrem männlichen «Heros». Gleichzeitig aber verweisen die Ursprünge dieser Mythen auf eine noch weitgehend unbekannte Vorzeit, in der offenbar die Gottheit ausschließlich als Göttin verehrt wurde.
Vor gut 25 Jahren nun wurde die bislang älteste Stadt der Menschheit, Catal Hüyük in der Nähe der anatolischen Stadt Konya, entdeckt und mit den Ausgrabungen begonnen. Nach diesen archäolo-

gisch bedeutsamen Funden war Catal Hüyük eine Stadt mit 10000 Bewohnern, deren Anfänge über das 7. Jahrtausend v. Chr. hinaus zurückreichen.

Über den Zivilisationsstand dieser Stadt schreibt ihr Entdecker, der Engländer James Mellaart: «Es mag Kulturtheoretiker überraschend erscheinen, aber Catal Hüyük hat gewichtige Beweise für eine ganzzeitige Spezialisierung erbracht, wie man sie traditionsgemäß mit den vollentwickelten urbanen Siedlungen des späten vierten und dritten Jahrtausends verbindet. Urbanität und Kultiviertheit zeigen sich allenthalben; das technologische Niveau des siebenten Jahrtausends ist erstaunlich hoch und übertrifft alles, was bis zum heutigen Tag in einer steinzeitlichen Gesellschaft jener Epoche gefunden wurde.»[1] Die Bewohner kannten den Ackerbau und die Bewässerung, die Zucht der Schafe, Ziegen und Hunde, ab dem 6. Jahrtausend auch der Rinder, den Hausbau, die Webkunst, die Töpferei und einfache Metallverarbeitungen. Darüber hinaus fanden die Forscher keinerlei Anhaltspunkte für kriegerische oder gewaltsame Auseinandersetzungen während des gesamten Zeitraums: «Keines der Hunderte von Skeletten in Catal Hüyük zeigt Anzeichen eines gewaltsamen Todes, von schweren Wunden oder von durchgeführten Trepanationen (chirurgischen Schädelöffnungen).»[2]

Das Bemerkenswerteste für die Matriarchatsforscherinnen ist allerdings, daß in dieser hochentwickelten Gesellschaft des 7. Jahrtausends die Frauen offensichtlich die entscheidende Rolle gespielt haben. Sie waren nicht nur in der Überzahl und bewohnten den bevorzugten, reicher ausgeschmückten Teil des Hauses, sondern beherrschten auch den Kult: «Die Muttergöttin», schreibt der türkische Archäologe Bahadir Alkim, «ist das bevorzugte Thema bei den Statuetten. Besonders interessant in der Kleinplastik sind drei Aspekte der Muttergöttin: junge Frau, gebärende Frau und alte Frau. Die Terrakottafigurine (leider ohne Kopf) der gebärenden Muttergöttin besitzt für die Religionsgeschichte große Bedeutung. Flankiert von zwei Löwen thront die Göttin auf einem Sitz; unter ihren Füßen (von denen einer abgebrochen ist) zermalmt sie die Schädel von Menschen; Herrin über Leben und Tod.»[3]

Andere Figuren zeigen die Göttin, wie sie einen Stier oder Widder gebiert. Die Darstellung einer männlichen Gottheit hingegen fehlt vollständig; es sei denn, man interpretiert die vielen, teils riesigen Plastiken und Bilder des Stieres, des Widders oder Hirsches bzw. deren Köpfe, die bei den Ausgrabungen entdeckt wurden, als Symbole des «männlichen Elements». Jedenfalls wird in diesen Funden anschaulich, daß die Bewohner der Stadt sich die Gottheit als allumfassende, dreifaltige Göttin (Jungfrau-Mutter-Greisin) vorgestellt haben, der das Männliche nicht als ein selbständiger Gott gegenübertritt, sondern aus ihr hervorgeht, von ihr geboren wird.
Feministinnen werten die Funde von Catal Hüyük als den bislang eindruckvollsten Beweis, daß die Anfänge der Kulturentwicklung in direktem Zusammenhang mit dem Matriarchat gestanden haben. Die Ehrfurcht und der Respekt gegenüber der Frau, symbolisiert in der magischen Kraft, der Fruchtbarkeit und Weisheit der Großen Göttin, hatte offenbar auch die Gewaltsamkeit verhindert, die die späteren patriarchalen Kulturen kennzeichnete. «In Catal Hüyük», schreibt Elizabeth Gould Davis, «haben wir den Beweis für den Mythos des Goldenen und Silbernen Zeitalters, als die Menschen von den Früchten der Erde lebten und die Milch der Ziegen tranken und ‹ihren Müttern gänzlich untertan› waren.»[4]

Der Mythos der Sumerer: Inanna und Dumuzi

Das Reich der Sumerer war die erste Hochkultur im Zweistromland zwischen Euphrat und Tigris. Die Sumerer brachten den Ackerbau und die Bewässerungskunst zu einer bis dahin unbekannten Blüte; sie gelten als die Erfinder der Keilschrift, die sie um 3000 v. Chr. aus der Bildersprache schufen, und als Begründer der Mathematik. Auf Grund der Vielzahl der gefundenen Tonschrifttafeln war es möglich, ein relativ klares Bild vom wirtschaftlichen, politischen und sozialen Leben der Sumerer zu erhalten.
In dieser geschichtlich ersten Hochkultur hatten die Frauen eine

geachtete, ja beherrschende Rolle. Das Zentrum der Stadt, das Heiligtum, lag in den Händen der Frauen; sie waren nicht nur Priesterinnen der Göttin, sondern auch die Verwalterinnen des Tempels. Hier wurde gewebt, gesponnen und gestickt und der Handel der Stadt mit dem Umland kontrolliert. Der Austausch von Nahrungsmitteln, Textilien und Edelmetallen machte im Tempel eine «Finanzverwaltung» notwendig, die offenbar auch in der Hand der Priesterinnen war. Namentlich sind Frauen bekannt, die nach Urkunden aus den Sumerstädten Nippur, Uruk, Ur oder Lagasch durch ihre Handels- und Finanzgeschäfte das wirtschaftliche Leben beherrschten und als Verwalterinnen der Schrift kundig waren. So besteht die naheliegende Vermutung, daß es Frauen gewesen sind, die als «Kontoristinnen» des Tempelverkehrs die Keilschrift erfunden und entwickelt haben. Jedenfalls ist sicher, daß bei den Sumerern die Priesterinnen eine eigene Sprache besaßen, die in späterer Zeit bei den religiösen Kulthandlungen als «heilige Sprache» verwendet wurde.

Die Göttin, der die sumerischen Priesterinnen dienten, war Inanna. Sie galt als die Große Göttin, die den Himmel beherrschte, dem Land der Sumerer die Fruchtbarkeit schenkte und als die «Erste, die alle göttliche Kraft besitzt», verehrt wurde. In einer überlieferten Hymne an Inanna heißt es:

«Himmelsherrscherin, die den Annuna-Göttern vorausgeht,
die alle göttliche Kraft eingesammelt hat,
dein Auge ist gewaltig, es schaut im Himmel und auf Erden auf alle Fremdländer,
Inanna, Löwin am Himmel leuchtend,
deine göttlichen Kräfte übersteigen alles,
deine Kulturordnungen sind unveränderlich,
deine Regel gewichtig.
Dein Plan ist weit wie der Tiefseeozean,
... dein Tun enthält alles Große,
kein Gott mißt sich mit dir.»[5]

Inanna zur Seite stand Dumuzi, ihr Heros. Im sumerischen Mythos heißt es, daß sie ihn, den jungen Hirten, im Frühling zum Gatten nahm und dem Land die Fruchtbarkeit schenkte, als sie mit ihm die Große Hochzeit feierte. Danach aber starb Dumuzi, kam in die Unterwelt, und das Land begann öde und trocken zu werden. Da klagte Inanna über seinen Tod und entschloß sich, Dumuzi in der Unterwelt zu suchen. Doch im Angesicht des Todes starb auch sie, erwachte wieder zum Leben und kam zurück in die Oberwelt. Sie durchstreifte das Land der Sumerer und erlöste die Erde wieder von ihrer Unfruchtbarkeit; die Samen begannen zu keimen, und die Tage wurden länger. Im Frühling empfing sie Dumuzi, hoch auf dem Gebirge stehend, und feierte abermals mit ihm die Hochzeit. Nun begann die Vegetation zu sprießen, die Blumen und Bäume zu blühen und zu grünen.

Dieser altsumerische Mythos von Inanna und Dumuzi ist der älteste heute bekannte, der in mythisch-religiösen Bildern den Kreislauf der Jahreszeiten, des Werdens und Vergehens der Fruchtbarkeit und der Vegetation beschreibt. In ihm sind auch schon die Grundmuster aller Mythen der «entwickelten Matriarchate» von der Göttin und ihrem Heros enthalten. Inanna ist die «dreifaltige Göttin»: als selbständige Jungfrau, die auf dem Berg stehend ihren Heros empfängt; als reife Frau die Göttin der Liebe und der Fruchtbarkeit; und als ‹Greisin› ist sie die Göttin der Unterwelt, die als Herrscherin über den Tod verjüngt wieder zum Leben erwacht.

Dumuzi aber, als Heros, verkörpert das männliche und das menschliche Element. Er ist, anders als die Göttin, von sterblicher Natur und muß daher geopfert werden, damit im nächsten Jahr die Fruchtbarkeit wiederkehrt. Doch im Gegensatz zu Inanna kann Dumuzi nicht aus eigener Kraft zurückkehren, sondern wird durch die Kraft der Göttin wiedergeboren. Erst durch die liebende Vereinigung beider beginnt das Leben auf Erden wieder zu sprießen und der Reichtum sich zu mehren. Bei den Sumerern war Dumuzi das Sinnbild des Menschen, des Sumerers selbst; er wird dargestellt als der «gute Hirte», der die Tiere, den Reichtum des Landes, vom

Baum des Lebens füttert. Oft erscheint er selbst in Gestalt des Herdentiers, des Stieres oder des Widders. Der Mythos von Inanna und Dumuzi drückt aus, daß der Mensch, als vergängliches Wesen, nur fruchtbar ist durch die liebende Verbindung mit der schöpferischen Natur, die von ihm als göttlich erfahren wird.
Alljährlich wurde dieser Mythos vom Volk der Sumerer rituell nachvollzogen. In einem großen Hochzeitsfest im Frühling vermählte sich die oberste Inanna-Priesterin mit dem König bzw. den Königen der Sumerstädte, die als Repräsentanten des Heros Dumuzi galten. Kraft ihrer priesterlichen Macht übergab sie dem König das Herrscheramt für ein weiteres Jahr und sicherte symbolisch durch ihre Verbindung mit ihm das Wohlergehen des Landes im kommenden Jahr. Am Ende des Jahres wurde das Sterben Dumuzis im Fest des Königsopfers nachvollzogen. Das Opfer, ursprünglich wohl ein reales Menschenopfer, wurde später ritualisiert: der Sumerkönig legte die Zeichen seiner Macht ab, stieg in eine Gebirgshöhle und blieb dort, bis die Priesterin ihn daraus befreite. Im Triumphzug kehrte er wieder in die Stadt zurück.
Der Inanna-Dumuzi-Kult zeigt auch, wie die politische Macht im Sumerreich organisiert war. Zwar hatte der König die Macht und trug als verkörperter Heros den Titel «Hirte des Landes»; aber seine Macht war nicht absolut und despotisch, wie in den späteren patriarchalen Reichen. Sie war von der Göttin verliehen, und er erhielt sie durch die Verbindung mit der Priesterin, die ihm die Kraft gab, das Land glücklich zu regieren. Das frühe Sumerreich war eine «Thea-kratie» (Göttin-Herrschaft) und Inanna die eigentliche «Herrin des Palastes». Die Macht des Königs blieb auf das Tempelzentrum bezogen und auf die Priesterinnen, die dort tätig waren. Der König hatte die Aufgabe, die Männer für komplizierte Bautätigkeiten zu organisieren, wie die Bewässerungssysteme oder Tempelanlagen.

«Aber wie und was, unter welchen symbolischen und spirituellen Zusammenhängen gebaut wurde», erklärt die Matriarchatsforscherin Heide Göttner-Abendroth, «das haben die Priesterinnen im Tempelzentrum bestimmt ... Heute starrt die Archäologie meistens auf das Königtum und die phantastischen Dinge, die gebaut wurden, und weiß überhaupt nicht mehr, daß im Hintergrund die Prägerinnen dieser Bauwerke und -tätigkeit saßen.»[6]

In einer Hymne wird Inanna als Herrscherin des Reiches gepriesen:

«Göttin, die stolz das Haupt erhebt,
die das Land der Sumer am Leben erhält,
die weiß, was sich in ihrer Stadt gehört,
die Königin, die Mutter, die Lagasch gegründet hat, bist du.
Du, Inanna, hast volle Gewalt zu richten und zu entscheiden,
Ja, auch über das Recht von Erde und Himmel.»[7]

Inanna war die verehrungswürdige Große Göttin, der sich kein sumerischer Herrscher entziehen konnte, aus deren Hand er gleichsam die Herrschaft erhalten hatte.

Ishtar: die babylonische Liebesgöttin

Babylon, das die Herrschaft in Mesopotamien antrat, nachdem das Sumerreich um die Mitte des 3. Jahrtausends v. Chr. von den einfallenden Akkadern zerstört worden war, führte den matriarchalen Kult der Sumerer weiter. Die babylonische Ishtar war wie Inanna die große Himmelskönigin: als Morgenstern die junge siegreiche Göttin, die die Macht der Finsternis besiegte; als Abendstern die Göttin der Liebe und Fruchtbarkeit, die babylonische Venus; und als Tiamat, als Meeresgöttin regierte sie die Unterwelt und die Nacht. Sie beherrschte den Himmel; die Himmelskörper und Sternzeichen galten den Babyloniern als Erscheinungen der Göttin. Ihr zu Ehren wurden die astronomischen Berechnungen gemacht, die in Babylon hoch entwickelt waren, und den Zahlenverhältnissen des Himmels kam eine heilige Bedeutung zu.

Dem Mythos nach hatte auch Ishtar ihren Heros, den Fruchtbarkeitsgott Tammuz. Wie Dumuzi vermählte er sich mit Ishtar, starb und mußte in die Unterwelt. Alljährlich klagten die babylonischen

Frauen mit Ishtar, wenn Tammuz starb. Doch anders als Dumuzi wurde Tammuz nicht nur vom Tod erlöst, sondern mußte in der Unterwelt einen schweren Kampf gegen das Tier der Unterwelt, die Urschlange, führen, bis er siegreich aus der Schlacht zurückkehrte und von Ishtar, der Göttin der Liebe, empfangen wurde.[8] Dieses Fest der Rückkehr von Tammuz, das sogenannte «Neujahrsfest», bildete den Höhepunkt des babylonischen Jahres. An diesem Tag zog der König mit heiligem Öl gesalbt und im roten Festgewand als «Buhle der Herrin» zum Tempel der Ishtar. Dort wurde er von der obersten Priesterin empfangen, die mit ihm die «Heilige Hochzeit» feierte, um dem Land Segen für das kommende Jahr zu bescheren. Diese Vereinigung der Göttin mit dem Heros, der Priesterin mit dem König, war das große Fest, das auch vom Volk in erotischen Ritualen mit den Priesterinnen der Ishtar gefeiert wurde. Ishtar wurde zu der Liebesgöttin des Altertums.

Dieser Liebeskult des Babylonier erregte schon bald die Entrüstung der Juden und Griechen. Mehr oder weniger sprachlos standen sie vor dem «sündigen Babylon», in dem die Priesterinnen sich der «Prostitution» hingaben, und noch bis heute findet sich das Stichwort vom «Sündenbabel» in der Literatur. Daß der König von Babylon nur dadurch gottgleich werden konnte, daß er mit der Priesterin «das Lager teilte», mußte patriarchalem Denken, das der Vorstellung eines absoluten Königtums verhaftet war, schlicht absurd erscheinen.

Demgegenüber haben die Matriarchatsforscherinnen darauf verwiesen, daß ein solches Urteil nur dem Mißverständnis der alten Symbolik, der Unfähigkeit zu einer matriarchalen Erotik entstammen kann.

> «Der Jüngling», schreibt die Religionswissenschaftlerin Gerda Weiler, «der mit der Priesterin schlief, empfing durch die Heilige Hochzeit göttliche Weihen. Er empfing sie stellvertretend für die gesamte Natur, die er verkörperte: Liebe war das schöpferische Agens, die Kraftquelle, die das Wachsen der Pflanzen bewirkte, die Fruchtbarkeit der Tiere sicherte und das Ansteigen der Wasser in den Flußläufen verursachte. Die Liebe knüpfte das

menschliche Dasein in die kosmische Ordnung ein und gewährte die Erhaltung des Lebens, den Sieg der geistigen, seelischen und physischen schöpferischen Kräfte über Untergang, Tod und Verwesung ... Die ganzheitliche Erfahrung einer Liebe, der das Wort Sexualität unbekannt war, schuf einst Voraussetzung für die menschliche Integrität, für die seelische Gesundheit von Frauen und Männern.»[9]

So galten denn auch den einen die babylonischen Priesterinnen als Huren, den anderen jedoch, bis ins Mittelalter, als Hüterinnen einer «nie dagewesenen Weisheit».

Isis und Osiris

Neben dem sumerisch-babylonischen Reich bildete das ägyptische Niltal das älteste Kulturland. Im Laufe seiner dreitausendjährigen Geschichte hatten sich in Ägypten eine Vielzahl regionaler Gottheiten und Kulte herausgebildet. Die Göttinnen Nout und Neith, Hathor und Sochmet, die Götter Re, Thot, Anubis und Atum bieten nicht nur ein verwirrendes Bild von Gottheiten, sondern spiegeln auch die wechselreiche Geschichte Altägyptens wider. Zum wirksamsten und bekanntesten ägyptischen Kult wurde der von Isis und Osiris, in dem die anderen, lokalen Gottheiten schließlich aufgingen, und der in der Antike zum Konkurrenten des Christentums wurde.

Isis war ursprünglich der Name der Erdmutter und Fruchtbarkeitsgöttin, die im unterägyptischen Sais verehrt wurde. Doch schon im 4. Jahrtausend wurde sie zu einer der großen Göttinnen der Ägypter, deren Kult überragende Bedeutung erhielt. Dem Mythos nach gilt Isis als Tochter der Nout, die als Himmelsgöttin verehrt worden war und mit ihrem Leib die Erde überwölbte. Schon im Mutterleib, so der Mythos, habe sie Osiris, ihren Bruder, geliebt und ihn dazu bestimmt, den Menschen des Nils ihr göttliches Wissen um den Ackerbau, die Bewässerung und den

Städtebau, die Ehe und die Gerechtigkeit zu bringen; denn Isis galt als die «Große Zauberin» und Magierin.
Durch eine List gelang es Seth – dem «bösen Bruder» der beiden –, Osiris zu töten. Weinend machte sich Isis, als sie davon erfuhr, auf die Suche nach ihrem Geliebten. Als sie Osiris am Nilufer entdeckt hatte, empfing sie vom toten Osiris ein Kind, ihren Sohn Horus. Doch Seth bemerkte die Tat, zerriß den Leichnam Osiris' in Stücke und verstreute sie über das ganze Land. Isis suchte die Teile wieder zusammen und fand alle, bis auf Osiris' Glied, das sie schließlich in einer Lotusblüte entdeckte. Als sie alle Teile gefunden hatte, erweckte sie durch die Kraft ihres Zaubers Osiris wieder zum Leben und setzte ihn als Herrscher des Totenreichs ein, in dem er «milde und weise» über die Seelen richtete.
Horus, der Sohn von Isis und Osiris, wuchs heran. Als er erwachsen war, kämpfte er siegreich gegen Seth, um den Tod des Vaters zu rächen. Er kastrierte Seth und bekam vom Göttergericht die Herrschaft über das Niltal zugesprochen.
Im Zentrum des Mythos steht die Göttin Isis. Sie ist die magische Göttin der Fruchtbarkeit und der Erneuerung des Lebens; die Symbole, mit denen sie abgebildet wurde, waren die Kuh und das Anch-Zeichen, das als das alte Symbol des Lebens gilt. Ihr Kult breitete sich in späterer Zeit in der gesamten hellenistisch-römischen Welt aus, wo sie als die «bezaubernde Magierin», die treusorgende Gattin Osiris' und liebevolle Mutter ihres Sohnes Horus verehrt wurde.
Sie wurde zum Vorbild der späteren christlichen Marienverehrung, die in zahllosen Pietàs und Madonnenbildern ihren Ausdruck fand.
Wie in den anderen matriarchalen Mythen ist Osiris der «sterbende Gott». Er ist das Opfer und der beklagenswerte Heros, der durch die Hand Seths, der Macht des Bösen und der Unfruchtbarkeit, getötet wird. So setzte in Ägypten, wenn im November die Zeit der Unfruchtbarkeit begann, die «Klagezeit» ein. In feierlichen Prozessionen zogen die Ägypter an den Nil, um wie Isis Osiris zu suchen. Im Januar, als Isis ihn gefunden und durch ihre Vereinigung mit ihm

Horus, den «wiederauferstehenden Osiris», empfangen hatte, begann das Jubelfest. Die Sonne wurde wieder stärker, der Nil schwoll an, und die Erde wurde wieder fruchtbar. Osiris aber wurde von Isis zum Richter der Totenwelt bestimmt; in großartigen Zügen gaben die Ägypter ihren Toten das letzte Geleit, versorgten sie auf der «Fahrt» in Osiris' Totenreich mit reichen Grabbeigaben und hofften, daß Isis die Toten, wie Osiris, wiederauferwecken werde.

Horus, der Sohn von Isis und Osiris, galt als der Herrscher der Oberwelt und der jeweilige ägyptische Pharao als seine Verkörperung. Doch wie Horus der Sohn der Isis war, war auch der Pharao nur Herrscher durch die Macht der Isis-Priesterin. Nur der konnte in Ägypten zum Pharao werden, der von der obersten Priesterin geboren war und durch die Hochzeit mit seiner Schwester die Macht aus der Hand der Priesterinnentochter erhielt. Noch in späterer Zeit mußten sich die Herrscher über Ägypten durch die Verbindung mit der Isis-Priesterin legitimieren. Der Mythos spiegelte auch hier die matriarchalen Machtverhältnisse zwischen der Priesterin und dem Pharao wieder.

In spätrömischer Zeit wurde die Maria oft mit Isis, der «Gottesgebärin», und Christus mit Osiris verglichen; denn auch Christus galt als Erlöser im Jenseits, als der gerechte Richter am «Jüngsten Tag». Während jedoch Maria nach der Geburt ihres Sohnes vor ihm niederkniete, um ihn zu verehren, hatte Isis' Sohn Horus seine Macht allein durch den magischen Zauber der Göttin erhalten. Osiris galt zwar als Richter der Totenwelt, aber die Erlösung erhofften sich die alten Ägypter allein von Isis.

In späterer Zeit kehrte das patriarchaische Christentum die Symbolik um: dem «Heros» Jesus wird die göttliche Macht zugeschrieben, die ursprünglich die matriarchale Göttin allein besaß. «Ich bin die Mutter der Jahrhunderte, die oberste Königin aller Himmelsbewohner und auch die Herrscherin über die Toten. Die lichten Höhen des Himmels, die heilsamen Lüfte des Meeres, das quälende Schweigen des Totenreichs – ich bin es, die all das nach meinem Wunsch und Willen leitet», hieß es in einem antiken Isis-Lied. Und die Inschrift auf dem ägyptischen Isis-Tempel lautete:

«Ich bin alles, was da ist, was da war und was da sein wird, und meinen Schleier hat kein Sterblicher gelüftet.»[10]

Der kretische Demeter-Kult

Einen weiteren Mittelpunkt der matriarchalen Religion bildete die Insel Kreta. Kreta stellte im 2. Jahrtausend v. Chr. das kulturelle Zentrum des Ägäischen Meeres dar. Es war der Schnittpunkt der Handelsbeziehungen und des kulturellen Austauschs zwischen Ost und West. Seine Kultur wirkte in entscheidendem Maße auf das frühe Griechenland ein, bis Kreta um 1400 v. Chr. durch eine gewaltige Flutwelle beim Vulkanausbruch seiner Nachbarinsel Santorin verwüstet wurde.

Für Feministinnen prägt sich in der alten kretischen Kultur das Matriarchat am stärksten aus. In den Familienstrukturen herrschte Matrilokalität, d. h. das Prinzip des Wohnorts bei der Mutter; die Männer mußten in die Familien ihrer Frauen einheiraten. Auf alten Darstellungen sind die Frauen in ihrer typischen, beide Brüste freilassenden Tracht abgebildet, während die Männer zumeist wie Sklaven mit einem einfachen Lendenschurz dargestellt sind. Interessant ist auch, daß die archäologischen Ausgrabungen in Kreta ebenso wie in Catal Hüyük bislang noch keine Anzeichen für eine Kriegerkaste, für Befestigungsanlagen oder für gewaltsame Kämpfe ergeben haben.

Der kretische Kult, dessen zentrale mythischen Symbole die berühmte Doppelaxt, die «Labrys», und der Stier bzw. die Stierhörner bildeten, bestimmte das Leben der Kreter. «Die gesellschaftlichen Strukturen», schreibt Heide Göttner-Abendroth, «waren geordnet nach den Vorstellungen des Mythos, wie er im Ritus sichtbar auftrat. Die Menschen waren bestrebt, alles miteinander zur Übereinstimmung zu bringen. Denn ihre Gemeinschaft galt ihnen als das irdische Abbild der kosmischen Ordnung der matriarchalen Göttin.»[11]

Die Matriarchatsforscherinnen nehmen an, daß der kretische Kult ein reiner Frauenkult war. Erst später wurden Männer zugelassen, die sich hatten kastrieren lassen, um der Göttin zu gleichen. Auf den Gemälden und Mosaiken des Palastes in Knosses sieht man nur Priester, die in kultischen Frauenkleidern abgebildet sind. «Ihre festlichen Riten haben, bevor sie deformiert und unterdrückt wurden, das religiöse Leben von Kreta, den Staat der Göttin, der Theakratie, bestimmt.»[12]

In Kreta wurde die alte griechische Erdgöttin Demeter als Göttin der Fruchtbarkeit verehrt. Ursprünglich hieß sie «Diktyanna», die Inanna der Dikte-Höhle auf Kreta, und war identisch mit der sumerischen Göttin Inanna. Von Demeter erzählt der Mythos, daß sie als «Mutter Erde» eine Tochter namens Kore – der griechische Name für «Mädchen» – hatte, in die sich Hades, der Gott der Unterwelt, unsterblich verliebt hatte. Aus der Erde plötzlich emportauchend, entführte er Kore, als sie auf einer blühenden Wiese Blumen pflückte, und brachte sie gewaltsam in sein dunkles Reich. Neun Tage lang irrte die Mutter weinend umher, um ihre Tochter wiederzufinden. Als sie von dem Schicksal ihrer Tochter erfuhr, verbarg sie sich voller Zorn, so daß die Erde keine Frucht mehr trug und verdorrte. Da entschied der große Götterrat, daß Hades Kore wieder freizugeben habe. Doch Kore hatte bei Hades schon von der Todesfrucht, dem Granatapfel, gegessen und mußte daher wieder zu ihm zurückkehren. Neun Monate durfte sie auf der Erde bei ihrer Mutter verweilen; drei Monate aber gehörte sie Hades und war dort Persephone, die Herrscherin der Unterwelt. Hekate, die alte Göttin der Weisheit, wachte über die Einhaltung des Vertrages.

Im Unterschied zu den anderen matriarchalen Mythen kennt der kretische Demeter/Kore/Persephone-Mythos keinen männlichen Heros. Im Demeterkult wird allein die Göttin in ihrer dreifachen Gestalt verehrt: als Kore ist sie die junge Göttin des Frühlings, unter deren Füßen die Gräser und Blumen sprießen und deren Zeichen der Mohnblumenkranz ist; als Demeter ist sie die reife Göttin, in deren Macht es steht, die Felder fruchtbar zu machen und das

Korn reifen zu lassen. Die Ähren und Feldfrüchte sind daher ihre Symbole, und ihr Fest wurde im Herbst als Höhepunkt des Jahres gefeiert. Als Persephone/Hekate ist sie die winterliche Totengöttin, symbolisiert in der Schlange, dem Tier der Weisheit, der Unterwelt und des wiederkehrenden Lebens. Kore ist mehr als die Tochter der Göttin, schreibt Gerda Weiler; sie ist «Demeter selbst in ihrem Mädchenaspekt, Hekate, als ‹Greisin› auf ihren unterweltlichen Aspekt reduziert, fließt in die Gestalt der Einen Göttin ein, wenn Demeter klagend und trauernd über die unfruchtbar gewordene Erde zieht»[13].

In diesem Mythos der dreifaltigen Göttin findet auch das geheimnisvolle Zeichen der «Labrys» seine Erklärung. Die Matriarchatsforscherinnen nehmen an, daß die Labrys, die Doppelaxt, keine kriegerische Streitaxt war, wie man lange Zeit behauptet hatte, sondern das Symbol der Dreifaltigen Göttin. Es symbolisiert die Dreiheit der Göttin in ihrer Einheit: die rechte Seite der Doppelaxt symbolisiert als zunehmender Mond [))] Kore die junge Göttin, beide Schneiden zusammen als Vollmond [(())] Demeter die reife Göttin, und die linke Seite als abnehmender Mond [((] die ‹Greisin›. Als Zeichen ihrer Macht trug die Göttin die Labrys selbst in der Hand.

Neben dem Demeter-Kore-Kult hatte Kreta offenbar auch einen Kult des Heros, symbolisiert in den Stierhörnern und dargestellt auf dem berühmten Wandbild im Palast von Knosses, auf dem zwei Mädchen und ein Knabe einen Stier bei den Hörnern packen und sich über seinen Rücken schwingen. Dem dazugehörigen Mythos nach hatte Demeter-Diktyanna nicht nur die Tochter Kore, sondern auch den Sohn Iakchos oder Dionysos, den «kretischen Zeus», ein Kind mit den Hörnern eines Stiers und einer Schlangenkrone. Als kleines Kind schon wurde Iakchos dem Mythos nach auf Befehl der Göttin Hera von den Titanen in Stücke gerissen. Seine Großmutter, die Göttin Rhea, hatte jedoch Mitleid mit ihm und setzte ihn wieder zusammen. Von Persephone versteckt, wurde er von ihr in der Unterwelt aufgezogen. Dort nährte sie ihn mit Milch und Honig. Als er erwachsen war, wurde er von seiner Mutter Demeter

wieder an die Oberwelt gebracht und gab den Menschen auf ihr Geheiß das Wissen um den Wein- und Ackerbau.
Wie die anderen matriarchalen Mythen kennt auch der kretische Mythos den «sterbenden Gott». Doch hier tritt die Göttin selbst in Gestalt der Hera auf, um ihn, den Heros, in Stücke zu reißen. Während einige Forscherinnen nun meinen, dies sei eine patriarchale spätere Entstellung des Mythos, weist Heide Göttner-Abendroth darauf hin, daß der Tod Iakchos in der Tat durch die Göttin, durch die Labrys als Symbol ihrer Macht, geschah. Der Heros in Gestalt eines Zickleins, Widders, Stieres starb hier durch den ‹Blitz› der Göttin, die Labrys oder Doppelaxt, die zugleich Symbol des Mondes in seinen drei Phasen war … Aus seinem Blut entsprang stets im Frühling die neue Fruchtbarkeit der Erde: als Granatapfel oder als Hyazinthen und Narzissen.[14] Und so heißen auch die Hyazinthen «Blumen des Iakchos». Sein Tod symbolisiert das Heros-Opfer, das von der Göttin selbst vollzogen wird, um die Fruchtbarkeit des nächsten Jahres zu sichern.
Der Aspekt des matriarchalen Mythos vom «Opfertod des Heros», wie er uns augenfällig auf Kreta, aber auch in anderen Mythen begegnet, hat bei vielen Frauen zur grundsätzlichen Frage nach dem Sinn und der Bedeutung dieses Opfers geführt. Unter Feministinnen wird die Frage diskutiert, ob das Heros-Opfer die wirkliche Tötung des Opfers bedeutete, oder ob es nur eine symbolische Handlung war. Ob Frauen heute an diesen Ritualen wieder anknüpfen können, erscheint vielen Frauen fraglich. Können Frauen heute, wenn auch noch so symbolisch, die rituelle Opferung eines Menschen vornehmen? Auch wenn das Opferritual überall in den frühen Gesellschaften zu finden ist – was bedeutet es dann für uns heute? «Wenn das Fortbestehen des Lebens aller und jeder/s einzelnen jeweils nur durch den Tod eines Geopferten gewährleistet ist – mit anderen Worten: wenn das Fortbestehen meines Lebens nur durch das Sterben eines Stellvertreters erkauft wird –, geht also der Geopferte selbst leer aus?»[15]
Ohne Zweifel wurde in Kreta der Tod anders erlebt. Er war integriert in das Leben der Natur, war kein absolutes Ende, sondern,

wie die Jahreswende, der Anfang des Wiederbeginns und der Erneuerung. Das Opfer symbolisierte diesen Wiederbeginn, es wurde als eine Art «kreatives Martyrium» verstanden. Doch heute stellt sich die Frage, ob dieses alte Verständnis von Tod und Wiedergeburt mit den heutigen Begriffen von der Würde des Menschen und des Todes vereinbar ist.
Dieses Problem scheint zu einer zentralen Frage unter den feministischen Matriarchatsforscherinnen zu werden. Ist matriarchales Bewußtsein die bloße Umkehrung des patriarchalen? Soll die Herrschaft der Frau über den Mann, wie sie im zentralen Ritual des Herosopfers symbolisiert wird, statt, wie bisher mit Gott, nun mit der Göttin gerechtfertigt werden? Ist der Ausschluß der Frau vom Priesteramt so viel verwerflicher als der rituelle Mißbrauch des Mannes zur höheren Ehre der Göttin?

Aschera und Baal

Die andere große matriarchale Religion im östlichen Mittelmeerraum war der phönizische Astarte- oder Aschera-Kult. Die Phönizier oder, wie sie sich selbst nannten, die Kanaanäer lebten in Palästina, dem Gebiet zwischen der Mittelmeerküste und den Bergen des Libanon. Sie waren als Seefahrer in regem Waren- und Kulturaustausch mit den anderen Ländern des Mittelmeerraums und hatten eine außerordentlich hohe Kultur entwickelt. Ihre Hauptorte waren die Küstenstädte Byblos, Sidon, Tyrus und Ugarit.
Obwohl aus der phönizischen Zeit vor allem die großartigen Tempelanlagen zu Baal-Bek erhalten geblieben sind, zeigen die neueren Forschungen, daß in erster Linie nicht Baal von den Kanaanäern verehrt wurde – so heißt Ba'al auch einfach nur «Herr» –, sondern daß es eine Göttin war, die im Zentrum der Religion stand. «Enttäuscht» mußte der Palästina-Forscher W. Albrecht nach jahrzehntelanger Forschung einräumen, daß fast nur weibliche Darstellun-

gen von Gottheiten gefunden wurden. «Fast könnte man sagen», meinte er, «daß die Kanaanäer auch Monotheisten wie die Hebräer waren, nur hatten sie eine Frau Gott und nicht einen Herrn Gott. Aschera besaß zwar auch einen männlichen Begleiter, aber dieser war nur ihr Schatten, nur eine bedeutungslose Randfigur.»[16]

Dieses schattenhafte Dasein Ba'als macht der kanaanitische Mythos deutlich. Ba'al, so hieß es, war der Brudergatte der Aschera. Er brachte den Menschen das Wetter, also auch Regen und Gewitter. Doch Ba'al hatte Feinde, vor allem den Drachen Yam (das Meer) und seinen Bruder, den Todesgott Mot. Um sich vor beiden zu schützen, schloß er sich im Himmel ein, so daß kein Regen mehr zur Erde kam, und die Erde verdörrte. Da ließ Ba'al Fenster in seine Himmelsburg bauen, damit er den Regen ausströmen lassen konnte.

Mot gelang es mit einer List, Ba'al zu einem Trinkgelage in die Unterwelt zu holen. Dort ergriff er ihn und tötete ihn. Da begann Aschera zu weinen und suchte verzweifelt nach ihrem Gatten. «Wie das Herz einer Kuh nach dem Kälbchen, wie das Herz eines Schafs nach dem Lamm, so sehnt sich Ascheras Herz nach Ba'al.» Schließlich fand sie ihn tot und begrub ihn. Während Ba'al in der Unterwelt weilte, suchte Aschera Mot auf, um den Geliebten zurückzufordern. Als Mot gestand, ihn getötet zu haben, forderte sie ihn zum Kampf heraus. «Sie ergreift Mot, mit einer Sichel spaltet sie ihn, mit einem Sieb worfelt sie ihn, mit Feuer verbrennt sie ihn, zwischen Mühlsteinen zerreibt sie ihn, und auf das Feld streut sie ihn.» Mot überlebte, weil er als Todesgott nicht sterben konnte; doch er mußte Ba'al freilassen. Nun forderte sie Ba'al zum Kampf gegen den Widersacher auf: beide kämpften miteinander, bissen sich wie die Schlangen, stießen sich wie zwei wilde Stiere. Als Ba'al, ihr Gatte, siegte, verbannte Aschera Mot zurück in die Unterwelt und führte Ba'al als Sieger auf die Erde, wo es nun wieder zu regnen begann und die Täler sich mit Honig füllten.

In diesem Mythos zeigt sich Aschera nicht nur als liebende Göttin, sondern auch als überaus kämpferisch. Sie ist identisch mit der alten ägyptisch-phönizischen Kampfesgöttin Anat, wie sie auf einem alten Relief aus Ugarit abgebildet ist: auf einem Stuhl sitzend, hält sie in der einen Hand Schild und Speer und schwingt mit der anderen Hand die Keule. So wie sie ihre Feinde bekämpft, malträtiert sie ihren Erzfeind Mot. «Anat», schreibt Gerda Weiler, «ist keine süße, liebliche und sanfte Himmelskönigin. Sie kann zupacken und aggressiv werden, leidenschaftlich lieben, und ebenso leidenschaftlich bietet sie dem Tod Widerstand.»[17]

Der Kampf der Göttin gegen den Todesgott hat noch einen weiteren Aspekt. Seine Zerstückelung symbolisiert die Opferung des Getreides, und daher war die Ernte der Kanaanäer zugleich eine rituelle Handlung. Das Mähen, Dreschen, Mahlen und die neue Aussaat waren kultische Handlungen der Bäuerinnen, die Mot zerstückelten, damit im nächsten Jahr Ba'al zurückkehren kann und die neue Saat gesichert wird. Noch Jahrhunderte später berichtete der jüdische Historiker Flavius Josephus, daß die Juden das frische Korn nicht berühren durften, bevor sie nicht das Ritual dieses Opferfestes vollzogen hatten.

Bekannter wurde die Kampfesgöttin Aschera in späterer Zeit jedoch als Liebesgöttin und Göttin der Fruchtbarkeit. Bis ins 7. Jahrhundert v. Chr. datiert man die Tonfiguren, die Aschera, ihre ausladenden Brüste stützend, darstellen. Kanaanitische Frauen buken Brote in Gestalt weiblicher Geschlechtsteile, die sie der Göttin als Opfer im Tempel darbrachten, um von ihr Getreide und Wein zu erflehen. Wie beliebt Aschera, die Fruchtbarkeitsgöttin, in Kanaan war, zeigt uns die Geschichte im Alten Testament, als das Volk unzufrieden war mit der neuen Jahwe-Religion:

> «Wir wollen der Himmelskönigin opfern und dienen, wie es unsere Väter und Fürsten getan haben in den Städten Judas und auf den Gassen Jerusalems. Da hatten wir auch Brot genug: es ging uns wohl, und wir sahen kein Unglück. Seit der Zeit aber, daß wir abgelassen haben, der Himmelskönigin zu dienen, haben wir Mangel gelitten und sind durch Schwert und Hunger umgekommen» (Jer 44,17f.).

Die Kultstätten der Aschera waren die Ölhaine und Apfelbäume auf den Anhöhen; sie galten als die Symbole des Lebens, der Erkenntnis und der Liebe, als die «Paradiese», in denen die Kanaanäer die «Heilige Hochzeit», die Wiederkehr Ba'als aus der Unterwelt, feierten. Noch Jahrhunderte später berichteten die alttestamentarischen Propheten über diese «Hurerei», über die «strammen geilen Hengste, die nach den Weibern wiehern», über die Frauen, «die in Brunst geraten unter jedem Baum»[18].

Aschera war die Große Göttin des Vorderen Orients, bevor der Jahwe-Kult der Juden sich durchsetzen konnte. Sie war die Schutzmacht der Städte und des Landes Kanaan; aus der Hand der Aschera-Priesterin empfing der König, der jeweilige «Ba'al» (Herr), die Macht. «Dem König wurde gehuldigt», schrieb ein Archäologe, «aber er wurde nicht angebetet. Die Anbetung war in Ugarit der weiblichen Gottheit vorbehalten.»[19]

Zitatnachweise:
1. Die Göttin und ihr Heros

1 Mellaart, James: Catal Hüyük – Stadt der Jungsteinzeit, in: Haber, Hans (Hg.): Neue Funde aus alter Zeit, Stuttgart 1970, S. 12
2 Ebd., S. 13
3 Alkim, Bahadir: Anatolien I, München 1968, S. 62
4 Gould Davis, a. a. O., S. 77
5 Zitiert nach: Schreier, Josefine: Göttinnen, München 1978, S. 11
6 Göttner-Abendroth, Heide: Matriarchat–Spiritualität–Integrität, in: Frauendenken. Widerspruch 1/85, München 1985, S. 25 f.
7 Zitiert nach: Schreier, a. a. O., S. 15
8 (Noch heute hat «Tammuz» im Türkischen die drei Bedeutungen: der «Geliebte» der Frau, der «Stier» als Symbol des Männlichen und der «Juli» als Monat der größten Fruchtbarkeit).
9 Weiler, Gerda: Der enteignete Mythos, München 1985, S. 173 f.
10 Zitiert nach: Vardinam, E. E.: Die Frau in der Antike, Düsseldorf 1982, S. 37
11 Göttner-Abendroth, Heide: Die tanzende Göttin, München 1984, S. 14
12 Göttner-Abendroth, Heide: Die Göttin und ihr Heros, München 1984, S. 33
13 Weiler, a. a. O., S. 52
14 Göttner-Abendroth, Die Göttin und ihr Heros, a. a. O., S. 37
15 Burmeister, Elisabeth; in: Schlangenbrut 11, S. 6

16 Vardiman, a. a. O., S. 79
17 Weiler, Gerda: Ich verwerfe im Lande die Kriege, München 1984, S. 56f.
18 Zitiert nach: Vardiman, a. a. O., S. 73, S. 82
19 Ebd., S. 71

2. Von der matriarchalen Göttin zum patriarchalen Gott

Die Frage nach der Zerstörung der matriarchalen Kulturen und ihrer Verdrängung aus der Überlieferung beschäftigt die Matriarchatsforscherinnen in ähnlicher Weise wie das Studium der Matriarchate selbst. Wie konnte es dazu kommen, daß die Kenntnis einer sechstausendjährigen Herrschaft von Frauen so nachhaltig aus unseren Köpfen verschwunden ist? Warum lernen wir heute, daß unsere Kultur erst mit den «alten Griechen» beginnt, mit ihrem mächtigen blitzeschleudernden Zeus, obwohl die Ursprünge viel weiter zurückreichen, daß die Menschheit erst erlöst worden sei, nachdem Christus wieder auferstanden war, obwohl doch der Wiederauferstehungsmythos viel älter als das Christentum ist?
Viele Thesen sind zur Beantwortung dieser Fragen seither entwikkelt worden: die Veränderung der Technologie durch die Erfindung des Pflugs im Altertum, die den Mann die Herrschaft über die Frau hat erringen lassen; die Entstehung des Privateigentums in der Hand des Mannes habe zur «weltgeschichtlichen Niederlage des weiblichen Geschlechts» geführt; die Entdeckung der Vaterschaft habe den Mann plötzlich seine Macht erkennen lassen; die Notwendigkeit, Tiere zu erlegen, habe bei Männern die Aggressivität und den Waffenbau gefördert, die sich dann gegen die Frau richteten.[1]
Die feministischen Matriarchatsforscherinnen wenden sich gegen solche pauschalen Erklärungen und meinen, daß die Veränderungen der matriarchalen Gesellschaften hin zum Patriarchat sehr differenziert untersucht und erklärt werden müssen. Für den eurasischen Raum nimmt Heide Göttner-Abendroth an, daß «räuberische» Stämme in die matriarchalen Kulturen eingedrungen sind.

Diese räuberischen Stämme hätten eine katastrophale, ihre alte Verfassung zerstörende Entwicklung hinter sich gehabt, «und kamen praktisch als Räuber in die alten matriarchalen Hochkulturen im Mittelmeerraum und im Vorderen Orient ... Wahrscheinlich hatten sie gar keine andere Wahl, als diese zu erobern; als sie sie erobert hatten, hatte sie keine andere Wahl, als ihre Herrschaft zu sichern. Bald nach dieser Überlagerung kommen die dunklen Jahrhunderte, in denen man archäologisch fast nichts mehr findet. Daraus haben sich dann die ersten ‹Zwei-Schichten-Staaten› gebildet, in denen diese Räuber aus Existenznot kriegerische Mechanismen einsetzten, die die anderen Kulturen nicht kannten; dadurch setzte sich dann, weil das Männer waren, das Übergewicht der Männer, der Kriegstechniken und damit der Herrschaft durch. So entwickelte sich Patriarchales.»[2]

Unterstützt wird diese These von der gewaltsamen Eroberung und Überlagerung der alten vorderorientalischen Matriarchate auch durch die Veränderung der Religion. Die Eroberer brachten neue, patriarchale Religionen mit und verdrängten in einem langen, konfliktreichen Umwälzungs- und Anpassungsprozeß die ursprünglichen matriarchalen Religionen. Oft hatte der neue Mythos diese Errichtung der patriarchalen Ordnung direkt zum Inhalt, so z. B. der babylonische. Manche Mythen spiegelten auch die konfliktreichen Kämpfe zwischen dem alten Mutter- und dem neuen Vaterrecht wider und gipfelten schließlich im biblischen Versuch, den «Muttermord» schlechterdings zu verschweigen.

Marduk: der Gott der «neuen Ordnung»

Exemplarisch für den Ablösungsprozeß der matriarchalen Gesellschaften durch das Patriarchat ist der Mythos von Marduk, dem babylonisch-assyrischen Gott. Ursprünglich ein unscheinbarer Stadtgott Babylons, war Marduk bis zum 1. Jahrtausend v. Chr. zum «Gott der Götter» geworden; ihm zu Ehren war der «Turm von Babel», der 90 m hohe Stufentempel «Etemenaki» (Haus des Grundsteins des Himmels und der Erde) errichtet worden, auf dessen Spitze eine riesige goldene Marduk-Statue stand, die vom Sieg des Patriarchats über das frühere Matriarchat, über Ishtar, die Große Göttin, zeugte. Der Mythos von Marduk («Enuma elish») berichtet anschaulich von der Überwindung der weiblichen Vorherrschaft durch die männliche.

> «Als da oben der Himmel noch nicht benannt war
> und unten die Erde noch nicht ihren Namen hatte,
> als erst Apsu, der Uranfängliche, der sie erschuf,
> Mummu und Tiamat, die alle Götter erschuf,
> ihre Wasser in eins vermischten ...
> da gab es noch keinen einzigen Gott,
> da erst wurden die Götter erschaffen im Himmel,
> da erst traten Lachmu und Lachamu ins Sein ...»[3]

beginnt der babylonische Mythos der Welt- und Götterentstehung. – Apsu und Tiamat bekamen mehrere Kinder, unter ihnen die Söhne Anu und Ea. Die beiden göttlichen Brüder aber störten die Eltern mit ihrem Lärm, und Apsu war empört darüber, daß er Tiamat, der Göttin, vorschlug, die Söhne zu vernichten: «Bei Tage», sprach er zu ihr, «kann ich nicht ausruhen, und bei Nacht kann ich nicht schlafen, so lärmend verhalten sich die Söhne. Ich will sie vernichten.» Tiamat aber widersprach ihm heftig: «Warum sollen wir vernichten, was wir auf die Welt gebracht haben?» Doch Apsu ließ sich nicht beruhigen. Da erfuhren die beiden Söhne vom Plan des Vaters, und Ea, der stärkste und weiseste von ihnen, riet, um sich zu schützen, den Vater einzuschläfern und zu töten. Sie führten den Plan aus, beraubten Apsu der Zeichen seiner Würde und setzten sich an seine Stelle. Ea, der neue Herrscher, aber zeugte nun Marduk, seinen mächtigen Sohn.
Bis hierher gehorcht der Mythos noch ganz der ursprünglich matriarchalen Logik. Tiamat ist die alte matriarchale Göttin und Gottesgebärerin. Ihr Gemahl, der männliche Gott Apsu, muß wie Tammuz oder Osiris sterben, um wieder aufzuerstehen. Im «Enuma

Elish» stirbt er durch die Hand des Sohnes Ea, der damit zu seinem Nachfolger wird. Und dieser hat in Marduk wiederum seinen Nachfolger, der ihn nach matriarchaler Logik ebenfalls töten wird. «In der matriarchalen Religion und Gesellschaft (spielt) die Vater-Sohn-Beziehung noch gar keine Rolle, denn Vaterschaft war entweder unbekannt oder nicht bestimmbar. ‹Vater› bedeutet hier nur ‹Vorgänger im Amt› (...), und ‹Sohn› bedeutet ‹Nachfolger im Amt› ... In diesem Sinne entschleiern sich die seltsamen Geschichten vom Mord des Sohnes am Vater.»[4] Die Söhne sind gleichsam die «wiederauferstandenen Väter». Tiamat aber, die Gottesgebärerin, will in den Nachfolgestreit des Vaters mit den Söhnen gar nicht eingreifen. Sie ist mäßigend und beschützend und will nicht vernichten, was sie erzeugt hat.

Im zweiten Teil des Mythos ändert sich jedoch die Betrachtungsweise grundlegend:

Tiamat, heißt es, habe sich bald entschlossen, den Mord an ihrem Gatten Apsu durch ihre Söhne Anu und Ea zu rächen. Sie rüstete alle Naturmächte, die Ungeheuer, wilden Tiere und Drachen zum Kampf gegen ihre Söhne. Sie übertrug Kingu den Oberbefehl ihrer Streitmacht, gab ihm die Herrschaft über die Götter und heftete ihm die Schicksalstafeln als Zeichen seiner Würde an. Als Anu und Ea davon hörten, bekamen sie Angst. Erfolglos versuchte Anu, seine Mutter zu besänftigen. Allein Marduk, der Sohn Eas, wollte den Kampf gegen Tiamat aufnehmen, unter der Bedingung, daß er den Oberbefehl über die Streitmacht Eas und Anus erhielt; Ea und Anu stimmten zu. Nun beschuldigte Marduk Tiamat, die Göttermutter, sich unrechtmäßig Autorität angemaßt zu haben, indem sie Kingu statt ihren Sohn Anu zum Oberbefehlshaber und damit zum Herrscher gemacht hatte. Als es zur Schlacht kam, kämpfte Marduk erbittert gegen Tiamat:

> «Als sie sich einander näherten, Tiamat und Marduk, der weiseste der Götter,
> stürzten sie aufeinander los, begannen den Kampf.
> Der Herr entfaltete sein Netz, band sie.

Er schleuderte ihr den Bösen Wind ins Gesicht.
Tiamat öffnete den Mund, ihn zu verschlingen.
In diesen schleuderte er den Bösen Wind, sie daran zu hindern, den Mund wieder zu schließen.
Die wütenden Winde erweiterten ihren Leib.
Ihr Bauch schwoll an. Ihr Mund blieb offen.
Er schoß einen Pfeil ab, der ihr den Bauch durchbohrte,
ihr die Eingeweide zerriß, das Herz öffnete.
Er überwand sie, nahm ihr das Leben,
warf ihren Leichnam auf den Boden, erhob sich über ihm ...
Mit seiner unerbittlichen Waffe spaltete er ihr den Schädel,
schnitt er ihr die Adern durch.
Der Nordwind trug (ihr Blut) weit fort.
Als seine Väter (dies) sahen, waren sie glücklich und frohlockten ...
Der Herr, nunmehr befriedigt, untersuchte den Leichnam»[5]

Aus Tiamats Leichnam errichtete Marduk, der neue Gott, die Ordnung der Welt. Er brach ihn wie einen Fisch entzwei: «Eine Hälfte von ihr setzte er hin und machte sie zum Himmelsdach; er zog einen Riegel vor, siedelte einen Wächter an, dem ward aufgetragen, ihre Gewässer nicht herauszulassen.» Er machte den Himmel zum Wohnsitz der Götter und setzte ihr Symbol als Sternzeichen ein, bestimmte das Jahr und teilte es in Abschnitte. Aus der anderen Hälfte Tiamats machte Marduk die Erde, gab ihr seine Ordnung und schuf die Menschen als Diener der Götter.

Die Rolle Tiamats, der Muttergöttin, hat sich im zweiten Teil des Mythos vollständig geändert. War sie zunächst die gütige Mutter, so wurde sie jetzt zur häßlichen, bösen rebellischen Göttin der Unterwelt, die mit Drachen und Ungeheuern identifiziert wird. Ea und Anu, ihre Söhne, noch verstrickt im matriarchalen Bewußtsein, bekamen Angst vor dem Zorn und der Macht der Göttin und wollen sie wieder «besänftigen». Nun aber tritt Marduk, der neue, junge, patriarchale Kriegsgott auf und klagt sie, die Göttin, unerhörterweise an, sich eine Autorität angemaßt zu haben, die ihr nicht zustehe, vernichtet sie, schwingt sich zum «Gott aller Götter» auf, indem er die Schicksaltafeln, die Himmelsgesetze, an sich reißt und aus dem Leichnam der Göttin die neue, seine Ordnung errichtet. Die Urmutter, ehemals Schöpferin allen Lebens, wird zur bloßen Materie. Der männliche Gott bildet aus ihr seine Ordnung, wie der Jahwe-Gott aus dem «Chaos» die Welt.

Hier findet sich schon der Kern des patriarchalen Herrschaftsmythos: der Gynozid, die Ver-nicht-ung des Weiblichen. «Der patriarchale Mythos», meint Mary Daly, «ist voller Geschichten eines ‹göttlichen› Ur-Akts von Frauenmord.»[6] Der Marduk-Mythos formuliert dies in schonungsloser Offenheit.

Die Rache der Göttin: Hera, die Erinnyen und der Satan

Daß die Vernichtung des Matriarchats nicht ohne Widerstand der Frauen und nur mit schlechtem Gewissen der Männer geschah, schildern der griechische Mythos vom «Aufstand der Hera gegen Zeus», die Sage von Orest und den Erinnyen und der jüdische Mythos vom Sturz des Luzifer.

Hesiod, der frühe griechische Mythenschreiber, hat die Geschichte vom Aufstieg des Zeus zum höchsten Gott und vom Kampf Heras gegen seine «Willkürherrschaft» überliefert. Gaia, die Erde, und Uranos, der Himmel, so erzählt Hesiod, hatten Kinder, unter ihnen war Kronos das älteste. Uranos jedoch war eifersüchtig auf seine Kinder; denn er befürchtete, daß sie ihn eines Tages vernichten würden. Daher verbannte er sie unter die Erde und freute sich seiner Tat. Gaia, die Mutter, jedoch trauerte und forderte die Kinder auf, Rache für diesen Frevel zu nehmen. Sie formte eine Sichel und gab sie Kronos, der seinen Vater mit ihr entmannte und seinen Platz einnahm.

Kronos heiratet seine Schwester Rhea, die ihrerseits Kinder gebar, die von ihrem Vater Kronos ebenfalls gehaßt wurden, so daß er sie gleich nach ihrer Geburt verschlang. Doch als Rhea ihren Sohn Zeus geboren hatte, versteckte sie ihn vor dem wilden Vater. Sie brachte ihn in Kreta, im Ida-Gebirge, in Sicherheit und gab ihrem Gatten statt Zeus einen Stein in Windeln gewickelt zum Fraß. Als Zeus nun in Kreta zum Mann herangewachsen war, da wählten die Götter ihn zu ihrem Anführer, der Kronos vernichten sollte. Listig gab er seinem Vater einen bitteren Trunk, so daß der alle verschlungenen Kinder wieder ausspie, und besiegte Kronos nach zehnjährigem Kampf.

Wie der babylonische Mythos fällt auch Hesiods Göttergeschichte in zwei Teile: im ersten repräsentieren Gaia und Uranos, Rhea und Kronos die alten matriarchalen Götter. Durch die Tat der Mutter, Gaia-Rhea, gelangt ihr Sohn, Kronos-Zeus, der der Mutter näher steht als ihr Gemahl, auf den Platz des Vaters: altes matriarchales Recht der Ablösung des Vaters durch den Sohn. Doch der folgende Teil gehorcht einer patriarchalen «Logik»: Nach dem Sieg Zeus' über seinen Vater fragte man sich, wer den obersten Platz der Götter einnehmen sollte. Gaia nun, die alte Erdgroßmutter, gab den Rat, Zeus den Oberbefehl zu übergeben und seiner Ordnung zu vertrauen. So wurde auf Gaias Rat hin Zeus der «Vater der Menschen und der Götter», der blitzeschwingende Zeus. Er war jetzt nicht mehr nur der «Nachfolger» seines Vaters, sondern wurde zum obersten, unsterblichen Gott ernannt, der niemanden, auch nicht seine Mutter, zu respektieren braucht.

Das Merkwürdige dieser Geschichte liegt darin, daß Hesiod die alte matriarchale Göttin Gaia selbst ihre Entmachtung vornehmen läßt, indem sie Zeus als Herrscher der Götter vorschlägt. Hera, Zeus' Schwester und Ehefrau, war jedoch mit seiner Allmacht und Willkürherrschaft unzufrieden und versammelte alle Götter um sich, unter ihnen Zeus' Bruder Poseidon und seinen Sohn Apoll, um Zeus wieder zu stürzen. Sie fesselten Zeus und nahmen ihm den «Blitz», das Zeichen seiner Macht, ab. Der hundertarmige Riese, den Zeus' Geliebte herbeirief, befreite den Göttervater, und dieser nahm furchtbare Rache: er hängte Hera mit goldenen Handfesseln an den Himmel und befestigte einen schweren Amboß an ihren Füßen, so daß sie erbärmlich schrie. Erst als Hera und all die anderen Götter Zeus ewigen Gehorsam geschworen hatten, ließ er sie wieder frei. Seither wagte niemand mehr, seine Herrschaft anzutasten.

Ich glaube, interpretiert Heide Göttner-Abendroth Heras Aufstand gegen Zeus, daß dieser Mythos eindeutig sagt, «um was es ging: um den Besitz des ‹Blitzes›, der Macht im Himmel, und (er) sagt, wie es dabei zuging: mit Gewalt und Folter. (Er) zeigt auch, daß die Opposition eine matriarchale war und nicht nur eine von Riesen und Göttern.»[7] Als Heras Aufstand scheiterte, wurde sie erst befreit, als sie sich ihm «auf ewig» unterwarf und die patriarchale Ordnung anerkannte. Zeus wurde aus einem ursprünglich matriarchalen Heros zum unumschränkten Patriarchen unter den griechischen Göttern.

Auch die Orestie, schreibt Marilyn French, «die berühmte Trilogie des Aischylos, schildert in dramatischer Form die Verlagerung der Macht von den Frauen auf die Männer»[8]. Aischylos, der um 500 v. Chr. lebte, wußte noch, daß sich hinter der alten Sage von Orest und dem Mord an seiner Mutter der historische Konflikt von matriarchalem Mutterrecht und patriarchalem Vaterrecht verbarg.

Der Sage nach kehrte Agamemnon, der Führer der Griechen im Trojanischen Krieg, nach der Eroberung Trojas nach Hause zurück, begleitet von Kassandra, die er als Siegespfand mit nach Hause nahm. Klytaimnestra, seine Frau, tötete ihn bei seiner Rückkehr. Aber Orest, der junge Sohn Klytaimnestras, rächte seinen Vater und tötete die Mutter.

Nun treten in Aischylos' Drama die Rachegöttinnen, die Erinnyen, auf. Sie verfolgen Orest, bis er dem Wahnsinn verfällt, bringen ihn vor Gericht und klagen ihn des Muttermordes, des schlimmsten Frevels, an. Das Gericht, dargestellt durch das Volk, kann sich nicht entscheiden: die eine Hälfte verurteilt ihn; die andere plädiert für Freispruch, weil Orest ihrer Meinung nach den Tod seines Vaters sühnen mußte. Apoll, der Gott des neuen Vaterrechts, argumentiert, daß nicht die Mutter der Ursprung des Kindes sei, sondern der Vater, und bindet Orest an das Blut seines Vaters, den er rächen müsse.

«Die Mutter ist nicht Ursprung ihres Kindes,
Wie mancher glaubt, sie nährt nur seinen Keim.
Wer zeugt, erschafft; sie hegt fremdes Pfand,
Bewahrt den Sproß, den Gott erhalten will.»

Da das Gericht unentschieden ist, einigt es sich, die Göttin Athene entscheiden zu lassen. Athene aber entscheidet sich für Orest und damit für das Vaterrecht.

«Mein ist das Werk, zu enden diesen Gang:
Ich lege für Orestes diesen Stein.
Da mich kein Mutterschoß gebar, so schlägt
Mein Herz dem Manne, ohne Eheband.
Ganz bin ich meines Vaters, ganz sein Kind
Nie schlag ich Tod der Frauen höher an
Als den des Mannes, der des Hauses Haupt.»

Athene, die der griechischen Sage nach dem Haupt von Zeus entstiegen ist, fühlt sich allein dem Vater verpflichtet, nicht mehr der Mutter. Die Erinnyen, die das heilige Mutterrecht verkörperten, waren durch den Spruch der «gehorsamen Tochter des Zeus» (Heide Göttner-Abendroth) besiegt. «Sie, die Mutterlose, braucht keine Bindung an die Mutter zu lösen, um das neue patriarchale Recht anzuerkennen», bemerkt Josefine Schreier zur Orestie. «Die Gerichtsverhandlung ist zu Ende. Das Matriarchat hat seine Macht verloren, das Patriarchat hat gesiegt.»[9]
Auch die jüdisch-vorderorientalische Kultur kannte die Mythologie vom Sturz der matriarchalen Göttin. Luzifer, der Licht-Träger und Widersacher (hebräisch: Satan) des Jahwe-Gottes, rebelliert gegen dessen Herrschaft. Mit den Schlangen, Drachen und Löwen, den Symbolen der Großen Göttin, kämpft Luzifer gegen die

Heerscharen des patriarchalen Jahwe-Gottes. Als er unterliegt, stürzt ihn der Erzengel Michael in den Höllenschlund und verbannt ihn als den furchtbaren «Teufel» in die Unterwelt. Doch Jahwe wurde den Fluch seiner Tat nicht los: Luzifer drohte ihm, am Ende der Zeiten wieder zurückzukehren und die ursprüngliche Ordnung, die der Jahwe-Gott «voll Lüge» als seine ewige Ordnung hingestellt hatte, wiederherzustellen. «Die weibliche Partnerin von Luzifer ist aber keine dämonische oder lächerliche Hexe, sondern eine Herrin, der er gehorcht: ‹Hagia Sophia›, die Heilige Weisheit selber. Sie steht mitten im Himmel, und ihr Haupt ist von Sternen bekränzt.» [10] Noch im Neuen Testament taucht diese Verheißung in den schrecklichen Visionen der Apokalypse auf, wenn die Hölle sich öffnen und bei Harmageddon die Endschlacht des Guten mit dem Bösen stattfinden wird.

In den drei Geschichten von Hera, Orest und Luzifer wird das alte weibliche Prinzip gestürzt und verbannt. Gerda Weiler stellt dazu fest, daß das patriarchale Bewußtsein diese Verdrängung des Weiblichen in den Bereich des Abgrunds weiterhin als Schuldgefühl und dunkle Angst verspürt: «Unter den Voraussetzungen des patriarchalen Bewußtseins fühlen sich die Menschen ständig bedroht aus irgendeinem Erdenwinkel, den sie nicht kennen, von einer Dunkelseite, die sie nicht beherrschen. In einer Seelenschicht, die ihnen unbewußt ist, lauert das überschwemmende und überwältigende, das Verschlingende und Tötende, das sich in der Projektion auf das Weibliche ein Ventil sucht. Der patriarchale Mythos ersinnt den Tartaros, den untersten Kreis der Hölle, der zum Strafort wird, an den der olympische Zeus seine Feinde verbannt. Aus dem Chaos geboren, von einem Feuerstrom und unüberwindlichen Mauern umschlossen, wird dieser ‹tiefste Teil der Unterwelt› zum Wohnort der Erinnyen, die einst gewagt haben, den Muttermord mit Wahnsinn, Ruhelosigkeit und Tod zu bestrafen.» [11]

Der Muttergöttinnenmord hatte Folgen. Matriarchatsforscherinnen weisen darauf hin, daß nicht nur der «patriarchale Wahnsinn» des blinden Kampfs gegen die Natur und seiner Eroberungswut, die rastlose Ausbeutung des «Menschenmaterials», die brutale Verfolgung der selbständigen Frauen in den letzten Jahrtausenden die Folgen der Verdrängung dieses Göttin-Mordes und des gewaltsamen Sturzes der matriarchalen Ordnung waren. Die «wahre Sünde», meint Mary Daly, sei das Schweigen und Vergessen dieses Mords, die Verleugnung patriarchaler Ideologen, «daß es jemals die weibliche Gottheit gab, gibt oder geben wird, deren Existenz ja eine unabdingbare Voraussetzung für den Mord wäre» [12]. Doch diese Sünde, meint sie, kann rückgängig gemacht werden, wenn «wir die Göttin in uns wieder beschwören, und dazu gehört, zu ‹vergessen›, weibliche Göttlichkeit – und das heißt: unser Selbst – zu töten. Ständige Komplizenschaft beim Verbrechen des Göttinnen-Mordes in der Männer-Welt ist obligatorisch. Wenn wir uns weigern, bei diesem Morden und Verstümmeln unseres eigenen Selbst mitzuwirken, so ist das der Anfang dafür, die Göttin zu er-innern – die tiefe Quelle schöpferischer Integrität in uns Frauen.» [13]

Das verborgene Matriarchat im Alten Testament

Im Alten Testament wird die «Geschichte» des «Volkes Israel» und seines Jahwe-Gottes aus einem patriarchalen Blickwinkel erzählt. «Es ist lohnend», meint Gerda Weiler, «die biblischen Texte von ihrem patriarchalen Überbau zu befreien und das matriarchale Überlieferungsgut freizulegen; denn die Bibel ist eine Fundgrube für die Wiederentdeckung der matriarchalen Ursprungsgeschichte der Menschheit.» [14]

Während der babylonische Mythos von Marduk und der griechische Mythos von Orest den Kampf und die Ablösung der matriarchalen Göttin durch den patriarchalen Gott zum Inhalt haben, verschleiert das Alte Testament durch eine «beinahe perfekte» Überarbeitung der ursprünglich matriarchalen Inhalte den Göttinnenmord. «Das Alte Testament und die zweitausendjährige Geschichte seiner Exegese sind eine einzige gigantische Dokumentation männlicher Weltdeutung zum Zweck, die männliche Machtentfaltung heiligzusprechen und die Unterdrückung der Frau zu rechtfertigen.»[15] Es lehre uns, wie ein Volk sich gewaltsam von den matriarchalen Wurzeln, auf denen es ruht, abschneidet. Matriarchatsforscherinnen und Theologinnen versuchen seit einigen Jahren gemeinsam, diese Mauer des Schweigens und Verschweigens der matriarchalen Ursprünge zu durchbrechen.

Die Hebräer, so hieß das israelitische Volk ursprünglich, waren zu Beginn ihrer Geschichte ein Zusammenschluß von viehzüchtenden Beduinenstämmen, die in der ersten Hälfte des 2. Jahrtausends v. Chr. im nördlichen Arabien nomadisierten. Sie lebten dort in alten Sippen- und Stammesordnungen, in denen es höchstwahrscheinlich matriarchale Strukturen gab. Die Matriarchatsforscherinnen nehmen an, daß die biblischen «Gründerväter» des Volkes, Abraham, Isaak, Jakob usw. erst nachträgliche Konstruktionsversuche der Bibelschreiber gewesen sind. Sie sind der Ansicht, daß die biblischen Frauengestalten wie Sara, die Frau Abrahams, Rebekka und Rahel und Lea, die beiden Frauen Jakobs, bei den hebräischen Stämmen ursprünglich die höchste Verehrung genossen haben, und daß Lea und Rahel offenbar die «Urmütter» (Weiler) der Hebräer gewesen sind.[16] «Nur in Kindergeschichten und frommen Legenden», schreibt Gerda Weiler, «gibt es die vereinfachte Vorstellung von dem frommen alten Abraham, von Isaak, seinem Sohn und von Jakob, dem Vater von zwölf Söhnen, die die Stammväter der zwölf Stämme Israels gewesen seien. Unsere Großmütter haben noch alles auswendig lernen müssen ... Hätten sie sich ein eigenes Urteil verschaffen können, sie hätten bald festgestellt, daß wir die ‹zwölf Stämme Israels› einer nachträglichen Konstruktion der alttestamentlichen Endredaktion zu verdanken haben.»[17]

Auch der Gott, den die Hebräer verehrten, war kein patriarchaler Jahwe-Gott, wie es das Alte Testament überliefert, sondern «El», der vorderorientalische Fruchtbarkeits- und Wettergott, der den Wüstenbewohnern in sintflutartigen Regenfällen, in Feuersäulen, in wolkenumhangenen Bergen, im «brennenden» Dornbusch, dem Wüstenstrauch, erschien. Noch heute wird im südlichen Sinai die

Stelle gezeigt, wo dieser Gott Moses im Dornbusch erschienen war und gesagt haben soll: «Mose, Mose! Tritt nicht hinzu, zieh deine Schuhe aus, denn der Ort, darauf du stehst, ist heiliges Land.» El war, wie alle Fruchtbarkeitsgötter dieser Zeit, ein matriarchaler Gott, dem kanaanitischen Ba'al vergleichbar.

Die biblische Geschichte der Versklavung durch Ägypten und des Exodus der Hebräer in die Wüste halten die Matriarchatsforscherinnen ebenfalls für nachträgliche Mystifizierungen. Strittig ist allerdings, ob in dieser Geschichte überhaupt ein historischer Kern enthalten ist. Einige Frauen vermuten, daß eine Söldnergruppe aus Hebräern, die «Hapiru», in Ägypten Steine zum Bau der Pyramiden und Stadtanlagen geschleppt hatten und dann in späterer Zeit den männlichen Jahwe-Kult nach Israel einführten. Andere meinen, daß tatsächlich hebräische Nomadenstämme von den Ägyptern versklavt worden waren, die sich dann zur Zeit innerägyptischer Unruhen wieder befreien konnten.

Besser belegt ist die Geschichte Israels nach der Einwanderung in Kanaan. Es kam zu einer Verschmelzung der Nomadenbewohner der Wüste mit den seßhaften Bauern und zur Übernahme der Kulte und Riten der eingeborenen Kanaanäer. Um 1000 v. Chr. ließ der König der israelitischen Stämme, Salomo, in Jerusalem einen großen Tempel bauen, der das zentrale Heiligtum aller israelitischen Stämme sein sollte. In ihm wurde vor allem die kanaanitische Göttin Aschera verehrt, als deren Heros den Israeliten Jahwe galt. «Salomo hat Jahwe als matriarchalen Gott verehrt, als den Sohngeliebten der Aschera, genauso wie man in Nordisrael den Stiergott El als matriarchalen Gott angebetet hat.» [18] Aschera wurden vom Volk die Rauch- und Trankopfer dargebracht; hier trauerten die israelitischen Frauen um Tammuz, den sterbenden Geliebten der babylonischen Göttin Ishtar. Zum Tempel gehörte ein Haus für die Priesterinnen der Aschera, die sehr viel Einfluß im Staate Israel hatten. Durch das ganze Alte Testament zieht sich die Klage der Jahwe-Priester über den «Abfall», die «Gottlosigkeit» des Volkes, das nicht dem «Einen Gott» Jahwe, sondern dem Ba'al und der Aschera diente.

Eine eindrucksvolle Gestalt in der Frühzeit des Staates Israel war die Königin Isebel. Sie war die Tochter des Königs der phönizischen Stadt Tyros und als Hohepriesterin der Aschera die Herrscherin über 400 Priester.[19] Ihr unterstanden die Amtsgeschäfte, sie gab dem König Anweisungen, und ihr berichtete der König von dem Geschehenen. Um 850 v. Chr. wurde sie von fanatischen Anhängern des Jahwe-Kults ermordet; ihrer Wut fiel das ganze Königshaus zum Opfer, die Aschera- und Baalstempel wurden zerstört. Im Alten Testament wurde Isebel dann zum Symbol eines «abgöttischen Weibes», das fremden Gottheiten gedient habe.
Doch trotz solcher Exzesse kam es im Staat Israel nie zu einer alleinigen Jahwe-Verehrung. Im Gegenteil, das Volk übernahm die Riten der Kanaaniter, das Mazothfest zu Beginn der Gerstenernte zu Ehren von Ascheras Sieg über Mot; das Laubhüttenfest anläßlich der Obsternte, während dessen in großen kultischen Feiern der Göttin gedankt wurde. Die hebräischen Frauen feierten in den Hainen und Tempeln die große Göttin und beklagten Ba'als Tod; sie vollzogen mit den Jünglingen die große Hochzeit im Frühjahr, wenn Aschera Ba'al wieder empfing.
In dieser Zeit entstand das «Hohelied Salomos», eines der schönsten Liebeslieder der Weltliteratur, das offenbar nicht mehr aus dem Kanon des «Alten Testaments» zu verbannen war und eines der eindrucksvollsten Beispiele matriarchaler Erotik darstellt. «Im Hohenlied wird die Wiederkehr des Jünglingsgottes gefeiert, des Sohnes der Himmelskönigin, der sterbend in die Unterwelt eingegangen ist, von der Göttin beweint und betrauert. Sie hat ihn aus der Gewalt des Todes befreit und feiert nun mit ihm und dem ganzen Volk die Wiederkehr des Lebens, des Frühlings und der Liebe.»[20]

«Komm, meine Freundin, meine Schöne, komm.
Sieh, der Winter ist vorüber, die Blumen erscheinen im Lande,
die Reben blühen und duften, die Feigenknospen röten sich,
die Zeit des Singens ist da, das Gurren der Turteltauben beginnt,
auf, meine Schöne, meine Freundin, komm.»

«Mein Geliebter war weggegangen, war fort.
Ich suchte ihn, aber ich fand ihn nicht.
Ich rief nach ihm, doch erhielt keine Antwort.
(Ich irrte die ganze Nacht umher und suchte meine Liebe) ...
Unter dem Apfelbaum weckt' ich dich auf.
Dort kam in die Wehen mit dir deine Mutter,
dort kam in die Wehen, die dich gebar.»

In diesen Strophen werden die «Hohe Hochzeit» der Geliebten, die Suche der Frau nach dem Mann, die Geburt unter dem Apfelbaum, dem Zeichen der Göttin Aschera, besungen. «Es muß», schreibt ein Orientalist, «sich beim Hohenlied in seiner ursprünglichen Form um eine Kultliturgie zur Feier der Heiligen Hochzeit handeln ... Es war kein fremder Gott, der da auferstand und mit der Liebesgöttin Hochzeit feierte, es war ein Ba'al oder gar ein in kanaanäischer Form verehrter Jahwe der Volksreligion, dessen Frühlingsfest man beging.»[21]

Diese Zeit der matriarchalen Religion des israelitischen Volkes ging mit der Eroberung Israels durch die Babylonier zu Ende. Angesichts der Bedrohung führte die Jahwe-Partei auf Anraten des «Propheten» Jeremias eine radikale Vernichtung des Aschera-Kultes durch: Josia, der König, ließ die Göttin aus dem Tempel werfen und zu Staub zerstampfen. Er riß die Priesterinnengemächer des Tempels nieder und entweihte die heiligen Höhen der Göttin, riß das Heiligtum zu Bethel nieder und zerschlug es zu Staub; Aschera ließ er verbrennen. Jeremias aber lief durch die Straßen Jerusalems und schrie: «Wendet die Katastrophe ab! Kehret um zu Jahwe! Durch Aschera sind wir ins Unglück geraten!» Das Volk aber, so das Alte Testament, war gegenteiliger Ansicht: es verlangte der Göttin zu opfern, die für Frieden und Brot gesorgt hatte (Jer 44,17ff.).

Erst nach der Eroberung Jerusalems durch den Babylonier Nebukadnezar, der Zerstörung des Tempels und der Vertreibung der jüdischen Oberschicht ins babylonische Exil setzte der Prozeß ein, der in das patriarchale Judentum mit seinen Gesetzen und Schriften, so wie wir sie heute kennen, mündete. Als nach fünfzigjähriger

Gefangenschaft einige der verschleppten Juden wieder zurückkehrten und der Tempel von Jerusalem nun zum zweitenmal errichtet wurde, wurde die Religion Israels unter völlig veränderten Vorzeichen erneuert. Wohl zum erstenmal in der Geschichte wurden den Frauen die Möglichkeiten der Religionsausübung verwehrt. Die Aschera-Priesterinnen wurden als Huren verketzert, die heiligen Haine blieben zerstört, und auf dem einzigen Kultplatz der Juden, dem Tempel in Jerusalem, durften nur Männer Jahwe opfern. Kein privater und intimer Winkel blieb ausgespart: Essen, Trinken und Kleidung, Ehe und Sexualität wurden ins Zwangskorsett religiöser Gesetze gepreßt. Eifersüchtig wachte jetzt eine «Tempelpolizei» aus Priestern und Schriftgelehrten, aus Pharisäern und Sadduzäern über die Einhaltung der Gebote. Frauen galten jetzt als kultisch «unrein», durften den Tempel nicht betreten; das Gebet blieb allein dem Mann vorbehalten. «Gepriesen sei der Herr», so das Gebet des frommen Juden, «der mich nicht zum Heiden, einem Ungebildeten und nicht zu einer Frau machte.»
Vor diesem Hintergrund entstanden im 5. Jahrhundert v. Chr. die Schriften des Alten Testaments. Von Jahwe-Priestern wurde die Geschichte Israels neu geschrieben. Seinem Kern nach beschrieben sie die Geschichte als den Bund Jahwes mit seinem «auserwählten Volk» Israel; die «Heilige Hochzeit» Jahwes mit seiner «Braut Israel», der er zur Freiheit verhalf, der er seine Gesetze gab, und der das «Fremdgehen» seines Volkes, dessen Abfall zur Göttin, wie ein zorniger Patriarch gnadenlos bestrafte. Voll Haß gegen alle Verehrung des Weiblichen wurden die matriarchalen Ursprünge des Judentums verfälscht, verschwiegen und uminterpretiert. Aus Müttern wurden Väter, aus Priesterinnen Huren, aus Göttinnen verfluchte Weiber. Der Glaube an die Fruchtbarkeit des Lebens und der Natur, kosmische Weisheit und liebevoller Umgang der Geschlechter miteinander wurde ersetzt durch den bedingungslosen Gehorsam gegenüber dem Einen und allmächtigen Gesetzgeber und Schöpfergott.

«Zwar haben», schreibt Gerda Weiler, «andere Völker das Patriarchat ebenso rigoros durchgesetzt wie die Juden, alle monotheistischen Religionen fordern für ihren Gott die Weltherrschaft, ob ihr Gott Allah, Christus oder Jahwe heißt, sie fordern alle die Unterwerfung anderer Völker, die Ausrottung der ‹Ungläubigen›, sie heiligen alle den Krieg, der ihrem Gott zum Sieg verhelfen soll. Aber die Bibel dokumentiert den Kampf gegen matriarchale Kulte und die Durchsetzung der patriarchalen Religion und Gesetzlichkeit in einmaliger Weise, und sie ist allen zugänglich.» [22]

Sorgfältig wurden alle Überlieferungen von der naturhaften Diesseitigkeit des Göttlichen redigiert und das Bilderverbot erlassen: Jahwe wurde vom Heros der Göttin zum Gott des Alten Testaments, zum unsichtbaren «Ich bin der Herr, Dein Gott», zum «Ich bin, der ich bin»; wie fremde Monolithen sind noch seine ursprünglich naturhaften Symbole, der Dornbusch und die Feuersäule, im Alten Testament zu finden.

«Wenn man das Alte Testament liest», schrieb der Mythenforscher Robert Ranke-Graves, «muß man bedenken, daß die Juden, als sie sich entschlossen, ihre eigene Göttinnenreligion nicht mehr anzuerkennen und einen männlichen Monotheismus anzunehmen, alle die Göttin betreffenden volkstümlichen Mythen neu fassen mußten, was keine leichte Aufgabe war.» [23] Die Schwierigkeiten der Verfasser begannen bereits mit dem Gottesnamen. Denn welcher der Götter war nun der Eine patriarchale Gott? War es «El», der kanaanitische Gott, dessen Gemahlin Anat war? Oder «El Schaddaj», wie er genannt wurde, «Schaddaj» aber «Mutterbrüste» hieß und den matriarchalen Ursprung deutlich machte? Und wenn «Jahwe», welcher Jahwe? Der mit Aschera zusammen im Tempel zu Jerusalem verehrt wurde und Ba'al glich? Oder war er der alte «Wüstengott» der hebräischen Nomaden, dem kein Haus gebaut, kein Weinstock gepflanzt und kein Samen gesät werden sollte, «auf daß ihr lange lebet in dem Lande, darin ihr wandert», wie es im Alten Testament heißt? (Jer 35,6f.) Diese Unsicherheit durchzieht das Alte Testament wie ein roter Faden. Jahwe hatte Züge matriarchaler Naturverehrung, wenn er es regnen ließ; er hatte Züge eines Kriegsgottes, wenn er als «Herr der Heerscharen» seine Feinde vernichtete, und patriarchale, wenn er von seinem Volke absoluten Gehorsam verlangte. «Heros»-heroisch war er, wenn er sich mit seinem Volk vermählte, und liebevoll, wenn er sich um sein Volk sorgte. So nimmt denn auch Heide Göttner-Abendroth an, daß sein Name ursprünglich «Iahu» gewesen war, die «Erhabene Taube», das Symbol der sumerischen Fruchtbarkeitsgöttin Inanna, und daß «Jahwe» nur eine patriarchale Verballhornung ihres Namens war.[24]

Das größte Problem stellte sich für die Verfasser der Bibel beim Bericht über die Schöpfung; galt es doch ursprünglich als unbestritten, daß das schöpferische Prinzip weiblich war. Vieles deutet darauf hin, daß der babylonische Mythos der Welterschaffung durch die Göttin Tiamat, der «Enuma Elish», den die Juden in der babylonischen Gefangenschaft kennenlernten, zur Grundlage gemacht und umgekehrt wurde. Elizabeth Gould Davis schreibt: «Und so begannen die jüdischen Priester bei ihrer Rückkehr aus Babylon die alten Weisheiten zu verfälschen. Sie nahmen Zeilen des Enuma elish: ‹Am Anfang brachte Tiamat Himmel und Erde hervor (...) Tiamat, die Mutter der Götter, die Schöpferin von allem›, überarbeiteten sie entsprechend ihrer patriarchalen Auffassung und brachten folgendes heraus: ‹Am Anfang schuf Gott die Himmel und die Erde› usw., eine enge Anlehnung zwar an den ursprünglichen Bericht, jedoch wie ungeheuer verschieden.»[25]

Die Symbolik des lebenspendenden Gebärens der Göttin, wie wir sie von zahlreichen Darstellungen kennen, wurde durch das «unvorstellbare Schaffen» Gottes ersetzt. Die jüdisch-christliche Theologie und Philosophie hat versucht, das Mysterium des «Schaffens aus Nichts» ihrer Umwelt plausibel zu machen. Was im matriarchalen Mythos anschaulich nachvollziehbar war – und im Akt des Gebärens auch tatsächlich vollzogen wird –, interpretiert der patriarchale Mythos in eine irrationale und unnatürliche Schaffenskraft des Mannes um, die den Kontakt zum Bildlich-Vorstellbaren zunehmend verloren hat. Demgegenüber waren selbst noch die Darstellungen eines «gebärenden Gottes», wie wir sie aus Ägypten kennen, wenn auch lächerlich, so doch anschaulich.

Die Kehrseite der männlichen Schöpferkraft war das Dogma von der weiblichen Unproduktivität, die im Schöpfungsbericht des Alten Testaments in der Weise dokumentiert wurde, daß es ein männlicher Schöpfergott war, der die Welt und die Menschen schuf. So grotesk die Vorstellung auch anmutet, die Frau aus dem Mann entstehen zu lassen, so zeigt doch der Schöpfungsbericht auch matriarchale Symbole, an die die Redakteure anknüpften. Eva zum Beispiel, die Stammutter des Alten Testaments, war ursprünglich «Chawwa» gewesen, eine uralte Erdgöttin, die auf dem Berg Zion in Jerusalem verehrt worden war.[26] Dort herrschte sie als «Mutter alles Lebendigen» in ihrem Obstgarten-Paradies und brachte alles Leben allein, parthenogen, mit der Schlange, dem Symbol weiblicher Fruchtbarkeit, hervor. Später dann, so der Mythos, gebar Chawwa einen Sohn Abdiheba – «Evas Mann», von dem der Name «Adam» stammt –, vermählte sich mit ihm, nachdem sie ihm den Liebesapfel überreicht hatte; dann vertrieb und opferte sie ihn, «weil er einige ihrer Vorrechte an sich gerissen hatte».[27] Was die Schreiber des Alten Testaments gegenüber dem alten Eva-Mythos taten, war nur die einfache Umkehrung des alten matriarchalen Mythos von Jerusalem: Eva, das Paradies, Adam wurden in eine andere Reihenfolge gebracht; allerdings mit dem absurd erscheinenden Zusatz, Eva entstamme aus Adams Rippe.

Am deutlichsten wurde der neue Machtanspruch des patriarchalen Jahwe-Gottes in der Geschichte des Sündenfalls. Als ob Jahwe der zu «Adams Rippe» degradierten Frau noch immer nicht traute, erließ er das Verbot, vom Apfelbaum, dem Symbol matriarchaler Weisheit, zu essen. Prompt näherte sich der Eva die Schlange Chawwas, «die klüger war als alle Tiere des Feldes», um Eva dazu zu bewegen, sich ihr angestammtes Frauenrecht zurückzunehmen. Eva nimmt den Apfel und reichte ihn, nach altem kultischem Brauch, ihrem Gatten Adam. Was nach matriarchalem Recht die natürlichste Sache der Welt gewesen war, kehrte sich unter der Hand des Patriarchats in den allerschlimmsten Frevel um: Gott verfluchte die Schlange, das Symbol der Fruchtbarkeit und der Weisheit der Göttin; sie wurde von ihm dämonisiert und zum niedrigsten, unreinsten aller Tiere erklärt; die Frau aber wurde für ihre Tat bestraft: die lebenspendende und -bejahende Fähigkeit des Gebä-

rens sollte für sie zum schmerzlichen Fluch werden. Dieser Fluch wurde durch die Kirche und das Christentum über die Jahrtausende weitergetragen.
Die Arbeiten der feministischen Matriarchatsforscherinnen zum Alten Testament kritisieren nicht nur die patriarchalen Mythen der Bibel als Auswüchse des männlichen Machtstrebens, sondern belegen, daß trotz des Verschweigens der ehemals matriarchalen Kultur Israels im Alten Testament eine Fülle von Bildern, Anspielungen und Auseinandersetzungen enthalten ist, die von der ursprünglich matriarchalen Religion zeugen. Evas «Ungehorsam» gegen den patriarchalen Gott darf deshalb nicht als ihr Fluch interpretiert werden, sondern als ihre Stärke. «Die Gesellschaft», meint Christa Mulack, «wird sich nicht ändern, solange sich die Frau nicht ändert und aus ihren vorbestimmten Bahnen werfen läßt und so endlich gegen ihre Entsakralisierung protestiert. Nichts Geringeres darf sie fordern als die Anerkennung ihres Gebärens als einer göttlichen Tätigkeit. Nur so kann sie die Transzendierung des männlichen Mangels rückgängig machen. Nur so kann sie aber auch erkennen, daß ihr der Primat des Hervorbringens neuen Lebens ebenso auf der geistigen Ebene zusteht.» [28]

Zitatnachweise:
2. Von der matriarchalen Göttin zum patriarchalen Gott

1 French, a. a. O., S. 98ff.
2 Göttner-Abendroth, Matriarchat-Spiritualität-Integrität, a. a. O., S. 26f.
3 Vgl. Schreier, Göttinnen, a. a. O., S. 66ff.
4 Göttner-Abendroth, Die Göttin und ihr Heros, a. a. O., S. 40
5 Zitiert nach: Daly, Mary, Gyn/ökologie, München 1981, S. 129
6 Ebd., S. 132
7 Göttner-Abendroth, Die Göttin und ihr Heros, a. a. O., S. 124
8 French, Jenseits der Macht, a. a. O., S. 71
9 Schreier, Göttinnen, S. 75
10 Göttner-Abendroth, Die Göttin und ihr Heros, a. a. O., S. 230
11 Weiler, Der enteignete Mythos, a. a. O., S. 62
12 Daly, Gyn/ökologie, a. a. O., S. 132

13 Ebd., S. 133
14 Weiler, Ich verwerfe im Lande die Kriege, a. a. O., S. 90
15 Ebd., S. 77f.
16 Ebd., S. 150f.
17 Ebd., S. 144
18 Ebd., S. 170
19 Ebd., S. 339
20 Ebd., S. 270
21 Ebd., S. 274
22 Ebd., S. 17
23 Zitiert nach: Gould Davis, Am Anfang war die Frau, a. a. O., S. 146f.
24 Göttner-Abendroth, Die Göttin und ihr Heros, a. a. O., S. 82
25 Gould Davis, a. a. O., S. 146
26 Göttner-Abendroth, Die Göttin und ihr Heros, S. 82
27 Gould Davis, a. a. O., S. 147
28 Mulack, Christa: Die Weiblichkeit Gottes, Stuttgart 1983, S. 157

3. Die Wiederentdeckung der Göttin

Trotz der über zweitausendjährigen Geschichte des Patriarchats gelang es nicht, die matriarchalen Traditionen restlos zu beseitigen. Obwohl die Staats- und Herrschaftsreligionen patriarchal waren und sind, blieben gewissermaßen in der «Subkultur» des Volkes die matriarchalen Symbole, oft entstellt und überlagert, erhalten. In den Volksfesten, den Bauernhochzeiten und heidnischen Bräuchen, in der Literatur, zum Beispiel Shakespeares ‹*Sommernachtstraum*› und Goethes ‹*Faust*›, und in den mittelalterlichen Epen von Parzival, Siegfried und Tristan und Isolde, aber vor allem in den Volksmärchen hat sich bis heute ein Schatz alter matriarchaler Mythen bewahrt, der die feministische These vom Fortwirken einer «matriarchalen Opposition» (Göttner-Abendroth) bis heute belegen kann. Dabei gilt es allerdings, diese Märchen «in ihren sehr alten Symbolmustern und komplexen Formen behutsam zu rekonstruieren und in ihrem weitreichenden Gehalt für die Wiederentdeckung eines unabhängigen Frauenbildes und der matriarchalen Gesellschaftsform zu verstehen und zu bewahren».[1]

Die matriarchale Symbolik in den Volksmärchen

Da die alten Volksmärchen mündlich überliefert und erst sehr spät, nämlich im 19. Jahrhundert, schriftlich fixiert wurden, konnten sie, trotz aller Ausschmückungen und Zerstückelungen, die patriarchale Zeit noch am besten überdauern und werden in dieser oder

jener Version den Kindern erzählt. So spiegeln nach Ansicht der feministischen Matriarchatsforscherinnen die Märchen, in denen die Hauptfigur die «Prinzessin» oder das Mädchen ist, das mit dem sich verwandelnden «Prinzen» Hochzeit feiert, wie ‹*Der Froschkönig*› oder ‹*Schneeweißchen und Rosenrot*›, die matriarchale Struktur der jungen Göttin und des Heros wider. Die Verhältnisse von Mutter und Tochter, wie ‹*Gretel und die Hexe*› (Hänsel gilt als eine spätere Ergänzung), ‹*Aschenputtel*› oder ‹*Schneewittchen*›, stellen die Aspekte der dreifaltigen Göttin dar.
Am deutlichsten ist die matriarchale Symbolik wohl im Märchen von der ‹*Frau Holle*› aufbewahrt worden:

> Eines Tages fällt Marie, als sie am Brunnen spinnt, die Spindel in den Brunnen. Aus Angst vor der Strafe ihrer bösen Stiefmutter springt sie hinterher und verliert die Besinnung.
> Als sie wieder aufwacht, befindet sie sich auf einer wunderschönen blühenden Wiese. Sie trifft auf eine Kuh mit prallen Eutern, einen Backofen voll von Broten und findet einen Apfelbaum, der unter der Last seiner Früchte ächzt. Schnell geht sie daran, die Kuh zu melken, das dampfende Brot aus dem Ofen zu ziehen und den Baum voll Äpfel zu schütteln. Nun kommt sie zu einem Haus, das in den Wolken schwebt und aus dem eine alte Frau freundlich auf sie herabblickt. Die Alte lädt das Mädchen ein, ihr ein Jahr lang zu dienen. Erfreut sagt Marie zu. Sie melkt die Kuh, bäckt das Brot und erntet die Äpfel. Sie schüttelt Frau Holle die Betten, so daß es auf der Erde schneit. Als sie übers Jahr die Alte verläßt, regnet es unter dem Torbogen Gold, das an ihr hängen bleibt. Als «Goldmarie» kehrt sie zurück und ist von nun an reich.

Schon der Name des Märchens ‹*Frau Holle*› weist auf alte matriarchale Überlieferungen hin. «Hel» ist die altgermanische Göttin der Unterwelt, die jedoch nicht die finsteren Züge trägt, die ihr später zugeschrieben wurden. In Mitteldeutschland ist ‹*Frau Holle*› als der «Klapperstorch» bekannt, der die Kinder bringt. Erst das Christentum hat Frau Holle mit dem Urbild des Bösen, der «Hölle» verbunden.

Frau Holles Reich umfaßt den gesamten Kosmos: nur durch den Brunnen kommt man zu ihr (Unterwelt); dort blüht es, und es ist fruchtbar wie im Paradies (Erde); und wenn die Betten geschüttelt werden, schneit es (Himmel). Frau Holles Reich ist universell wie das Reich der Großen Göttin. Und auch deren Symbole finden wir vor: die Kuh als das heilige Tier der Göttin wie bei der ägyptischen Isis; das Brot als Symbol der Fruchtbarkeit und des Ackerbaus, wie es Aschera geopfert wurde und der Apfelbaum als Zeichen der matriarchalen Weisheit und Liebe.

Marie ist wie die griechische Kore, die junge Tochtergöttin, die durch ihre Fahrt in die Unterwelt zur Göttin selbst wird. Sie lernt bei Frau Holle die Kunst der Tier- und Pflanzennutzung (Kuh, Apfelbaum), der Agrikultur (Brotbacken) und die Kunst des Wettermachens. Als Marie Frau Holles Reich verläßt, regnet es den Reichtum, nicht materiellen, sondern den des matriarchalen Wissens. Das Märchen von *‹Frau Holle›* hat so über Jahrhunderte die alte matriarchale Struktur und Symbolik der Mutter-Tochter-Beziehung aufbewahrt, in der die Mutter die Tochter in das Wissen einführt.

Auch im Märchen von *‹Rapunzel›* steht das Verhältnis des jungen Mädchens zur matriarchalen Frau im Mittelpunkt:

> Eine Schwangere, so das Märchen, begehrt den Rapunzelsalat, der neben ihrem Garten im Garten der Hexe wächst, so sehr, daß sie ihn eines Tages unerlaubterweise nimmt. Zur «Strafe» dafür muß sie der Hexe ihr Kind versprechen. Viele Jahre verbringt das junge Mädchen nun in dem unzugänglichen Turm der Hexe. Die Hexe besucht das Mädchen, indem sie an den langen schwarzen Haaren des Mädchens zum Fenster des Turms hinaufklettert. Eines Tages kommt ein junger Königssohn. Die Hexe ertappt die beiden Liebenden und sticht dem Mädchen die Augen aus. Da verspricht der junge Königssohn ihm, seine Augen zu leihen, damit es wieder sehen kann. Beide fliehen daraufhin und heiraten.

Das zentrale Thema des Märchens ‹*Rapunzel*›, interpretiert die Feministin Luisa Francia, ist die magische Beziehung der weisen Frau, der Hexe, zu dem Mädchen. Die Hexe, die selbständige, unverheiratete und kinderlose Frau ist diejenige, die im Unterschied zur verheirateten Nachbarin über die magischen Zauberkräfte, verkörpert in ihrer Salatpflanze, verfügt. Zu ihr geht das Mädchen in die Lehre, indem es durch seine Haare, dem magischen Symbol des Wissens, Kontakt mit der Alten aufnimmt. Als ihr das Mädchen allerdings untreu wird, sticht sie ihm die Augen aus, das heißt, sie macht es blind, unwissend und hilflos. Nun kommt das patriarchalische Ende des Märchens; der Mann verleiht dem Mädchen seine Augen; sie geht mit ihm und sieht jetzt die Welt aus der Sicht des Mannes.

Matriarchale Kultur und Spiritualität

Matriarchalisches Bewußtsein, so die Feministinnen, erfordert eine veränderte Emotionalität. Es orientiert sich nicht mehr an den dualistischen Kriterien Herrschaft – Gehorsam, Freund – Feind, oben – unten etc., sondern will Kräfte der Integration freisetzen. Der Feminismus möchte an die Ganzheitlichkeit solcher tradierten Bilder wieder anknüpfen. Das patriarchale Bewußtsein hat das alte Wissen von der Dreieinigkeit von Mensch, Natur und Göttlichem aufgespalten und den Dualismus von Geist und Materie, von Mann und Frau zum Prinzip erhoben: alle materielle Natur soll sich demnach «rational» beherrschen und berechnen lassen. Dem setzen Feministinnen eine Ethik der ganzheitlichen Spiritualität entgegen, um «uns leidenschaftlich für die Integration und Heilung des Menschen in sich selbst, für die Integration und Gerechtigkeit in der menschlichen Gesellschaft und für die Integration, die Wiederherstellung des ökologischen Gleichgewichts unserer Biosphäre einzusetzen. Und der leidenschaftlichste Einsatz geht gegen die Gewalt und jeden Krieg, gleich welcher Provenienz. Das ist die Folge davon, das Göttliche als immanent, als in der Welt anwesend zu sehen.»[2]

Die Eindimensionalität und Linearität patriarchalen Denkens und Handelns soll überwunden werden. Die ursprüngliche Form des Lebens, so die Matriarchatsforscherinnen, symbolisierte nicht die Linie, die eindimensionale Richtung, sondern der Kreis: die in sich zurücklaufende und erneuernde Bewegung, in die das Leben und das Handeln der Menschen einbezogen war. «Das älteste Sinnbild für die ganzheitliche Erfahrung der ‹Welt› als Einheit von Raum und Zeit ist der Kreis. Der Raum, in dem wir leben, erscheint der schlichten Anschauung als Umkreis, der Himmel über uns ist schützende Wölbung. Höhle und Mutterleib bieten Geborgenheit und gelten als Sinnbild der kosmischen Dimension der Göttin und ihrer umfassenden Kraft. Der Kreis, das Runde, die Wölbung sind Urbilder ihrer Stärke und Seins-Macht, die unsere Welt als Ganzes umgreift. Die Zeit gehorcht den Kreisläufen der Natur. Auch wenn sie voranschreitet, kehren die Jahreszeiten immer wieder: Der Ring schließt sich. Das Mysterium von Werden und Vergehen ist der Kreislauf, über dessen Ordnung die große Himmelsherrin wacht.»[3]

Relikte eines solchen ganzheitlichen «zurückkehrenden» Bewußtseins sehen die Matriarchatsforscherinnen im Zyklus der Jahreszeitfeste überliefert. Sie sind, wie die Märchen, als Reste des alten matriarchalen Bewußtseins in den «heidnischen Festen» erhalten geblieben: die Fasenacht, die Maifeiern, die Erntedankfeste und die Totengedenktage. Trotz des weitgehenden Verlusts ihrer Symbolik durch patriarchal-christliche Überformungen erinnern sie noch heute an eine Lebensweise der Menschen, die in den Kreislauf der Natur einbezogen war.

Es gibt bereits mehrere Versuche von Feministinnen in den USA und in der Bundesrepublik, diese Jahreszeit-Feste entsprechend ihrer alten Bedeutung wiederzubeleben. Das rituelle Jahr beginnt mit der Frühlings-Tagundnachtgleiche und endet mit der Wintersonnwende. Dazwischen liegen die vier großen rituellen Feste und die dazugehörigen «Vorbereitungsfeste»: die Initiation der Göttin im Frühjahr, die Große Hochzeit im Sommer, die Opferung des Heros im Herbst und die Wiederkehr der Göttin im Winter. In diesen Ritualen werden die Aspekte der dreifaltigen Göttin als Jungfrau,

Festtag	Gestalt der Göttin	Symbolik	Jahreszeit	Ritual	Fest
Lichtmeß 2. Februar	Lichtgöttin (Lucia, weiß)	Feuerkessel, Kerze	Zunahme der Sonnenzeit	Inspiration des Neuen	Ekstase Karneval
Ostara 20.–23. März	Jagdgöttin (Diana, weiß)	junge Zweige, Hasen und Küken	Frühlings- beginn	Initiation des Heros durch die Göttin	Wettspiele Jagden
Walpurgis 1. Mai	Jungfraugöttin (Venus, rot)	Maibaum und Kranz, (Phallus und Vulva)	Frühling	Erotik	Maifeier «Pfingst- hochzeit»
Sommer- sonnwend 20. Juni	Liebesgöttin (Aphrodite, rot)	Vollmond Liebesapfel Sonne	Sommer- beginn	Hochzeit der Göttin mit dem Heros	Freudenfeuer
Schnitterfest 1. August	Schicksalsgöttin (Hekate) (schwarz)	Sichel	Hochsommer	Opferung des Fruchtbarkeits- heros	Erntefest
Erntedankfest 20. September	Todesgöttin (Persephone) (schwarz)	Granatapfel Waage	Herbstbeginn	Tod des Heros durch die Göttin	Opferfest (Stier, Widder, «Strohmann»)
Hallowen 1. November	Unterwelts- göttin (Hel, weiß)	Schimmel	Herbst	Gang in die Unterwelt	Toten- gedenken
Weihnächte 20.–23. Dez.	Dreifaltige Göttin	Tanne, Mistel, Sterne	Jahreswende	Wiedergeburt des Heros, Wandlung der Göttin	Fest des Schenkens

Frau und Greisin nachvollzogen. Den Festen werden den Jahreszeiten entsprechende Symbole zugeordnet: knospende Zweige und neugeborene Tiere im Frühling; Stier oder Ochse, Blumen und Gräser im Sommer, die Früchte des Feldes im Herbst und immergrüne Pflanzen, Mistel oder Tanne, im Winter.

Die Religion und das Leben des Menschen mit der Natur sollen im Ritual der Jahreszeitenfeste eine unlösbare Einheit bilden. Die Göttin selbst ist es, die im Wechsel der Jahreszeiten erscheint und ihre spirituelle kosmische Macht im Rhythmus der wechselnden Zeiten ausstrahlt. Der Frühling, der Sommer und der Herbst sind die drei Metamorphosen der dreifaltigen Göttin als Mädchen, Frau und Greisin; der Jahreswechsel aber ist der «Jungbrunnen», aus dem sie aus eigener Kraft verjüngt, den Kreis aufs neue beginnt.

Die Feiern sollen rituell das Wirken der Göttin mitvollziehen; das Fühlen, Empfinden, Denken und Handeln ist in das kosmische Spiel von Geburt und Sterben, Leben und Tod einbezogen. Diese Feste in ihrer Bedeutung «wieder aufzugreifen und sie uns unter unseren heutigen Bedingungen anzuverwandeln, sie mit allen Gaben von Tanz, Poesie, Musik und Bildkunst, die wir haben, zu bereichern und uns selbst immer besser zu verstehen»[4] – sehen die Feministinnen als eine der wesentlichen praktischen Folgen der Matriarchatsforschung an.

«Mit dieser Wiederaufnahme des religiösen Zyklus der Jahreszeitfeste und mit der Wiederbelebung des alten matriarchalen Musters der Göttin und ihres Heros nehmen die Matriarchatsforscherinnen auch Stellung zur Frage nach dem Verhältnis der beiden Geschlechter. Das Weibliche ist für sie in der dreifaltigen Göttin verkörpert, die den ewigen Kreislauf der Natur, des Lebens und der Wiedergeburt repräsentiert; das Männliche aber sehen sie in dem Heros versinnbildlicht, der im Frühjahr von der Göttin zum Partner und Geliebten gemacht, im Herbst jedoch geopfert wird.

Überträgt man nun diese Ebene des Religiösen auf den Bereich der Gesellschaft, so gilt ihnen die Frau als die Verkörperung der vollkommenen, immer wiederkehrenden Göttin, während jedoch der Mann nur dadurch Anteil am Göttlichen und Heiligen hat, daß die Göttin ihn in Liebe aufnimmt und damit letztlich von ihr abhängig bleibt. Bei einem solchen matriarchalen Verhältnis der Geschlechter stellt sich jedoch die Frage, wie die matriarchalen Feministinnen dieses einseitige Abhängigkeitsverhältnis des Mannes von der Frau eigentlich legitimieren wollen. Sind sie tatsächlich der Ansicht, daß, wie in der Beziehung des Heros zur Göttin, die soziale Stellung des Mannes von der Frau als Ebenbild der Göttin abhängen soll?

Man kommt nicht umhin, auch in der matriarchalen Göttin-Heros-Struktur, wie sie von den Anhängerinnen des Matriarchats vertreten wird, Züge einer neuen Abhängigkeit der Geschlechter zu entdecken; Züge, die sich auch nicht durch den Hinweis auf ihre Geltung in den alten matriarchalen Ackerbaukulturen legitimieren lassen. Denn schließlich enthält die rituelle Initiation und insbesondere die

Opferung des Heros-Mannes zur höheren Ehre der Göttin im Zyklus der Jahreszeitfeste keinen Deut mehr an moralischer Legitimation als der Ausschluß der Frau aus dem Ritual aufgrund ihrer «Sündhaftigkeit» in der patriarchalen Religion. So ist abschließend den matriarchalen Feministinnen die Frage zu stellen, ob sie das Herosopfer wirklich nur als symbolisches Spiel betrachten oder doch als ein Ritual, in welchem nun seinerseits der Mann sich der «göttlichen Frau» zu unterwerfen hat.»

Zitatnachweise:
3. Die Wiederentdeckung der Göttin

1 Göttner-Abendroth, in: Frauenhandlexikon. Stichworte zur Selbstbestimmung, München 1983, S. 180
2 Göttner-Abendroth, Die tanzende Göttin, a. a. O., S. 296
3 Weiler, Der enteignete Mythos, a. a. O., S. 37
4 Göttner-Abendroth, Die tanzende Göttin, a. a. O., S. 8

III.
Feministische Magie

1. Eine neue Frauenkultur

Feministinnen fordern heute eine neue Kultur, neue Werte und Lebensweisen. Kritik an der bestehenden, von Männern dominierten Gesellschaft reicht ihnen nicht mehr aus: «Es macht auf die Dauer nicht satt, es genügt nicht mehr, daß wir uns zeigen, was wir nicht sind, was wir nicht sein wollen.«[1] Die ständige Schuldzuweisung an das Patriarchat und die dauernde Formulierung einer Opferposition von seiten der Frauen führe letztlich dazu, daß Frauen in ihrer Opferrolle verharren, sich selbst in ihrer Entfaltung lähmen, statt alternative Zukunftsperspektiven zu entwickeln.

«Ich lehne es ab», erklärt eine Frau, «mich weiter als Opfer zu beschreiben, das in die Entfremdung gezwungen wird, sondern behaupte mich als handelnde, selbstbewußte Frau, die jede Verantwortung für sich und ihr Leben selbst übernimmt.»[2] Sich selbst jenseits aller Forderungen nach Gleichberechtigung mit dem Mann zu erkennen und sich selbst «neu schaffen», ist das Ziel spiritueller Frauenzirkel: Nur Gleichberechtigung zu fordern, hieße ja die Teilhabe am Vaterrecht der patriarchalen Gesellschaft zu akzeptieren, hieße, am «Glauben der Männer» teilzunehmen, anderen Normen und Werten. Die Suche nach der eigenen Identität und der Wunsch nach weiblicher Selbstverwirklichung steht dem gegenüber. Sich selbst als Frau Autorität zu sein, sei unbequem, meint Starhawk, (mit bürgerlichem Namen Miriam Simos), die neue feministische Oberpriesterin aus den USA, aber es ist die einzige Voraussetzung, unter der sich die wahre Kraft der Persönlichkeit von Frauen entwickeln kann.

Die Suche führt heute in jene Bereiche weiblicher Spiritualität und Magie, die bewußt an vergangene Frauenkulturen der Hexen und weisen Frauen und matriarchaler Urmütter anknüpfen und dabei versuchen, deren jahrhundertealtes Wissen heute wieder fruchtbar zu machen.

Magie, erklärt Luisa Francia*, Filmemacherin, Kultfrau und Autorin zahlreicher magischer Bücher, ist die «wiederentdeckte Macht der weisen Frauen». «Sie waren eine oppositionelle Kraft, sie repräsentierten die alten matriarchalen Religionen und hatten noch Kenntnisse der Magie.» Magie bezeichnet sie als die Fähigkeit, sich etwas vorzustellen, sich ein genaues Bild zu machen – etwas zu imaginieren –, um es dann in die Realität umzusetzen. Die weisen Frauen waren demnach «Schöpferinnen» in diesem Sinn, das heißt, «sie konnten ihren Vorstellungen und Wünschen Gestalt geben, sie formen und besaßen das uralte Wissen um Leben und Tod, Krankheit und Schmerz, Heil und Wiedergeburt». Sie besaßen damit eine Fähigkeit, die den heutigen Frauen «abhanden» gekommen ist. «Wir beschränken uns lediglich darauf, gegen die uns präsentierte Situation der Welt zu motzen. Wirklich zu verändern, neu zu schöpfen setzt magische Fähigkeiten voraus.»

Magie bezeichnet die österreichische «Hexe» Judith Jannberg als die weibliche Macht, das Wissen um die Kräfte der Natur und die Fähigkeit, damit umgehen zu können. Magie ist demnach ein tiefes Wissen, das aus dem Innersten der Frauen selbst kommt und fruchtbar gemacht werden kann. Jede Frau – so Judith Jannberg – besitzt die natürlichen Anlagen, um «hinter» die Dinge unserer wahrnehmbaren Umwelt zu sehen, «verborgene Kräfte» wahrzunehmen und zu gestalten. «Hexen gegen den Atomtod» haben sich versammelt, um ihr Wissen und ihre Macht als Mittel gegen eine von Männern gemachte, wahnsinnig gewordene Welt einzusetzen.

Feministische Magie und Spiritualität kennt keine Gottheiten im klassischen religiösen Sinn, die außerhalb der Welt in einem imaginären Himmel thronen und von dort aus die Welt beherrschen.

* Die Zitate von Luisa Francia stammen aus dem Interview, ihren Büchern und einem Zeitungsartikel.

«Gott Vater ist tot», erklärt die Hexenpriesterin Starhawk. In ihrem Glauben steht der Kosmos nicht unter einer äußeren männlichen Kontrolle. Die männliche Hierarchie ist aufgelöst und die alte, himmlische Befehlskette gesprengt. Die Göttin ist in uns selbst, argumentieren die Frauen. Wir selbst sind die Göttin: fruchtbar, Leben schaffend und erhaltend, allumspannend, allwissend, heilend. Uraltes magisches Wissen wird in spirituellen Frauenzirkeln erprobt und praktiziert, magische Symbole beschworen, Planetenlaufbahnen enträtselt und feierliche Rituale zelebriert – in feministischen Landkommunen, nachts auf einsamen Waldlichtungen und auf den Hügeln überlieferter Hexentanzplätze. Magie, erklärt Judith Jannberg, ist keine fremde und schwer erlernbare Kunst, die nur einigen wenigen Hexenmeistern bekannt ist, sondern eine natürliche Fähigkeit und Macht von Frauen: «Magie findet täglich, stündlich statt.» [3]

Luisa Francia: Begegnung mit einer Hexe

Das erste Mal sah ich sie in einer Frauenbuchhandlung, im Regal inmitten anderer Bücher über feministische Religion und Magie: «Astrologie für Frauen» stand dort neben «weiblicher Spiritualität» und «Hexengeflüster» neben der «tanzenden Göttin»; «Hexentarot», «Hexen gegen den Atomtod» und so weiter und so fort. In einem Buch von Luisa Francia fand ich die Schilderung einer nächtlichen Sternenmeditation, die das kosmische Weltbild der neuen Frauenmagie anschaulich beschreibt:

«Ich war uralt, seit Urzeiten immer wieder neu zusammengesetzt. Ich fühlte, wie ich durchs All geflogen war, Teil eines Sterns, eines glühenden Sonnenvulkans, eines erkalteten Meteors. Ich wußte, daß ich schon früher existiert hatte und daß dieses Bewußtsein über das Wissen der irdischen Realität weit hinaus ging.» [4]

Der Höhenflug der Autorin ließ mich auf dem Boden der Frauenbuchhandlung zurück: Was fasziniert Frauen heute an dieser neuen Form der weiblichen Wesensschau und Spiritualität?

Als ich Luisa Francia das erste Mal treffe, erscheint sie ganz in Schwarz. So habe ich mir eine Hexe immer vorgestellt: Unterwelt, Magie, schwarze Katze. Wir fangen vorsichtig an. Was macht eine moderne Hexe im Alltag, wenn sie gerade nicht meditiert oder zaubert, so wie jetzt, wo sie einfach nur dasitzt und Kaffee trinkt.
Luisa Francia erzählt von ihren Büchern und ihren Filmen, die sie zusammen mit Margarethe von Trotta gemacht hat, ‹*Schwestern*› zum Beispiel und ‹*Das zweite Erwachen der Christa Klages*›. Dazwischen unternahm sie ausgedehnte Reisen nach Griechenland, Malta und Afrika zu den Spuren alter matriarchaler Kulturen. Ist ja auch naheliegend, denke ich: Magie und Matriarchat. Sie erzählt von den alten Megalithkulturen auf Malta und von den langen Fahrten durch die afrikanische Wüste, bei denen sie sich nie verirrte, obwohl sie keine Landkarten dabei hatte. Ein Beispiel für ihre intuitiven Fähigkeiten, meint sie. Ich schaue sie ungläubig an. Sie stammt von Zigeunern ab, erklärt Luisa Francia; in ihrer Familie war es üblich, daß man etwas auf Intuition gibt. Für sie war das von klein auf Realität, die funktioniert hat. «Ich glaube nicht, daß die Zigeuner je hinterfragt haben, warum sie intuitive Fähigkeiten besitzen, warum sie Zukunftsvisionen haben oder warum sie zum Beispiel heilen können, ohne zum Arzt zu gehen. Es gibt Gesellschaften, in denen diese Fähigkeiten ganz natürlich sind; so wie wir gehen oder essen und trinken. Vor den Hexenverfolgungen waren Magie und Spiritualität auch bei uns ein Teil des Alltags gewesen. Wir sind von dieser Tradition abgeschnitten worden.»
Sie kommt aus der politischen Bewegung nach '68, schildert Luisa Francia ihren weiteren Werdegang, und hat zehn Jahre lang politisch gearbeitet. Dann ist sie schwanger geworden. Das war zwangsweise eine Ruhepause für sie und eine völlig neue Erfahrungsebene, plötzlich ein Kind im Bauch zu haben. Zu der Zeit wurde über das Frau-Sein innerhalb der Frauenbewegung diskutiert: Warum fühlt man sich eigentlich oft mies als Frau; woher kommen diese Unzulänglichkeiten und Komplexe und Schwierigkeiten und Hindernisse? «In der Aufarbeitung ist für mich die Beschäftigung mit der Magie entstanden.»

Tabus durchbrechen und dabei neue Wege suchen und gehen, das ist es, was Luisa Francia am meisten interessiert. «Ich setze immer da an, wo die Tabus sind. Da weiß ich ganz genau, daß da garantiert irgend etwas dahinter versteckt ist. Alles, was tabuisiert worden ist, ist im Grunde genommen eine Kraft von uns Frauen gewesen und deswegen für mich heute so interessant. Zum Beispiel die Sexualität von alten Frauen, zum Beispiel die Menstruation oder diese Nachterlebnisse, bei denen ich gemerkt habe, daß die Männer nachts viel feiger sind, viel viel feiger. Sie trauen sich zwar in ihren neonbeleuchteten Stadtstraßen die Frauen zu vergewaltigen, aber wenn ich hier draußen im Wald nachts einem Mann begegne, hat er vor mir mehr Angst als ich vor ihm.»

Sie erzählt von einer Begegnung mit einem afrikanischen Schamanen, der sie eines Tages unvermittelt fragte, ob sie gerade menstruiere. Warum er das wissen wolle, fragte Luisa Francia zurück. Ja, er spüre das, erklärte der Schamane. Menstruierende Frauen strahlen eine ungeheuere Kraft aus, die seinen Zauber beeinflußt.

Menstruation und Kraft? Bei Luisa Francia lese ich dazu:

> «Wenn du während der Blutung unter Schmerzen leidest, geh einmal in den Wald, an einen Ort, wo du sicher ungestört bist und niemand dich beobachten kann. Zieh dich aus und hock dich auf deine Fersen. Presse Vagina und Bauch so weit nach unten zur Erde wie du kannst. Während das Blut in die Erde läuft, atme tief ein und aus, achte vor allem darauf, daß du gründlich alle verbrauchte Luft wieder aus deinem Körper drückst. Bald wirst du ein Kribbeln an der Klitoris spüren, die Bauchdecke entspannt sich und tut nicht mehr weh.» [5]

Ich frage Luisa Francia nach dem Sinn dieses Rituals:

> «Normalerweise wirft sich frau eine Schmerztablette ein oder legt sich mit einer Wärmflasche ins Bett, wenn sie Schmerzen während der Periode hat. Das ist der von der Umwelt als normal akzeptierte Umgang mit dem Problem und nicht das, was ich alternativ dazu den Frauen empfehle. Der Fehler liegt ja bereits darin, daß wir aus diesen Tagen überhaupt ein Problem machen, sogar eine Krankheit.»

Dieses Denken will sie mit Hilfe ihrer Körperübungen durchbrechen, auch die Tabuisierung der Menstruation in der Öffentlichkeit. «Schau dir nur einmal die Werbung dazu an: Nichts sehen, nichts riechen, verstecken.» Sie erzählt von einer Freundin, die «Menstruationskunst» macht und blutige Tampons und Binden als Kunstobjekte ausstellt. «Du kannst dir nicht vorstellen», erzählt Luisa Francia unter Lachen, «wie die Leute darauf reagieren; die sind erst mal vollkommen geschockt: So etwas Unappetitliches zeigt man doch nicht. Warum eigentlich nicht?» fragt Luisa Francia.

«Das Opferblut in den alten religiösen Ritualen, woher kommt das? Ursprünglich war es das Menstruationsblut von Frauen, bevor die patriarchalen Religionen das Schlachtopfer erfunden haben und dafür Tiere, aber auch Menschen getötet haben. Menstruationsblut von Frauen wurde in den matriarchalen Kulturen verehrt und öffentlich zur Schau gestellt. Man glaubte nämlich, daß es heilende und erneuernde Kräfte besitzt. Das Patriarchat hat aus dieser ursprünglichen Macht von Frauen später eine Krankheit gemacht; denn kranke Frauen sind schwach, sind hilfsbedürftig und verletzbar.»

Mein Turnunterricht in der Schule fällt mir dabei ein und die Entschuldigung, die wir immer vorbrachten während «der Tage». Kürzlich habe ich in der Zeitung gelesen, daß man herausgefunden hat, daß Hochleistungssportlerinnen ausgerechnet während der Menstruation besonders gut in Form sind. Vielleicht ist an der Behauptung von Luisa Francia tatsächlich was dran.

Was verbindet Luisa Francia persönlich mit der Magie und den klassischen Hexen? «Von den Hexen lernen», meint sie, «heißt für mich heute, meine spirituellen Fähigkeiten neu zu entdecken, zu entwikkeln. Spiritualität heißt für mich, daß ich mich mit meinen fünf Sinnen auseinandersetze und konfrontiere; wenn ich lerne, wirklich zu hören, wirklich zu riechen, wirklich zu fühlen, wirklich zu schmecken, dann kriege ich ein genaues Gefühl dafür, was ich mache. Das wichtigste ist, daß ich das erlebe, was ich sehe und fühle, und was um mich rum passiert, und daß ich eine Vision von mir und meinen Dingen habe und nicht darauf warte, bis es von irgendeiner

Autorität bestätigt wird. Ich habe eine Vision von mir und lebe die, ohne darauf zu warten, bis irgend jemand sagt, das ist richtig. Mein Grundprinzip ist die Anarchie. Ich bin's, ich will das, und einen Zustand, den ich nicht mehr ertrage, den verändere ich. Eine Frau», erzählt sie weiter, «die ihre Ängste kennt und ihre Situation genau analysieren kann, aber sich auch in ihren Gefühlen nicht irre machen läßt, besitzt den Mut und die Stärke, die auch für andere Frauen ansteckend sein können. Ich möchte daran erinnern, daß die Hexen Kräfte hatten, die andere in ihren Bann zogen. Die Lust am Leben war ihr erstes Lebensprinzip, denn Lust macht widerstandsfähig. Im vollen Besitz aller ihrer Kräfte waren sie heil und ganz im ursprünglichen Sinn.»

Je weiter sie daran arbeite, erklärt Luisa Francia, desto mehr merke sie, daß Politik und Magie eigentlich nicht zu trennen sind. «Wenn du dich konsequent entwickelst, zu deinen Kräften hin, dann fällt dir jede Unterdrückung auf, fällt dir jede Ausbeutung auf. Je wahrhafter du mit dir selber bist, desto genauer siehst du Zerstörung, wer über wen Macht ausübt, wer wen ausbeutet, das kann gar nicht ausbleiben.»

Ist Luisa Francia eine Kultfigur, ein weiblicher Guru? In gewisser Weise ja, was die Verbreitung ihrer Bücher anbelangt und den Zulauf zu ihren spirituellen Workshops. Ihre Anhängerinnen kommen zum Teil aus der Frauenbewegung. Es gibt viele Frauen, die heute Magie betreiben, erzählt Luisa Francia; «Wir sind eine neue Bewegung.» Bewegung wozu? frage ich. Für Frauen und ihre Befreiung, für die Abschaffung der patriarchalen Gesellschaft und für die Erhaltung der Umwelt. Sie erreicht auch Frauen, die zwar nicht in ein Frauenzentrum gehen würden, die aber ihr Heil in esoterischen Zirkeln suchen und sich deshalb vom mystischen Gehalt ihrer Bücher angesprochen fühlen. «Dadurch kann ich bei den Frauen etwas verändern», erzählt Luisa Francia, «ihr Frausein auf eine neue Art bewußt machen.»

Eine Leitfigur oder Kultfrau will sie nicht sein. Die Praktiken der anderen Sektenführer lehnt sie ab. «Dadurch, daß sich ein Guru, wie Baghwan beispielsweise, in seinen Elfenbeinturm vor den Anhängern zurückzieht, bekommt er etwas Geheimnisvolles, aus dem er seine Macht ableiten kann. Das entspricht dem Ritual der klassischen Männerreligionen vom einen Gott, der über den Menschen thront und ihnen in ihrer Unvollkommenheit ein schlechtes Gewissen macht.» Luisa Francia will sich nicht über oder vor den Frauen aufbauen, die zu ihr kommen. Sie will Entwicklungen in Gang setzen, Anstöße geben und Selbstbewußtsein bei Frauen freisetzen. «Wenn ich ihnen dabei etwas vermitteln kann von meiner persönlichen Kraft», erklärt sie, «bin ich zufrieden. Wenn eine Frau aber feststellt, daß ihr die Magie nichts bringt, dann ist die Magie eben nicht ihr Weg.»

Die Hexen kommen wieder

In einem kleinen Dorf auf der Schwäbischen Alb, direkt im Zentrum neben der Dorfkirche gelegen, haben sich in einem liebevoll restaurierten Fachwerkhaus Frauen eingerichtet, die sich selbst als «Hexen» bezeichnen, Workshops und Sitzungen veranstalten und für die Nachbarsbauern im Stall nach verborgenen Wasseradern suchen. Andere Frauen hexen in den abgelegenen Waldgegenden Österreichs oder am Ufer des Starnberger Sees.
«Die Hexen kommen wieder», schreibt Judith Jannberg, sie sind schon wieder da und leben mitten unter uns. Auch wenn viele Frauen noch nicht wissen, daß sie eine Hexe sind, weil sie «noch nicht in ihrem Selbst zu Hause sind», ahnen doch viele Frauen, «auf welchen entsetzlichen Erfahrungen ihre heutigen Ängste beruhen». Erfahrungen, die an eines der dunkelsten Kapitel der Frauengeschichte rühren. Denken wir heute an Hexen, so sehen wir zunächst das Bild einer alten und häßlichen Frau und die brennenden Scheiterhaufen der kirchlichen Inquisition.
Heute eine Hexe zu sein, heißt für Frauen wie Judith Jannberg nicht einfach die Rückkehr in frühere Zeiten. Heute als Hexe zu leben, heißt für sie, das alte, von der kirchlichen Inquisition vernichtete

Wissen von Frauen wieder aufzuspüren und fruchtbar zu machen. Die Hexen wurden verfolgt, so Judith Jannberg, weil sie eigenwillige Frauen waren, unangepaßt, renitent und machtvoll auf Grund ihres geheimen Wissens über die Natur und die Medizin. Die heute lebenden unbequemen und aufsässigen Frauen sind demnach die direkten, wiedergeborenen Nachfahrinnen der historischen Hexenfrauen. Auf diese Weise haben sie deren Wissen geerbt.

«Heute als Hexe leben», schreibt Judith Jannberg, «bedeutet, das verlorengegangene und wiedererinnerte Wissen der historischen Hexe, die, die ich einmal war, mit den neuerworbenen Fähigkeiten und Erkenntnissen der heutigen bewußten Frau, die ich jetzt bin, zu verknüpfen, zu einer Synthese werden zu lassen.» [6]

Der Hexenkult, so die moderne Hexenmeisterin aus San Francisco, Starhawk, ist wohl die älteste Religion der westlichen Welt. Seine Ursprünge reichen weiter zurück als die des Christentums und des Judentums; aber auch weiter als die des Hinduismus. Der Hexenkult ist «ganz anders als alle sogenannten Religionen» [7].

Der Hexenkult reicht in alte Kulte des Schamanismus zurück, die heute noch von zahlreichen Stämmen in Afrika, Asien und Amerika praktiziert werden. Die Medizinfrau der alten indianischen Stammeskulturen und die afrikanische Fetischpriesterin sind deshalb zu Lehrmeisterinnen des feministischen Hexenkults geworden. Der Schamanismus ist weder auf eindeutige Lehrsätze und Dogmen gegründet, noch bezieht er sich auf irgendwelche «heilige Schriften» oder schriftliche Überlieferungen; ein Umstand, der in der Schriftlosigkeit dieser alten Kulturen selbst begründet liegt. Die Überlieferung des streng gehüteten Schamanenwissens ist über Generationen in mündlicher Form erfolgt. «Nach unseren Gesetzen», erklärt Luisa Francia diese Praxis, «gibt jede Priesterin auf dem Höhepunkt ihrer Macht ihr Wissen an eine jüngere Frau weiter, so kann die Frau zunehmen in ihrer Weisheit, während die andere abnimmt und sich verhüllt, stirbt und wiederkehrt. Wir machen es wie der Mond. In der Fülle treffen wir uns und nehmen ab, nehmen zu, wachsen und vergehen.» [8]

Im abendländisch-christlichen Kulturkreis sind die alten heidnischen Schamanen- und Zauberkulte verfolgt worden. Die mittelalterliche Kirche bekämpfte jegliche Zauberei als Ketzerei und Hexerei, die sie mit teuflischen Geistern im Bunde sah. Daher konnten die Zauberkulte nur als «Geheimreligionen» in abgeschlossenen Zirkeln überliefert werden. Das verfolgte «Wissen» wurde jeweils nur an besondere Vertrauenspersonen weitergegeben, an sogenannte «Eingeweihte». So war die auch heute wieder populäre «Geheimwissenschaft», die sogenannte Esoterik, damals schon allein deshalb zu einer «Geheimlehre» geworden, weil sie vor den Scheiterhaufen der alleinseligmachenden Kirche in den Untergrund fliehen mußte. Die Überlieferung der alten heidnischen Bräuche und Rituale ist bis in die Gegenwart über Einzelpersonen – Kräuterhexen und Gesundbeter – und das fahrende Volk der Zigeuner erfolgt. Hier ist das alte Brauchtum noch lebendig, Hexerei und die Kunst des Kartenlegens bekannt. Die glutäugige Zigeunerin, die aus der geheimnisvollen Kristallkugel die Zukunft liest, gehört zur Tradition überlieferten Hexentums.

Das Wissen um die alte Hexenreligion, so Judith Jannberg, ist in den Frauen selbst vorhanden. «Wir sind die weisen Frauen, wir brauchen uns nur noch zu erinnern.»[9] Sie vertraut auf ein unsichtbares magisches Band, das Frauen seit Jahrtausenden miteinander verbindet. «Die Hexen kommen wieder heißt, daß ihr Bewußtsein, ihre Seele uralt und zeitlos und nur ihr Körper neu ist. Die Weisheit, das intuitive Wissen, bringen sie wieder mit. Nichts ist verlorengegangen. Wir wissen wieder alles, was wir schon einmal wußten.»[10] Sich heute als Hexe zu bekennen, heißt nicht mehr, verfolgt und ausgerottet zu werden. «Deshalb kommen die Hexen heute wieder.»

Moderne Hexenfrauen haben sich aus dem Leben der Städte zurückgezogen und suchen den Kontakt zu den Kräften der Natur: Ausstieg als Form des Protests gegen eine natur- und frauenfeindliche patriarchale Gesellschaft. «Aber», schreibt Judith Jannberg, «ich habe mich in diese Abgeschiedenheit und auch in meine Innerlichkeit nicht zurückgezogen, um darinnen zu bleiben. Ich habe mich zurückgezogen, um mich zu bewahren und von diesem geographischen und seelischen Standpunkt aus meine politischen Ausflüge ins Patriarchat zu machen.» [11]

Kritikerinnen des modernen Hexenzaubers lassen solche Argumente freilich nicht gelten. Sie halten sie für konstruiert und sehen eher eine Schwächung von Frauen und eine Stärkung von Männern darin, daß ehemalige Feministinnen sich in die ländliche Abgeschiedenheit von Hexenzirkeln zurückgezogen haben. Das Wirken dieser Frauen können sie nicht nachvollziehen, denn es ist nicht sichtbar oder mit den Händen zu greifen.

Spürbar ist allerdings die persönliche Ausstrahlung, die von vielen Hexenfrauen ausgeht, ihr Selbstbewußtsein und ihre Energie. Hauptpersönlichkeitsmerkmal dieser Hexenfrauen, erklärt Judith Jannberg, «ist eine fundamentale ursprüngliche, unverkrüppelte, unverstellte Kraft, eine Eigen-Sinnlichkeit, eine Eigen-Willigkeit» [12].

Verkörpern die Hexen demnach das Idealbild der unabhängigen Frau? Was ihren radikalen Ausstieg aus den gesellschaftlichen und patriarchalen Zwängen anbelangt: Ja. Keine endlosen nervenaufreibenden Auseinandersetzungen und Diskussionen mit trägen Partnern, keine Angst um den Arbeitsplatz, kein Konkurrenzkampf mit karrieresüchtigen Kollegen, keine Jagd nach Statussymbolen, keine oder nur wenige Kompromisse im Alltagsleben: «Glauben, Denken, Fühlen, Tun ist deckungsgleich. Identisch.» [13] Das setzt Energien frei für «das Wesentliche», meinen die Frauen und halten an der gesellschaftsverändernden Kraft hexischer Zirkel fest. Ihre Aufgabe sehen sie in der Vollendung des Vermächtnisses der historischen Vorläuferinnen-Hexen: Frauen-Macht sammeln, organisieren und zum Sturz der patriarchalen Gesellschaft gezielt einsetzen.

Denn

> «nur Personen, die in sich stimmig sind und die mit der Natur in Einklang leben, haben das Recht, zu bestimmen. Das waren in alter Zeit die Mütter und die alten Frauen, und ich setze meine Magie dafür ein, daß dies wieder so sein wird. Dies ist ein kon-

struktiver Einsatz, ich diene damit dem Lebens- und Liebesprinzip und nenne den Einsatz meiner weiblichen Macht meine weibliche Magie.»[14]

Magische Symbole

Symbole sind Bilder; Sinnbilder oder Zeichen für einen bestimmten, meist komplexen Sinngehalt. Anders ausgedrückt, könnte man Symbole auch als Chiffren für eine umfassende Botschaft bezeichnen. Ein umfangreicher Komplex an Gefühlen, Ideen, Träumen, Phantasien oder Handlungen wird durch ein einziges Symbol zum Ausdruck gebracht: Liebe zum Beispiel durch ein Herz oder einen Ring, Freude durch einen Blumenstrauß und Trauer durch die Farbe Schwarz.

Magische Symbole transportieren Botschaften aus dem Reich der Magie: ein Kelch, eine Eule, eine schwarze Katze enthalten eine geheime oder magische Botschaft. Magische Symbole dienen als Hilfsmittel bei rituellen Handlungen. «Die Seele denkt in Bildern», beschreibt eine Frau ihre praktische Bedeutung. «Das Abbilden, Sichtbarmachen, Greifbarmachen von verborgenen, unsichtbaren Kräften vollzieht sich in rituellen Handlungen und rituellen Gegenständen – die spirituellen Kräfte drücken sich aus, nehmen Gestalt an, finden eine symbolische Form in den verschiedenen Elementen des Rituals.»[15]

Alle Religionen und Kulturen haben ihre eigenen Symbole, mit deren Hilfe jeweils spezifische Bedeutungsinhalte transportiert werden. Es gibt sogenannte Ursymbole, die in allen historischen Kulturen in irgendeiner Form vorhanden sind: der Stab beispielsweise oder das Gefäß, Symbole der männlichen und weiblichen Fruchtbarkeit; das Kreuz oder der Fünfstern (Pentagramm), Symbole der «Ganzheitlichkeit».

Symbolische Gegenstände können Sternzeichen und Planeten sein, aber auch Farben, Pflanzen, Zahlen, Formen, Worte, Tanz, Musik, Kleider, Getränke, Essen oder Spiele. Sie sind «Mittel oder Mittler, in denen sich bestimmte Kräfte, bestimmte Bedeutungen darstellen lassen».[16]

Auch «die Göttin» der feministischen Religion ist ein Symbol, ein Mittel oder ein Medium, um bestimmte Inhalte zu transportieren. Die mit der Göttin verbundenen Eigenschaften sollen uns ansprechen und emotional binden. Wir wissen zwar, erklärt Starhawk, «daß die Göttin nicht der Mond ist – aber dennoch begeistern wir uns für sein Licht, das durch die Bäume schimmert. Wir wissen, die Göttin ist keine Frau, aber wir antworten mit Liebe, als wäre sie eine, und verbinden uns emotional mit all den abstrakten Eigenschaften hinter dem Symbol.»[17] Positive und negative Sympathiewerbung oder Identifikation soll mit Hilfe von Symbolen erreicht werden. Der spielerische und undogmatische Umgang mit den Symbolen hält Spielräume für die eigene individuelle Interpretation bewußt offen: Was sagt dir Wasser oder eine Quelle, ein bestimmter Stein oder eine Blume? Die Antwort wird jedesmal – wenn auch manchmal nur in Nuancen – anders ausfallen.

Symbole der feministischen Magie sind aus der Symbolsprache anderer Kulturen übernommen worden; der Kreis beispielsweise als der Ort ritueller magischer Handlungen: «Die Mitte des magischen Kreises ist die Stelle der Verwandlung. Sie entspricht dem reinen Wesen, der Zeitlosigkeit, dem transparenten Licht, der Kraft zu gehen, sich zu bewegen, zu wandeln, zu verwandeln. Ihr magisches Symbol ist der Hexenkessel.»[18]

Die vier Elemente Luft, Feuer, Wasser und Erde sind weitere Bestandteile eines jeden magischen Rituals. Sie symbolisieren die Kräfte der Natur. So steht das Element Luft in der Symbolsprache für den Verstand und alle geistigen Tätigkeiten und wird im Ritual durch einen Dolch, ein Schwert oder die Farben Weiß und Gelb symbolisiert. Das Element Feuer bedeutet im übertragenen Sinn Wille und Energie, aber auch Heilung und Zerstörung. Im Ritual wird es durch eine brennende Kerze, den «Zauberstab» oder die Farben Rot und Gold dargestellt. Dem Element Wasser werden die Gefühle und die Intuition zugeordnet; es wird im Ritual durch einen Kelch oder einen Becher veranschaulicht. Das Element Erde schließlich steht für Wachstum und materiellen Gewinn und wird im Ritual durch das Pentagramm (Drudenfuß) oder die Farben Braun und Grün dargestellt. Den vier Elementen werden jeweils die vier Himmelsrichtungen zugeordnet, des weiteren Pflanzen, Tiere, Edelsteine, Tages- und Jahreszeiten. Auf diese Weise bildet die Symbolik ein enges Geflecht miteinander verbundener Naturerscheinungen. Die in der Natur vorhandenen Beziehungen werden bildhaft wiedergegeben. So ist beispielsweise die dem Element Erde zugeordnete Himmelsrichtung der Norden, der Ort der Hexen: «Da die Sonne niemals den Norden erreicht, ist er die Richtung des Mysteriums, des Unsichtbaren. Der Nordstern ist der Mittelpunkt, um den die Himmel kreisen. Beim Hexenkult sind die Altäre nach Norden ausgerichtet. Vom Norden kommt die Kraft, still zu schweigen, zuzuhören oder zu sprechen, Geheimnisse zu bewahren, das Unsagbare zu wissen. Die Göttin als Dunkle Jungfrau, als Neumond, der noch nicht sichtbar ist ... sind Totems des Nordens, und sein Zeichen ist der Drudenfuß oder das Pentagramm, das wesentliche Symbol des Hexenglaubens.» [19]

In den Tarot-Karten ist die Symbolsprache der Magie enthalten. Es wird vermutet, daß die Karten ursprünglich aus Ägypten stammen und im Mittelalter von Zigeunern und Kreuzfahrern nach Europa gebracht wurden, wo sie in spirituellen und esoterischen Zirkeln rasch Verbreitung fanden. Einige Tarotmeister vermuten, daß die Kartensymbolik bereits vor unserer Zeitrechnung entstand; allgemein wird angenommen, daß die Tarot-Karten bereits seit rund 2000 Jahren existieren.

Die Karten enthalten eine komplizierte Symbolik, die den Kosmos und die «Geheimnisse des Lebens» widerspiegelt: «Tarot», heißt es in einem der vielen Handbücher, «ist ein uraltes, durch Mysterienschulen zeitweise geheim überliefertes Weisheitssystem. Das tiefe Wissen findet seinen sichtbaren, zum Teil jedoch durch Symbole verschlüsselten Ausdruck in der Zusammenstellung von eindrucksvollen Bildern. Jede Karte ist Träger einer ihrem Symbolgehalt entsprechenden Energie.» [20]

Tarot wird als Mittel der Selbsterfahrung und als Hilfe zur Orientierung in schwierigen Lebensfragen gesehen und genutzt. Die Karten können als eine Art «symbolische Landkarte» betrachtet werden, die eine für den Laien zunächst verwirrende, weil komplexe und vielfältige Aussagekraft enthalten. Während jede einzelne der insgesamt 78 Karten ihre eigene komplexe Symbolik und Bedeutung hat, entsteht durch die Kombination mehrerer Karten ein ganzes Gefüge an Aussagen und Aussageverbindungen.

Die Karten sind in zwei Hauptgruppen getrennt: In die Karten des großen und des kleinen Arkanum (Arkanum heißt Rätsel oder Geheimnis). Die 22 Karten des großen Arkanum sind die Hauptkarten und symbolisieren das «Rad des menschlichen Lebens», dargestellt durch «die Hohepriesterin», «die Liebenden», den «Narr», den «Tod» usw. Die 56 Karten des kleinen Arkanum dienen der Illustration der «großen» Karten und sind in vier Gruppen unterteilt, entsprechend den vier Elementen Feuer, Luft, Wasser und Erde, symbolisiert durch die Stab-, die Schwert-, die Kelch- und Münzkarten. Jede der vier Gruppen umfaßt vier «Hofkarten», die verschiedene menschliche Charaktere symbolisieren, und zehn «Zahlenkarten».

Die Zahlensymbolik enthält ein weites Geflecht an Aussageverbindungen. So bedeutet die Zahl «Eins» zum Beispiel «das Zentrum», «den Ursprung» oder «die Einheit» und die Zahl «Zwei» «Dualität» und «Zerrissenheit», die in der Zahl «Drei» zur «höheren Einheit» zurückkehrt. Die Zahl «Drei» gilt als die magische Zahl: drei Feen kommen zu Besuch, drei Wünsche gehen in Erfüllung.

Das Hineinversenken in die Symbolik der Karten wird in spirituellen Frauenzirkeln als Mittel der Selbsterfahrung erprobt.

> «Zum Kartenlegen brauchst du Mut», schreibt Luisa Francia in ihrer Anleitung zum «Hexentarot». «Den Mut, die Karten als das zu sehen, was sie in dir auslösen. Es gibt keine Spielregeln, keine Gesetze. Du legst sie, dir sind sie eine Botschaft. Jede traditionelle Auslegung ist nur eine von vielen Möglichkeiten und Zugängen zu den Karten. Am Ende ist Tarot nur ein Gerüst: dahinter steht schon die ganze Zeit das Haus. Aber zuerst siehst du das Haus einfach nicht. Du kannst das Gerüst abbauen, wenn du es

siehst. Das ist der Punkt, an dem du eigentlich auch keine Karten mehr brauchst, an dem du aus der Formation eines Moosflekkens, aus einer Pfütze, aus einem Kaffeesatz, aus den Wolken lesen kannst. Aber bis dahin ist Tarot ein guter Weg!»[21]

Feministische Astrologie

Die Astrologie mit ihrer Symbolik, Systematik und Auslegung der einzelnen Planetenkonstellationen und ihrer Wirkung auf die Menschen hat ein im Laufe von Jahrhunderten in mehreren Kultur- und Geschichtskreisen angehäuftes Sinn- und Realitätssystem entwikkelt. Spirituelle Frauenzirkel haben diese Symbolik in ihren Kult wieder aufgenommen.

Am Beispiel der Sonne erläutern die Astrologinnen, wie die Kraft und Energie der Himmelskörper die Stimmung der Menschen, ihr Wohlbefinden und ihre Gefühle beeinflussen. Dunkle und kalte Jahreszeiten mögen wir weniger als helle und warme. Die Sonne wärmt uns mit ihren Strahlen und fördert das Wachstum der Pflanzen. Die Wintersonnwende am 21. Dezember ist ein altes Fest der Freude, bei dem die Wiederkehr des Lichtes gefeiert wird.

Um kosmische Strahlungen und Energien allerdings bewußt spüren zu können, erklären die Astrologinnen, muß man zunächst ein Gefühl für die eigenen Energieströme bekommen. Man wird sich dabei bewußt, daß alle Körper des Universums «unendlich teilbar und ausdehnbar» sind, weil wir «aus der Bewegung unendlich vieler, winziger, tanzender Teilchen» bestehen und «die Struktur des kleinsten Teilchens dieselbe ist wie die des größten Universums».[22]

Die Astrologie des Hexenglaubens, erklärt Starhawk, fußt auf den Erkenntnissen der Schamanen, wonach «alle Dinge Strudel von Energie, Wirbel sich bewegender Kräfte, Ströme eines ewig bewegten Meers sind. Hinter der Erscheinung der Getrenntheit, der festen Objekte im linearen Strom der Zeit ist in Wirklichkeit ein Feld von Energien, die zeitweise zu Formen gerinnen. Mit der Zeit lösen sich alle ‹festen› Dinge auf, um sich wiederum zu neuen Formen, neuen Bindungen zu vereinigen.»[23]

Mit Hilfe von Trancen und Meditationen wird die Wahrnehmung des Energieklimas geschult. «Wir können lernen», schreibt Luisa Francia, «über Meditationen und Übungen bildlich die geschlossene Tür zwischen dem jetzigen Leben und der Erinnerung an alle anderen Seinsformen zu öffnen.»[24]

Kritikern dieser modernen Form feministischer Selbstverwirklichung halten die Astrologinnen entgegen, daß die kosmischen Strahlungen unabhängig davon, ob wir sie bewußt wahrnehmen oder nicht, existieren. Wir können, so die Astrologinnen, in einer Vollmondnacht mit ihren starken Energien unser Auto zu Schrott fahren, wir können aber auch die Strahlungen konstruktiv einsetzen:

> «Ich kann die Mondenergie zum Beispiel beim Pflanzen nutzen (was über der Erde blüht und Früchte trägt, sollte bei Vollmond gesät, was unter der Erde wächst und Früchte trägt, bei Neumond gesät werden), ich kann sie auch gegen mich richten und mich damit zerstören. Das ist eine Frage der Wahl und der Entscheidung, nicht eine Frage der Existenz dieser Kräfte.»[25]

Wenn man sich vorstellt, argumentieren die Astrologinnen, daß die Schwerkraft der Erde für eine Minute aufgehoben wäre, die Erde aus der Umlaufbahn um die Sonne fiele oder die Sonne plötzlich erkalten würde, dann kann man sich vorstellen, «wie wesentlich diese Kleinigkeiten für unser Leben sind, und daß es sinnvoll ist, beides nicht aus den Augen zu verlieren, unsere Realität auf der Erde, aber auch das Wissen, daß wir mitsamt unserem Mikrokosmos im Universum schweben, im Makrokosmos, dessen Kräfte auf uns einwirken.»[26]

Unter den Himmelskörpern, erklären die Astrologinnen, hat der Mond den stärksten Einfluß auf die unbewußt vorhandenen Energiequellen in uns. Für sie ist klar, daß «die Mondin» besonders auf Frauen wirkt, denn der Mondzyklus mit seinen 28 Tagen entspricht meist dem Frauenzyklus. Auch die Stimmungsschwankungen während der Monatszyklen bei Frauen werden mit dem Gestaltwandel

«der Mondin» verglichen. Bei zunehmendem Mond steigen die subtilen Kräfte, während sie bei abnehmendem Mond wieder schwächer werden. Die Zeit des zunehmenden Mondes wird deshalb in Hexenzirkeln für «Wachstumszauber» genutzt, während die Zeit des abnehmenden Mondes genutzt wird, um «zu bannen, zu binden und um verborgene Geheimnisse zu entdecken».[27]
Schon in den alten matriarchalen Mythen und Religionen spielte der Mond eine besondere Rolle, das heißt, er wurde der Frau oder dem weiblichen Prinzip zugeordnet.
Mond und Erde symbolisieren demnach unterschiedliche «Eigenschaften». Während die Erde von der unermüdlichen Aktivität ihrer Bewohner gekennzeichnet ist, steht der Mond für die Ruhe der Nacht und für das Unterbewußtsein der Menschen.

«Was auf der Erde nicht Platz hatte an Träumen, Sehnsüchten, wurde auf Mond gelegt. Mond ist Trägerin aller Träume, aller geheimer Gedanken, Mythen, Religionen. Mit Gedankenkraft von Menschen in Tausenden von Jahren auf Mond gelegt, werden all die Energien lebendig, wenn sie mit Gedankenkraft wieder zurückgerufen werden. Der Weg ins Geheimnis von Mond ist der Weg ins Labyrinth der Gefühle, der Intuition, der Verletzlichkeit. Öffne dich, ohne zu fordern. Laß deine Gefühle zu, ohne sentimental zu sein. Höre auf die Botschaft ohne den Druck, sie entziffern zu müssen. Dann merkst du, daß du sie seit langem in dir fühlst, daß sie in dir wirken, seit du auf dieser Erde lebst. Sie waren nicht laut und verständlich wie Sprache. Das Neonlicht hat das Mondlicht überstrahlt. Überall sind die Nächte illuminiert. Mit aller Macht versuchen die Städte, die Dunkelheit auszusperren. Aber dennoch ist es da, das Licht der Nacht. Es braucht keine spektakulären Auftritte, keine grellen Farben und ist doch immer wieder atemberaubend und überraschend. Es ist uralt, und so ist es mit unseren Gefühlen. Sie nutzen sich nicht ab, sie sind immer in uns, seit Urzeiten. Wir können uns auf sie konzentrieren oder sie verdrängen. Wir können das Mondlicht in uns einfließen lassen oder im Kunstlicht untertauchen. Das ist keine Frage der Moral oder Pflicht, es ist die Entscheidung jedes Menschen allein. Wie auch immer wir uns entscheiden: die Kraft von Mond bleibt stark und gleichmäßig, sie begleitet uns durch alle Reinkarnationen, bewußt oder unbewußt. Es enthält die ganze Substanz menschlicher Gefühle und Empfindungen. Wer sich auf die Suche macht, kann das Geheimnis von Mond entschleiern.»[28]

Die Sonne als der zentrale Himmelskörper unseres Systems gilt als die kosmische Urform von Hitze, Licht und reiner Energie: «Auf sie wurden seit alters her alle Gefühle für Macht, Entfaltungsfähigkeit, Leben, Licht, Sexualität, Schöpfungskraft projiziert. Sie trägt all die Erinnerungen an Leben, Befruchtung, orgastische Lust, explosive Vitalität. Wenn wir uns auf ihre Schwingungen einstellen, sind wir an ein uraltes Programm pulsender Lebenskraft angeschlossen. Wir brauchen einen starken, gesunden Körper, um ihre Kraft in der vollen Wucht auszuhalten. Im Übertragenen bedeutet das: ein Mensch, der zuviel Macht und Einfluß hat, geht daran auf irgendeine Weise zugrunde, wenn er nicht lernt, in dem Maße Energie abzugeben, wie er sie aufnimmt. Die Sonne ist eine Herausforderung an unsere Fähigkeit zu teilen, weiterzugeben und zu leiten.»[29]

Die Deutung der Himmelskörper ist ein klassisches, überliefertes Mittel der Menschen, um sich im Kreis ihrer natürlichen Umwelt und im Ablauf der Zeitalter zu orientieren und zu erkennen. So wurden den einzelnen Himmelskörpern «menschliche» Eigenschaften zugeordnet und galten umgekehrt wiederum als charakterbildend für die Menschen auf der Erde. Die im Tierkreiszeichen «Löwe» Geborene ist demnach energisch und kraftvoll, der «Waagemensch» auf Ausgleich bedacht und der «Krebs» ein Einzelgänger. Die Ordnung der Natur und der menschlichen Gesellschaft wurde in den Kosmos übertragen: «Venus» verkörpert demnach das chaotische weibliche Prinzip und «Mars» das kriegerisch-männliche.

Ein weiteres astrologisches Ordnungssystem ist der «gnostische Kreis», der das Leben der Menschen in Neun-Jahres-Zyklen aufteilt. Nach jeweils neun Jahren tritt der Mensch in eine neue Phase seiner Entwicklung. Während in den ersten neun Jahren des Lebens zunächst die körperlichen Anlagen und Fähigkeiten entwickelt werden, entfalten sich in den zweiten neun Jahren bis zum 18. Lebensjahr, die Gefühle und die Sinnlichkeit. Der dritte Neunerkreis, der bis zum 27. Lebensjahr reicht, ist von der Entwicklung des Geistes, von der verstandesmäßigen Ausdehnung und Auseinandersetzung geprägt. Dann folgt die Zeit der Spiritualität, «um Verständnis für die Einheit hinter den Dingen zu entwickeln und um bewußten Zugang zu finden zur universellen Kraft».[30] Jedem Neunerkreis wird ein Element zugeordnet, das den jeweiligen Entwicklungsprozeß symbolisiert: den ersten neun Jahren das Element Erde für die Entwicklung der körperlichen Fähigkeiten, dann das Element Wasser für die Phase der Entwicklung der Gefühle; der dritte Neunerkreis wird durch das Element Luft dargestellt, das der Entwicklung der intellektuellen Fähigkeiten Ausdruck verleiht, und der vierte Kreis schließlich wird durch das Element Feuer begleitet, das die spirituellen Energien symbolisiert. Jeder Neunerkreis wird in zwölfmal neun Monate unterteilt, wobei jeder Neun-Monats-Zyklus eines der zwölf Tierkreiszeichen durchläuft.

Auf diese Weise entsteht ein festes Ordnungssystem, durch das das Leben in kleine überschaubare Zeiteinheiten eingeteilt wird. Für jeden Zeitabschnitt werden konkrete Anforderungen erhoben und Ziele aufgestellt und günstige beziehungsweise hemmende Kräftekonstellationen benannt. Dieses System der Ordnung und Harmonie vermittelt das Gefühl, in den Kosmos als Ganzes eingebunden zu sein.

Starhawk, die moderne Hexenmeisterin aus den USA, hat den «Hexenkult der Großen Göttin» beschrieben. Ihre Lehre hat auch bei uns zahlreiche spirituelle Frauenzirkel beeinflußt. Auch wenn eine dogmatische Übernahme fest definierter Rituale unter den einzelnen Hexenzirkeln verpönt ist, findet doch ein Austausch statt, ein gegenseitiges Sich-Befruchten, das auf einer weitgehend gleichen Vorstellung des Kosmos, der Natur und der «magischen Kräfte» in ihr beruht.

Für eine Hexe bedeutet der Zirkel Rückhalt, er ist das «Zentrum für die Erkenntnis der Seele, Seminar für Priesterinnen, Mysterienschule, Ersatzfamilie und Religionsgemeinschaft in einem».[31] Die Struktur der einzelnen Zirkel unterscheidet sich von der der traditionellen Religionsgemeinschaften insofern, als der Hexenglaube sich nicht «auf große formlose Massen» gründet und nicht «auf einzelne Gurus». Es gibt in den Hexenzirkeln keine hierarchischen Autoritätsstrukturen. Die einzelnen Zirkel sind autonom. Es gibt keinerlei übergeordnete Autorität, die über Glaubensinhalte und Rituale der einzelnen Konvente bestimmen könnte. Der Hexenglaube umfaßt vielmehr seinem Selbstverständnis nach verschiedene historische religiöse Traditionen und ist auf Grund seiner zellenartigen und unabhängigen Struktur keine Massenreligion. Kleine Gruppen mit bis zu maximal dreizehn Mitgliedern treffen sich zum gemeinsamen Ritual. Wird die magische Zahl dreizehn überschritten, teilt sich der Zirkel. Die unabhängige Struktur der «Hexenreligion» zieht vor allem solche Menschen an, die von Natur aus eher Einzelgänger sind und sich nur ungern Gruppenzwängen unterwerfen. Der Aufbau der Konvente, so Starhawk, ermöglicht, daß selbst «ausgeprägte Individualisten ein tiefes Gefühl der Gemeinschaft erleben»[32]. Ein besonderes Aufnahmeritual regelt die Mitgliedschaft im Hexenkonvent. Bei der sogenannten Initiation werden die internen Lehren und «Geheimnisse» der Gruppe enthüllt. Die Initiation geschieht erst nach einer langen Vorbereitungs- oder Lehrzeit, «während der allmählich Vertrauen und Sicherheit in der Gruppe aufgebaut werden»[33].

Von zukünftigen Mitgliedern wird erwartet, daß sie sich selbst um die Aufnahme in den Konvent bemühen, ein Missionieren im klassischen Sinn findet nicht statt.
In der Regel entwickeln die einzelnen Zirkel im Laufe der Zeit je nach Interesse der einzelnen Mitglieder unterschiedliche Schwerpunkte. So beschäftigen sich manche Konvente überwiegend mit Heilkünsten, während andere mehr zur Arbeit mit der Psyche und Trancen neigen oder sich in politischen – meist Umwelt – Gruppen engagieren.
Manche Zirkel schließen Männer generell aus, weil sie den Hexenkult für einen ausgesprochen weiblichen Kult halten, der ursprünglich nur von Frauen praktiziert wurde, während andere Zirkel Männer einbeziehen. Ob Männer dabeisein sollen, hängt nach Ansicht von Starhawk von den persönlichen Wünschen der beteiligten Frauen ab. Generell ausschließen will sie Männer nicht, weil auch das männliche Prinzip im Kosmos vorhanden ist.
«Rituale», erklärt Luisa Francia «sind symbolische Handlungen, die auf der spirituellen Ebene Energie konzentrieren, um sie dann in der realen Ebene sichtbar und erfahrbar zu machen.» Indem wir in eine rituelle Handlung eine ganz bestimmte Überzeugung legen, «beginnt diese Handlung, die Überzeugung zu realisieren. Indem wir ein klares Bild von einem Zustand herstellen und dieses Bild mit rituellen Gesten und Bewegungen unterstützen, nimmt das Bild Form an und wird Wirklichkeit.»[34] Die Wirksamkeit eines Rituals liegt ihrer Meinung nach in der jeweils gewählten Form,

> «in der Symbolik der vier Elemente und ihrer Anwesenheit im Verlauf des Rituals, in der Symbolik der gewählten Worte, in der Wiederholung. Ein Ritual muß nicht ‹logisch› sein. Die Bedeutung liegt vielmehr darin, daß du deine Überzeugung in die Handlung einbringst. Du weißt, dadurch, daß du dieses Ritual machst, stellst du eine Verbindung her, kannst du etwas auslösen. Diese Überzeugung, unterstützt durch die Symbole, die du verwendest, bewirkt die Sammlung von Energie und bringt dich zu dem gewünschten Ziel.»[35]

Jedem Ritual geht eine «Reinigung» voraus. Sie ist eine Art Aussprache oder Beichte, «während der die Teilnehmer Ärger, Sorgen und Ängste ablegen, die ihre Konzentration stören würden»[36]. Auch die Kultstätte selbst und die magischen Gegenstände werden einer Reinigung unterzogen.

Das Ritual selbst beginnt mit einem Kreis. «In dem Kreis bist du geschützt, gleichzeitig ist er das Symbol für die Bereitschaft, Energie aufzunehmen.»[37]

«Rituelle Handlungen», erklärt eine Magierin, «sind grundsätzlich immer ‹stellvertretende› Handlungen – wir bitten die Göttin, die universelle Kraft, darum, in der Natur, in unserem Leben und in unseren Seelen das zu schaffen, was wir während des Rituals im Kleinen und Gegenständlichen andeuten.»[38] Wenn wir also unsere Stirn beispielsweise mit Wasser berühren, dann bitten wir darum, daß unsere Seelen gereinigt und belebt werden, und wenn wir ausgelassen um ein Feuer tanzen, dann fordern wir die Natur zu Lebensfreude und Wachstum auf. Wenn wir Symbole unseres Kummers verbrennen, dann bitten wir darum, daß unsere Niedergeschlagenheit zu Ende geht. Farben, Gerüche, Zahlen und andere Symbole wirken demnach nicht nur im Zusammenhang von rituellen Festen und Zeremonien, sondern auch in vielen alltäglichen Handlungen. Die Auswahl von Kleidern in bestimmten Farben drückt Stimmungen aus und beeinflußt sie genauso wie das Aufstellen von bestimmten Blumen, das Anzünden von Kerzen oder das Baden und Umziehen nach bedrückenden und unangenehmen Ereignissen. Das sind einige der ganz «alltäglichen Rituale», die meistens weitgehend unbewußt praktiziert werden, deren Wirkung jedoch allgemein vertraut ist und bei denen wir uns nach Meinung der Magierinnen «mit den spirituellen Kräften in Einklang bringen und von ihnen unterstützt und bestärkt werden können».

Rituale sollen auf diese Weise dabei helfen, die «unsichtbaren Kräfte» des Kosmos sichtbar zu machen, das heißt, eine Sensibilität für ihr Vorhandensein zu entwickeln. Diese Vorstellungskräfte werden durch Übungen trainiert:

«Stell dir einen Kreis vor und denke dir, du beschreibst mit deinen Hüften, deinem Po diesen Kreis. Bewege dich zuerst gar nicht. Stell dir nur vor, wie du mit deinen Hüften kreist, wobei du den beschriebenen Kreis weit ausmalst; jetzt nimm in deiner Phantasie auch die Hände dazu. Stell dir vor, daß du einen riesigen Kessel vor dir hast, in dem du mit beiden Händen einen Brei rühren mußt. Beschreibe diesen Kreis des Umrührens in dem großen Kessel mit den Händen und den Hüften. Je länger du dir dieses Bild vorstellst, desto drängender wird der Wunsch, mit dem Körper das Bild zu realisieren. Wenn du diesen Drang ganz stark spürst, fang an, mit dem Körper das Bild zu realisieren.»[40]

Eine andere Übung verwendet die Vorstellung von fließendem Wasser, um die Sensibilität für den eigenen Körper zu steigern:

> «Stell dir vor, du schöpfst mit deinen Händen Wasser, hebst es bis zu deinem Gesicht und läßt es wieder herunterlaufen. Wenn du ein klares Bild davon hast, geh leicht in die Knie bei bequem parallel gestellten Füßen und fang an, mit den Händen imaginäres Wasser zu schöpfen und wieder fließen zu lassen. Du erlebst, wie die Bewegungen ineinanderfließen, ohne Anfang, ohne Ende. Diese Übung hilft dir, den Fluß kosmischer Kräfte zu verstehen: ein Fließen ohne Beginn, ohne Ende, ohne Mitte, Fluß – und du mitten drin.»[41]

Das Ritual der Jahreszeitenfeste hat sich in den magischen Frauenzirkeln einen festen Platz erobert. Die Feste gehen auf altes «heidnisches» Brauchtum zurück, wobei der Kreislauf der Natur in großen Feiern nachvollzogen wird. Es sind acht Feste, die gleichmäßig über das Jahr verteilt sind: von der Wintersonnwende am 21. Dezember, bei der die Wiederkehr des Lichtes gefeiert wird, über Lichtmeß Anfang Februar, Frühlingstagundnachtgleiche um den 21. März, Maifest oder Walpurgisnacht in der Nacht auf den 1. Mai, Sommersonnwende um den 21. Juni, Erntezeit- oder Kräuterweihfest Anfang August, Herbsttagundnachtgleiche oder Erntedankfest um den 22. September bis zum Dunkelheitsfest Ende Oktober / Anfang November.

> «Die Achse vom Frühlingstagundnachtgleiche- zum Herbsttagundnachtgleichefest teilt das Jahr in zwei Hälften. Während in der sommerlichen Hälfte die Kräfte des Diesseits mächtig sind,

die Kräfte der Natur, der materiellen Wirklichkeit, der Außenwelt, die Kräfte der Erde, treten diese Kräfte in der winterlichen Jahreshälfte zurück und geben Raum für die Mächte des Jenseits, der spirituellen Wirklichkeit, für Geistwesen und Ahninnen, auch für Dämonen, für die Kräfte der Innenwelt, der Innenwendung, für die Kräfte des Himmels.»[42]

Die Jahreszeitenfeste sind den Jahreszeiten der Natur nachempfunden und spiegeln die Naturvorgänge wie Wachstum, Reife und Vergehen wider, die in rituellen Handlungen entsprechend symbolisiert und nachgeahmt werden; Sinn dieser Feste ist die sinnliche Wahrnehmung und «Unterstützung» der Entwicklungen in der Natur im Verlauf eines Jahres: «Unsere Festlichkeit, Lebhaftigkeit, Lustigkeit, unser Übermut fordern die Natur heraus zu Lebendigkeit, Wachstum und Entfaltung, so wie die Helligkeit, Wärme und Freundlichkeit des Frühlings in uns Freude, Zuversicht und Fröhlichkeit wecken.»[43]

Magie, erklärt die Soziologin Maria Mies in diesem Zusammenhang, zeichnet sich durch «eine aktive, tätige Grundhaltung gegenüber der Natur aus» aus und weiß sich eins mit ihr, während die Religion von der Vorstellung von einem höheren Wesen gekennzeichnet ist, «das außerhalb der Natur schaltet und waltet». «Praktische Magie ist – historisch betrachtet – von Frauen betrieben worden, als Tanz- und mimetische Magie. Frauen als Repräsentantinnen des Lebens im doppelten Sinn – als Gebärende und als Ackerbautreibende ahmten in ihren magischen Ritualen häufig die Natur- und Arbeitsvorgänge nach.»[44] An dieser Vorstellung, «daß Frauen in ähnlicher Weise wie die Erde aus sich selbst heraus fruchtbar sind» und neue Menschen aus ihren Körpern wachsen, wie die Pflanzen der Erde, daß der ganze weibliche Körper somit Träger geheimnisvoller magischer Kräfte ist, setzt die feministische Magie in ihren Ritualen heute wieder an.

Die «Anrufung der Göttin» ist ein weiteres Ritual, das von den Hexenzirkeln mit großem Aufwand zelebriert wird. Der Hexenzirkel feiert während des Vollmondes die «Herabholung der Mondin», «wobei die Hohepriesterin nach der Invokation der Göttin die

Mondkraft vom Himmel herab in den Kelch konzentriert, der mit Wein oder Wasser gefüllt ist. In diesem Moment wird der Kelch zum Schoß der Göttin, zum Mysterium ihrer Fülle.»[45] Die Göttin anzurufen, so beschreibt Starhawk das Ritual, heißt, «sie in uns zu wecken, zeitweise der Aspekt zu werden, den wir beschwören. Eine Beschwörung kanalisiert Kraft», erklärt sie die Bedeutung des Zaubers.[46]
Weitere Rituale werden in magischen Frauenzirkeln gefeiert. Segnungen etwa, um den «universellen Kraftstrom der Göttin» «in gesammelter, konzentrierter Form auf eine Frau, ein Vorhaben, einen Gegenstand» zu richten[47] und damit die Frau, das Vorhaben oder den Gegenstand zu beleben, zu stärken oder zu schützen; Opfer- oder Danksagungsrituale als Ausdruck der Freude oder Dankbarkeit und Schutz- oder Abwehrzauber, um von schädlichen Einflüssen unberührbar und unverletzlich zu sein. Geburtsfeste sollen die Freude und Dankbarkeit der Frauen über das Neugeborene zum Ausdruck bringen und es vor «schädlichen» Einflüssen in seinem Leben bewahren.
Frauen feiern Schwangerschaft, Menstruation und Geburt als Ausdruck ihrer einzigartigen lebenspendenden Energie und Macht. Sie befreien sich dadurch von den jahrhundertealten Beschränkungen, durch die ihr als «unrein» und «minderwertig» bezeichneter Körper zurechtgestutzt und tabuisiert wurde. Der Kult um den eigenen Körper ist eingebettet in das neue Verhältnis zur Natur. Der Schritt in die Öffentlichkeit und die Durchbrechung von Tabus wird von den Frauen selbst als befreiend empfunden. Viele Frauen berichten, wie sie auf diese Weise aus der Kindheit oft mitgeschleppte Ängste und Schmerzen während der Menstruation heilen konnten.
Die Heilkunst ist ein besonderes Anliegen der Magie. Durch sie soll sich der einzelne heil und ganz im Gleichklang mit den kosmischen Energieströmen erhalten. Kritik an der klassischen Schulmedizin, an der «männlichen» Apparate- und Pharmamedizin, die Krankheitssymptome «bekämpft», anstatt die Ursachen von Krankheiten zu beseitigen, findet sich deshalb in magischen Büchern neben Ritualen, Trancen und Traumreisen als Heilmethode für verschiedene Krankheiten.

Zunächst, erklärt Luisa Francia die grundlegende Methode des «magischen Heilens», mußt du «die Krankheit in dir suchen, befragen, begleiten zu allen Stellen deines Körpers, an denen sie sich äußert. Jede Heilung einer Krankheit beginnt zunächst mit der Frage: Warum bin ich krank? Warum richten sich Energien in meinem Körper gegen mich? Wo habe ich sie unterdrückt?»[48] Was sagt die Krankheit in mir? Ein Problem der Heilung in unserem Kulturraum ist, so Luisa Francia, daß wir mit der Botschaft einer Krankheit nicht umgehen können, daß wir nicht wirklich krank sein können und in uns hineinhorchen, weil in unserer Gesellschaft der Kranke, der nicht funktioniert, abgelehnt und negativ beurteilt wird. Der aggressive Umgang mit dem Problem Krankheit zeigt sich schon in der Sprache, wo Kranken-Häuser nicht Heil-Häuser und Krankenpfleger nicht Heiler heißen, wo eine Krankheit nicht geheilt, sondern bekämpft wird.

Magie wirkt durch die Kraft der Suggestion. Um Magie zu betreiben, erklärt Starhawk, «brauche ich einen unerschütterlichen Glauben an meine Fähigkeit, Dinge zu tun und zu bewirken, daß Dinge geschehen»[49]. Symbole und Bilder helfen dabei, die Vorstellungskraft zu entwickeln und die Wünsche und Phantasien in eine bestimmte Richtung oder auf einen bestimmten Punkt zu kanalisieren. Dadurch können wir schließlich beeinflußt werden, diese Vorstellungen auch zu realisieren.

«Die Bilder und Objekte, die für Zauber benutzt werden», erklärt Starhawk, «sind Kanäle oder Gefäße, durch die unsere Kraft strömt und gestaltet wird. Wenn die Energie in die Bilder gelenkt wird, die wir visualisieren, offenbart sie allmählich physische Gestalt und nimmt Gestalt an in der materiellen Welt.»[50] Auf diese Weise wirken psychologische und heilende Zauber. «Einen Zauber zu wirken», so Starhawk, «bedeutet, Energie durch ein Symbol zu projizieren.»[51]

Die Ausübung des Be-zauberns oder Be-hexens, erklären die Magierinnen, zwingt einen immer wieder dazu, die konkrete materielle Welt um einen herum bewußt wahrzunehmen und zu analysieren. Magie ist deshalb in ihren Augen nicht Irrationalität in der um gangssprachlichen Bedeutung, sondern eine andere Form von Rationalität, eine andere Sicht der Dinge, «die Kunst, die unsichtbaren, durch die Welt strömenden Kräfte zu spüren und zu gestalten» und «tiefere Bewußtseinsschichten hinter dem Rationalen» zu wecken. Magie fördert demnach «die Wahrnehmung der verborgenen Seite der Wirklichkeit». Magie ist die Kunst der Hexen, «die unsichtbaren Kräfte in Form zu weben, die unerschlossene Traumwelt der verborgenen Wirklichkeit zu erforschen; Magie ist die Kunst der Gestaltung – weise, erregend, gefährlich, das spannende Abenteuer»[52].

Wenn es Frauen hilft – so Starhawk –, ihr Leben besser zu meistern und sich durchzusetzen, warum soll dann Magie schädlich für sie sein?

Zitatnachweise:
1. Eine neue Frauenkultur

1 Schlangenbrut, a. a. O., Nr. 10, S. 29.
2 Ebd., S. 30.
3 Jannberg, Judith, Ich bin eine Hexe, Bonn, 1983, S. 93.
4 Francia, Luisa, Berühre Wega, kehr' zur Erde zurück, Trancen, Meditationen und Rituale mit Sternen, München, 1982, S. 8.
5 Ebd., S. 93.
6 Jannberg, Judith, Ich bin eine Hexe, a. a. O., S. 9.
7 Starhawk, Der Hexenkult als Urreligion der großen Göttin. Magische Übungen, Rituale und Anrufungen, Freiburg, 1983, S. 13.
8 Francia, Luisa, Kalypso, München 1983, S. 89.
9 Jannberg, Judith, Ich bin eine Hexe, a. a. O., S. 148.
10 Ebd., S. 77.
11 Ebd., S. 11.
12 Ebd., S. 28.
13 Ebd., S. 17.
14 Ebd., S. 94.
15 Dinklmann, Anna, Kreisen, Frauenrituale und Feste, Holthausen, 1983, S. 24.
16 Ebd., S. 24.
17 Starhawk, Der Hexenkult, a. a. O., S. 126f.
18 Ebd., S. 107.

19 Ebd., S. 102.
20 Ziegler, Gert, Tarot, Spiegel der Seele, Sauerlach, 1984, S. 11.
21 Francia, Luisa, Hexentarot, Zürich, S. 18.
22 Francia, Luisa, Berühre Wega, a. a. O., S. 62.
23 Starhawk, Der Hexenkult, a. a. O., S. 34.
24 Francia, Luisa, Berühre Wega, a. a. O., S. 62.
25 Ebd., S. 11.
26 Ebd., S. 12.
27 Starhawk, Der Hexenkult, a. a. O., S. 170.
28 Francia, Luisa, Berühre Wega, a. a. O., S. 14f.
29 Ebd., S. 19.
30 Dinklmann, Anna, Kreisen, a. a. O., S. 164.
31 Starhawk, Der Hexenkult, a. a. O., S. 58.
32 Ebd., S. 58.
33 Ebd., S. 59.
34 Francia, Luisa, Berühre Wega, a. a. O., S. 75.
35 Ebd., S. 75.
36 Starhawk, Der Hexenkult, a. a. O., S. 94.
37 Francia, Luisa, Berühre Wega, a. a. O., S. 75.
38 Dinklmann, Anna, Kreisen, a. a. O., S. 49.
39 Ebd., S. 50.
40 Francia, Luisa, Berühre Wega, a. a. O., S. 64.
41 Ebd., S. 65.
42 Dinklmann, Anna, Kreisen, a. a. O., S. 66f.
43 Ebd., S. 23.
44 Sozialwissenschaftliche Forschung und Praxis für Frauen e. V. (Hg.), Beiträge zur feministischen Theorie und Praxis, Nr. 12, Köln, 1984, S. 87.
45 Schlangenbrut, a. a. O., Nr. 6, S. 39.
46 Starhawk, Der Hexenkult, a. a. O., S. 133.
47 Dinklmann, Anna, Kreisen, a. a. O., S. 138.
48 Francia, Luisa, Berühre Wega, a. a. O., S. 81.
49 Starhawk, Der Hexenkult, a. a. O., S. 167.
50 Ebd., S. 169.
51 Ebd., S. 165.
52 Ebd., S. 164.

2. Die Göttin in uns

Auf der Suche nach ihrer Identität greifen Frauen auf das alte matriarchale Symbol der Göttin zurück. «Daß ich die Göttin in mir trage», beschreibt eine Frau ihre Erfahrung, bedeutet, «daß ich ein Teil von ihr bin, an ihrer Macht teilhabe, und daß keine irdische Macht größer, stärker, weiser oder wichtiger sein kann als ich, mein Selbst, mein göttlicher Kern – das erste Gebot der weiblichen Religion: Liebe dich / dein Selbst. Nimm dich / dein Selbst am wichtigsten liegt hier begründet.»[1]

Im Symbol der Göttin erfahren Frauen wieder ihre eigene Unabhängigkeit und Stärke. Seine Bedeutung liegt darin, daß Frauen sich selbst als göttlich, den eigenen Körper als geweiht und die verschiedenen Lebensphasen als heilig betrachten und sich selbst als mächtig sehen, Leben zu geben, aber auch notfalls zu begrenzen und zu zerstören. Jede Frau, so die Argumentation, «kann über ihr innerstes Selbst mit der Göttin Kontakt aufnehmen», um zu erfahren, «in welcher Weise sie in der göttlichen Natur und die göttliche Natur in ihr enthalten ist»[2]. «Ich fand die Göttin in mir selbst», beschreibt eine Frau ihren eigenen Bewußtwerdungsprozeß, «und ich liebe sie heftig.» («Wir) glauben nicht an die Göttin», erklärt Starhawk, «wir verbinden uns mit ihr, durch den Mond, die Sterne, das Meer, die Erde, durch die Bäume und Tiere, durch unsere Mitmenschen und durch uns selbst.»[3]

Die durch die Göttin symbolisierte weibliche Macht, so die Anhängerinnen dieser neuen Frauenreligiosität, soll dazu beitragen, die Frauen aus dem Stadium ihrer Inferiorität und Unterordnung herauszuführen und ihre eigene Kraft und die der anderen Frauen selbstbewußt und mit Erfolg in die privaten und politischen Aus-

einandersetzungen einzubringen. Zu lange litten die Frauen unter der «Selbst-Spaltung» (Mary Daly) und mußten sich mit einem «anderen» identifizieren: mit dem männlichen «Geist», um im Beruf und in der Öffentlichkeit «ihren Mann» zu stehen; als selbstlose und opferbereite Dienerin des Mannes sich dessen patriarchalen Launen, politischen Zielen und religiösen Dogmen unterordnen.
«Wenn wir wirklich nach der Schwester suchen wollen», schreibt Mary Daly, «müssen wir die zerstückelte Schwester, die Schwester-Selbst, in uns sehen und uns erinnern, müssen wieder mit der ursprünglichen Intuition der Integrität in Berührung kommen.»[4] Jede Frau könne diese Kräfte in sich freisetzen, indem sie über ihr innerstes Selbst mit der Göttin Kontakt aufnimmt, und sich selbst als göttlich erfährt.

Der Traum vom «Eins-Werden mit der Göttin»

Diese Suche nach der verborgenen «Göttin in uns» und ihre Wiederauferstehung aus den unbewußten Tiefen der Psyche hat Gerda Weiler an Hand des Traumprotokolls einer Frau geschildert. Im ersten Traum erschien eine riesige Gestalt, die sich über die Frau beugte. Erst glaubte sie, die Gestalt sei ein Mann; dann erkannte sie sie jedoch als eine Frau, die sie «aus unerhört tiefen, wie aus einer andern Welt erleuchteten Augen fixiert». Der Blick dieser Frau hatte solch fordernde Eindringlichkeit, daß die Patientin wußte, daß sie sich ihrem Anruf nicht entziehen konnte, und sich doch scheute, sich ihr ganz auszuliefern.
Für Gerda Weiler ist klar, daß diese Traumgestalt die Göttin ist. In einem weiteren Traum nun erschien die Göttin als Leiterin einer Tanzgruppe, die durch ihren mitreißenden Tanz ihre Energie auf den umgebenden Kreis einströmen ließ und deren Energie sich auf die mitgerissene Patientin übertrug. Diese Leiterin war die «Seelenführerin», die «unsterbliche Göttin in der Seele einer jeden Frau», die einen symbolischen Erweckungstanz tanzte. Hatte die Träu-

mende anfangs gefürchtet, unter der Eindringlichkeit der fordernden Gestalt zusammenzubrechen, so erlebte sie sie jetzt als befreiend und Energie verströmend.
Im letzten Traumbild war die Frau die «Göttin selbst». Sie wurde in ein Gefängnis geführt, und die Türen schlossen sich. Sie wollte noch rufen, doch dann fiel ihr Blick auf eine Goldblume im Mittelpunkt des runden Raums. «Hier spalten sich meine Eindrücke», berichtete sie: «Einerseits habe ich sie in Händen und spüre, wie eine neuartige, zärtliche Freude mich immer stärker mit ihr verbindet; während ich über die zart geformten Blätter streiche, strömt ihr Wesen in mich ein, und ich spüre gleichsam, wie ihr Bild sich in mir ausprägt, eigenes Leben gewinnt und sich entfaltet. Andererseits spüre ich mich wie zwischen weichen Blättern (so, als sei ich die Blüte, die von weichen Händen umfaßt wird), die mich mit Zärtlichkeit umhüllen. Es besteht eine völlige Harmonie zwischen ihrem und meinem Entgegenkommen, ich erlebe, wie ich gleichsam in sie verströme, aber zugleich mich im Kelchmittelpunkt von neuem kristallisiere.» [5]
Jetzt hatte die Patientin einen Zustand erreicht, der laut Gerda Weiler matriarchales göttliches Bewußtsein repräsentiert. Sie und die Blüte, Seele und Körper bilden keine starren Gegensätze mehr, ihr Bewußtsein ist nicht mehr gespalten in «Aspekte», abgetrennte Bilder; sondern sie erfährt sich als spirituelle, fließende Kraft, die sie verströmt, und aus der sie sich aufs neue kristallisiert. «Sie ist von sich aus ganz und heil.»

Die Symbole der dreifaltigen Göttin

Das Symbol der «Göttin in uns» manifestiert sich in der weiblichen integrierenden Kraft und in der neuen Verbundenheit zwischen den Frauen. Es will auch den alten Ressentiments aus der Frauenbewegung gegenüber dem Religiösen schlechthin begegnen. Das patriarchale Symbolsystem, so die religiösen Feministinnen, kann nicht einfach abgelegt werden, sondern soll durch die neuen Symbole der Göttin ersetzt werden. Den Vater-Gott vom Thron zu stürzen, genügt nicht, argumentieren sie, denn die geistige Leere bedarf einer Füllung. Menschen kehren sonst zu ihren altvertrauten Symbolen zurück, auch dann, wenn sie meinen, daß sie sie bereits überwunden haben. Gesellschaftsveränderung im Sinne von Frauen beinhaltet demnach auch die Veränderung der alten männlichen Symbole und ihre Ersetzung durch weibliche.

Durch die Wiedereroberung der Göttin-Symbole wird das Werte- und Gesellschaftssystem der Männer in seinen Grundlagen angegriffen. Die «Göttin in uns», so die Magierin Starhawk, verleiht «die spirituelle Kraft, um Systeme der Unterdrückung in Frage zu stellen und neue, zum Leben hin orientierte Kulturen zu schaffen».[6] Frauen feiern den neuen Kult der «Großen Göttin», um das «Heilige» in sich selbst in Gestalt der dreifaltigen Göttin, der Jungfrau, der Mutter und der Greisin zu erkennen.

Die jungfräuliche Göttin offenbart sich ihnen demnach in dem jungen Mädchen, in der aktiven und durchsetzungsfähigen Frau. Wir erleben die jungfräuliche Göttin, beschreibt eine Frau ihre Erfahrungen, «wenn wir uns selbst behaupten, konsequent unseren Weg gehen. Sie kann uns helfen, wenn wir uns schwach fühlen, wenn wir in Auseinandersetzungen Kraft brauchen, wenn wir uns über Barrieren hinwegsetzen müssen».[7] Die Symbole der jungen Göttin sind der zunehmende Mond, die aufblühende Rose, die sprudelnde Quelle und die wilde Schlucht. Ihre Jahreszeit ist der Frühling; er repräsentiert das Beginnende, das Wachsende und sich Entwikkelnde in der Natur und in der Frau selbst. Die Sexualität der Jungfrau überwindet die «Grenzen des Ichs» und läßt die Frau den jungfräulich-wilden Aspekt der Göttin «auch im Orgasmus oder beim ekstatischen Tanz erleben»[8].

Die mütterliche Göttin offenbart sich in der reifen Frau auf dem Höhepunkt ihrer Kraft, in der lebenspendenden und -erhaltenden Frau, die sich selbst verwirklicht und dies in ihrem Handeln ausdrücken kann. In der Natur wird der Muttergöttin der Vollmond und die fruchtbare Erde zugeordnet. Ihre Jahreszeit ist der Sommer, die Zeit der Reife, und der Herbst, die Zeit der Ernte: «Alle Natur hat sie geboren, alles Leben ist durch sie entstanden. Sie ist der Urschoß, der das Licht gebar.»[9] Ihre Symbole sind der Uterus, der Kelch und der rote Wein, der ihr Blut repräsentiert.

Die Greisin-Göttin ist die Frau, «die aus Erfahrung weiß, worum es im Leben geht»[10]. Die Greisin ist das Schweigen und die verschlingende Mutter, die Kraft des Todes und des Wahnsinns. «Ihre destruktive Kraft ist notwendig, damit wieder neues Leben entstehen kann. Sie zerstört auch die Illusionen und bringt uns wieder Klarheit – eine Klarheit, die oft schmerzlich ist.»[11] Sie ist die Göttin der Unterwelt, des Todes und der Meditation. Ihre Symbole sind der abnehmende Mond, die Eule, der stille tiefe See, das Nachtschattengewächs und das heilsame Gift der Pflanzen. Ihre Farbe ist Schwarz und ihre Jahreszeit der Winter, in dem alles Leben sich zurückgezogen hat.

Stärke – Liebe – Weisheit

Doch bei aller Gemeinsamkeit der Suche nach weiblicher Identität und neuen Symbolen setzen die Frauen auch unterschiedliche Schwerpunkte. Es sind nicht mehr die traditionellen konfessionellen Unterschiede zwischen der christlichen und den außerchristlichen, «heidnischen» Religionen; auch die christlichen Frauen fragen nach der Göttin und neuen weiblichen Symbolen. Es sind neue Diskussionen um eine Symbolik entstanden, die die Aspekte der Göttin unterschiedlich gewichten will.

So hebt Mary Daly, die sich seit ihrem Kirchenaustritt dem «Post-Christianismus» und dem radikalen Feminismus angeschlossen hat, den Aspekt der kämpferischen Selbständigkeit der «Göttlichen Tochter» hervor. Es kann Frauen nicht primär darum gehen, meint sie, die Welt durch die lebenspendende und -erhaltende Muttergöttin in den Frauen zu retten, sondern um die Identitätsfindung der Frauen selbst. Frauen haben nicht die «Mission», die Welt vor dem ökologischen Untergang zu retten. «Es geht nicht darum, die Gesellschaft zu retten», schreibt sie, sondern zu sich selbst zu finden. «In Frieden gelassen, sind wir frei, unsere eigenen Übereinstimmungen zu finden, unsere Harmonie zu hören, die Harmonie der Sphären.» [12] Wie die wilde und zügellose Jungfrauengöttin will sie die Unbeherrschtheit der Amazonen: «Wild – das ist das Wort für das Selbst der Frauen, für die be-geisternde Schwester-Selbst.» [13] «... Begeistern heißt, den Ruf der wilden Natur, die in der Selbst ist, zu hören und ihm zu folgen. Der Ruf, unsere Selbst zu ver-wildern, unsere Selbst zu befreien und zu enteisen, ist eine wilde und phantastische Aufforderung, unsere Energie auf unsere Selbst zu übertragen.» [14] Frauen brauchen diese Wildheit, um sich von der jahrtausendealten Domestikation des Patriarchats wieder zu befreien. Diese Jungfrauengöttin hat «sehr viel Feuriges, Dynamisches in ihrem Wesen und sehr viel Schönheit, die aus Stärke erwachsen ist» [15].

Andere Frauen finden ihre Identität eher im Aspekt der Muttergöttin, der Göttin der Liebe und der Fruchtbarkeit, die durch ihre Kraft das Leben auf Erden bewirkt und erhält. Die Hexe Starhawk etwa begreift die Göttin als die lebenspendende Kraft, «als Macht der Offenbarung» derjenigen Energie, «die in der Welt fließt», um wahrgenommen zu werden. Das männliche Prinzip aber gilt ihr als die komplementäre Todesmacht, die der weiblichen Lebenskraft Grenzen setzt, als «die Kraft der Beschränkung, die den notwendigen Ausgleich zur ungezügelten Schöpfung bildet» [16]. Das weibliche und das männliche Lebensprinzip sind damit Teile des immer wiederkehrenden Lebenszyklus. Ungebremst, so Starhawk, besteht die Gefahr des weiblichen Prinzips im unkontrollierten Wachstum und des männlichen im Trieb zum Krieg und Völkermord. «Zusammen aber stützen sie einander in lebenserhaltender Harmonie, in dem vollkommenen Kreislauf, der im Wandel der Jahreszeiten zu beobachten ist, im ökologischen Gleichgewicht der natürlichen Welt und im Ablauf des Lebens von der Geburt über die Reife und des Alterns bis zum Tod – und dann zur Wiedergeburt.» [17]

«Liebe ist das Gesetz der Göttin: leidenschaftliche sexuelle Liebe, die warme Zuneigung unter Freunden, die heftige schützende Liebe der Mutter zu ihrem Kind … Liebe umfaßt auch die Tiere, die Pflanzen, die Erde selbst.» [18] Die Liebe und die Sexualität, die göttliche Ekstase wird zum Urgrund der Schöpfung, und «die Schöpfung ist ein orgastischer Prozeß» [19].

Auch andere Frauen stellen diesen Aspekt der liebenden Göttin ins Zentrum weiblicher Identitätsfindung. Nicht der Kampf und die Polarität bilde das Zentrum weiblicher Identität, sondern die Harmonie und die ganzheitliche Integration. Hier trifft sich die Hexe Starhawk mit der feministischen Theologin R. R. Ruether, für die die Einheit von weiblicher und männlicher Gottheit den Urgrund allen Lebens bildet: «Gott/in, erste Matrix, Ursprung dessen, was ist und was sein wird, ist weder starre Immanenz (wie die ‹Materie›) noch entwurzelte Transzendenz (wie der ‹Geist›). Gott und Materie sind nicht zweigeteilt, sondern das Innen und Außen ein und desselben Körpers.» [20] Das Göttliche und das Menschliche sind nicht, wie in patriarchalen Religionen, verschieden, sondern der Mensch hat selbst Anteil am Göttlichen; das Göttliche ist sein inneres Wesen. Als lebenspendende und bejahende Kraft setzt sich die Frau ab von der sinnenfeindlichen und asketischen Hochreligion, die die Sexualität tabuisiert. «Nichts Geringeres darf (die Frau) fordern», meint Christa Mulack, «als die Anerkennung ihres Gebärens als einer göttlichen Tätigkeit.» [21] Als Gebärende ist die Frau göttlich, denn «alle Natur hat (die Göttin) geboren, alles Leben ist durch sie entstanden. Sie ist der Urschoß, der das Licht gebar.» [22]

Den dritten Aspekt der Göttin heben die Magierinnen hervor. Sie gilt ihnen als die «Greisin», die über das tiefe Wissen über Leben und Tod verfügt. Sie treffen sich dabei auch mit manchen christlichen Frauen, die die «Hagia Sophia», die «Heilige Weisheit» wiederentdeckt haben, jene Große Göttin, der Jesus verpflichtet gewesen sein soll. Ihr Ort ist der Himmel, die Nacht und der Norden, der Hort der Stille und der Besinnung; denn «nur in der Dunkelheit kann man die Sterne leuchten sehen, erfaßt man die Ewigkeit, das

Wesentliche, das übrigbleibt, wenn alles andere verwelkt ist»[23]. Sie üben scharfe Kritik an der oberflächlichen Form patriarchaler Rationalität und verweisen auf das ursprüngliche Wissen der «weisen Frau». Während die patriarchale Rationalität immer nur Einzelheiten wahrnimmt, «zerlegt, um zu begreifen»[24], besteht die Weisheit der Göttin im Wissen um die Ganzheitlichkeit, in der umfassenden Symbolik, die das Nächste und das Entfernteste in einen symbolischen Bedeutungszusammenhang zu bringen vermag. Das Ritual und die Magie sind die symbolischen Handlungen, durch die die Trennung zwischen dem Menschen und den Dingen aufgehoben wird und der Mensch sich als Kraftfeld inmitten der kosmischen Kräfte erfährt und weiß.

Der Ruf nach der «Göttin in uns» meint also nicht nur den Kampf um die Autonomie der Frau, sondern er enthält auch verschiedene Sichtweisen über die zukünftigen Aufgaben und Anforderungen an die Frauen. Ist die Eigenständigkeit der Frau eher begründet in der furchtlosen Suche nach ihrer Integrität und Unabhängigkeit, die ihr in Jahrtausenden vom Patriarchat geraubt wurde? Besteht ihre Selbständigkeit in der Wiederentdeckung der erotisch-matriarchalen Kraft der Lebensschöpfung und -sicherung, die sie mit Recht dem patriarchalen Zerstörungswahn entgegensetzen kann? Oder besteht die Selbständigkeit der Frauen in der Erneuerung des verlorengegangenen Wissens um die Einheit der Natur, um die kosmische Abhängigkeit des Menschen, seiner Sinne und Gefühle vom Geschehen der Natur?

Sicherlich manifestieren sich diese Unterschiede zwischen den religiösen Frauen so wenig eindeutig, wie die drei Aspekte der Göttin selbst als Jungfrau, Mutter und Greisin, die aufeinander verweisen und sich ergänzen. Aber sie formulieren doch andere Schwerpunkte, die sich den herkömmlichen Einteilungen entziehen und die die Diskussion zwischen Lesben und Ehefrauen, zwischen Töchtern und Müttern, zwischen Hexen und Theologinnen, zwischen Priesterinnen und Magierinnen noch interessant zu machen versprechen. Vor allem dürfte hier, im Lager des sogenannten «radikalen Feminismus», wo allein die Frau als Verkörperung der dreieinigen Göttin gilt, der Mann jedoch gänzlich aus dem Bereich des «Heiligen» und Verehrungswürdigen ausgeschlossen ist, die Frage von Interesse bleiben, welche soziale Stellung und welche Funktion ihm denn zugesprochen wird.

Zitatnachweise:
2. Die Göttin in uns

1 Dinklmann, Anna: Kreisen, Frauenrituale und Feste, Holthausen 1983, S. 19
2 Jannberg, Judith: Ich bin eine Hexe, Bonn 1983, S. 80
3 Starhawk: Der Hexenkult als Ur-Religion der Großen Göttin, Freiburg 1983, S. 121
4 Ebd., S. 355
5 Weiler, Gerda: Der enteignete Mythos, München 1985, S. 259
6 Starhawk: Der Hexenkult, a. a. O., S. 25
7 Schlangenbrut 6, S. 37
8 Ebd., S. 37
9 Ebd., S. 37
10 Ebd., S. 38
11 Ebd., S. 38
12 Daly, Mary: Gyn/ökologie, a. a. O., S. 43
13 Ebd., S. 361
14 Ebd., S. 360
15 Schlangenbrut 6, S. 37
16 Starhawk: Der Hexenkult, a. a. O., S. 48
17 Ebd., S. 48
18 Ebd., S. 130
19 Ebd., S. 45
20 Ruether, Rosemary R.: Der Sexismus und die Rede von Gott, Gütersloh 1985, S. 109
21 Mulack, Christa: Die Weiblichkeit Gottes, Stuttgart 1983, S. 157
22 Schlangenbrut 6, S. 37
23 Ebd., S. 38
24 Weiler, Gerda: Der enteignete Mythos, a. a. O., S. 36

Ausblick

Feministische Religion: eine «neue Rationalität»?

Was der religiöse Feminismus, angefangen von der Suche nach dem «androgynen Gott» über die Wiederentdeckung der matriarchalen Göttin bis hin zu den Formen einer weiblichen «Selbstvergottung», anstrebt, ist eine neue Form der Rationalität. Er will und kann nicht mehr in die Ecke des Irrationalismus abgeschoben werden; ein Platz, der traditionell den Frauen auf Grund ihrer «Gefühlsbetontheit» zugewiesen wurde. Zu gewichtig waren hierfür die Erkenntnisse der feministischen Theologinnen und Matriarchatsforscherinnen, daß in diese Rolle die Frauen erst seit der Herrschaft des Patriarchats gedrängt worden sind.

Der religiöse Feminismus weist darauf hin, daß im Gegenteil die herrschende patriarchale Form der Rationalität zunehmend blindwütig und irrational geworden ist. Das dualistische Denken, das sich nur in ausschließlichen Gegensätzen von Oben und Unten, von Herrschaft und Gehorsam, von Mensch und Natur, bewegen kann, ist zu einer Gefahr für die Menschen und die Natur insgesamt geworden. Die bequeme Arbeitsteilung im Patriarchat zwischen der Religion einerseits und den Wissenschaften andererseits habe die ursprünglich einheitliche Form der Rationalität zur Strecke gebracht: während die Religion des Patriarchats das Göttliche aus der Erfahrungswelt verbannt und ins transzendente Jenseits des «reinen Geists» verflüchtigt hatte, seien die Aufklärung und die modernen Wissenschaften nachgestoßen und auf dem besten Wege, mit ihrer «Rationalität» der Abstraktionen und Konstruktionen die Umwelt und die Menschen zu vernichten.

Demgegenüber will der Feminismus das Göttliche wieder in die

Welt hineinholen. Die Fähigkeit zu einer Spiritualität, die die Gegensätze überwindet und die natürliche Vielfalt in ein Ganzes integriert, müsse neu erworben werden. Das wissenschaftliche Denken und die Religiosität seien keine Gegensätze, keine getrennten Wissens- und Erfahrungsgebiete, sondern die beiden Seiten ein und derselben Medaille. Daß beide getrennt erfahren werden, hänge mit der Vorstellung eines jenseitigen, von der Natur entfremdeten Gottes zusammen. Wenn jedoch das Göttliche in der Natur selbst enthalten ist, wenn die Natur als etwas Göttliches begriffen wird, dann seien auch die Wissenschaft als Suche nach den Gesetzen der Natur und die Religion als Erfahrung der Ganzheitlichkeit keine Gegensätze mehr. Das Denken, die Erfahrung und das Gefühl sollen weder dem Gehorsam und der Verpflichtung gegenüber einem jenseitigen Gott unterworfen werden, noch der rationalen Verplanung und Kontrolle durch die Wissenschaften, sondern eine Einheit bilden, in der die menschlichen Kräfte und Äußerungen wieder als ganzheitlich erlebt und erfahren werden können.
Der letzte Bezugspunkt des religiösen Feminismus liegt in der Erneuerung des Verhältnisses des Menschen zur Natur, zu denjenigen kosmischen Kräften, die sein Leben bestimmen. Die amerikanische Theologin Rosemary R. Ruether geht deshalb davon aus, daß der Feminismus die ganze Tradition der westlichen Welt in Frage wird stellen müssen, einer Tradition, die eine Hierarchie von Seinsebenen aufgestellt hat: an der obersten Spitze thront der immateriell-geistige Gott und an der untersten Stufe existiert die ungeistige, unwerte Materie. Der Mensch aber als «Ebenbild Gottes» beherrscht, besitzt und beutet die Natur aus; der Mann herrscht über die Frau, der Eigentümer über den Arbeiter. Diese «Seinsschichtung» begründet die Herrschaft des Menschen über die Natur, des Kapitalisten über den Arbeiter, des Mannes über die Frau.
Um diese Rationalität patriarchaler Herrschaft zu überwinden, müssen Tabus verletzt und durchbrochen werden, die das Patriarchat über die Jahrtausende errichtet hatte. Die Spaltung der Sexualität in einen leibfeindlichen Eros der abstrakten «Nächstenliebe» und in den entheiligten «Sex», der als lüstern und unrein,

krankhaft und triebhaft verdrängt wurde, soll überwunden werden. Die Menstruation, die Geburt und auch die Homosexualität von Frauen müssen aus der «Dunkelkammer» befreit werden, in der das Patriarchat sie verborgen hielt. Die Liebe zur Natur dürfe nicht weiter als bloß sentimentale Romantik von den Polit-Funktionären und Industriekapitänen beiseite geschoben werden, sondern müsse als Dienst an der Göttin wieder den zentralen Stellenwert im Leben erhalten. Die Liebe zum Leben und zur Natur setze die Energien frei, die notwendig sind, sie zu erhalten und zu schützen. Nur wer sieht, wie stark die Zerstörung fortgeschritten ist, sei in der Lage, dagegen anzukämpfen. Wenn wir das Leben lieben, so die Schlußfolgerung, tragen wir ihm gegenüber auch die Verantwortung, «dann müssen wir uns für die anspruchsvolle Aufgabe einsetzen, die Kultur wieder zu schaffen» [1], die vom patriarchalen Wahn bedroht ist.

Frauenrationalität unterscheidet sich daher grundlegend von Männerrationalität. Sie ist kein kaltes, trennendes und abtötendes Kalkül der Logik, sondern der Geist, der sich in Bildern und Symbolen bewegen kann. Frauensprache ist Bildersprache. Die Symbole des Kreises und des Mondes, des Kreuzes oder des Baumes sind keine abstrakten, fest definierten Figuren, sondern gleichsam die geistigen Abbilder des ganzheitlichen und umfassenden Kosmos, in denen die Vielfalt der natürlichen und kosmischen Bezüge zusammenfließt.

Statt dogmatischer Rechthaberei und ausgrenzender Intoleranz bekennt sich die «neue Rationalität» der Feministinnen zur Vielfalt des Lebens; denn die Natur in ihrer Vielfalt und in ihrem Reichtum ist selbst göttlich. Sie wollen «ein breites Angebot unterschiedlicher Lebensweisen, Theorien und Taktiken» [2] aufrechterhalten und schaffen. So wie die Natur Tausende von Arten hervorbringt, bekennen sich die religiösen Feministinnen dazu, die Vielfalt in der Gesellschaft und in der Politik zu fördern. Doch das darf nicht bedeuten, über all die Spannungen das «Mäntelchen der Schwesterlichkeit» zu decken, sondern sich auch selbstbewußt zu den widerstreitenden Gegensätzlichkeiten zu bekennen. Denn gerade in der Unterschiedlichkeit und Vielfalt der Frauenbewegung liege ihre Stärke. Was sie lähmen könnte, wären Sektierertum, Eingleisigkeit und Intoleranz anderen Strömungen gegenüber. Die unterschiedlichen Ansätze als Einheit zu begreifen, die eine feministische Zukunftsutopie voranbringt, und nicht als feindliche Gegensätze, entspricht der kosmischen und ganzheitlichen Weltsicht des religiösen Feminismus.

In der Ganzheitlichkeit seiner Weltsicht hat der Feminismus viele Gemeinsamkeiten mit der «New Age-Bewegung», die im letzten Jahrzehnt in den USA entstanden ist. Das Bewußtsein, daß die Zeit für ein neues Weltbild, eine neue Denk- und Lebensweise gekommen sei, daß die alte Rationalität am Ende sei, prägt beide Bewegungen. Die Anerkennung eines «ökologischen Denkens», das den Menschen eingebettet sieht in seine Umwelt, in den Kosmos mit seinem bunten und komplizierten Wechselspiel, hat die New Age-Bewegung mit der religiösen Frauenbewegung gemeinsam.

Bei allem Anspruch der religiösen Frauenbewegung auf eine «neue Rationalität» ist derzeit noch unklar, ob sie in der feministischen Religiosität in erster Linie ein Angebot sieht, Frauen zur eigenen Identität zu verhelfen oder ob sie weitergeht und in einer solchen «Rationalität» die geistig-religiösen Grundlagen einer zukünftigen nicht-patriarchalen Gesellschaft erkennt.

Unter diesem letzten Gesichtspunkt ist die Tragfähigkeit des Anspruchs an der Wirklichkeit zu messen. Kann das ganzheitliche Denken und Wissen tatsächlich die Grundlage einer zukünftigen Gesellschaft bilden? Bereits des öfteren ist auf den Widerspruch hingewiesen worden, einerseits die Grundlagen einer neuen zukünftigen Gesellschaft formulieren, andererseits jedoch auf die sozialen und religiösen Muster einer Rationalität zurückgreifen zu wollen, die vor Jahrtausenden die Matriarchate oder das frühe Christentum prägten. So verdienstvoll und berechtigt es ist, auf die «blinden Flecken» der patriarchalen Geschichtsschreibung hinzuweisen, die die alten Matriarchate und die Beiträge von Frauen im Christentum verschwiegen hat, so ist es doch problematisch, die Geltung der alten Kulturen auch für unsere Zukunft überzeugend darzulegen.

Verfolgt etwa der Kampf gegen die männliche Priesterherrschaft das Ziel, sie durch eine neue Schicht von Priesterinnen zu ergänzen oder zu ersetzen? Will die religiöse Frauenbewegung die politische Form der neuzeitlichen Demokratie durch eine «Thea-Kratie» ersetzen? Und sollen damit nicht mehr die demokratischen Wahlen über das politische Leben entscheiden, sondern die ekstatische «Heilige Hochzeit» der Hohenpriesterin mit dem «König»? Sicherlich wird, selbst unter dem Stichwort der «Ganzheitlichkeit», die erreichte Trennung zwischen Staat und Kult, zwischen Politik, Recht und Religion nicht wieder rückgängig gemacht und das gesamte Leben dem Diktat der dreifaltigen Göttin untergeordnet werden können. Wenn die Utopie der religiösen Frauenbewegung eine «neue Rationalität» im sozialen und politischen Leben beansprucht, dann müßte sie auf diese Fragen klare Antworten finden können.

Der religiöse Feminismus trägt dazu bei, die jahrtausendealte Geschichte von Frauen in der Religion und in den Kirchen kritisch aufzuarbeiten, verschüttete Quellen zutage zu fördern, Spuren zu sichern und Frauen in der Geschichte wieder «sichtbar» zu machen. Er greift die autoritären Strukturen in den Kirchen und in der Gesellschaft an und ermuntert dort Frauen, die gelernt haben zu schweigen, ihre Ansprüche zu formulieren. Damit verändern sie den patriarchalen Status quo. Sicherlich werden aber alle Versuche scheitern, die Gesellschaft mit weiblichen Religionen, Mythen und Göttinnen zu beglücken und damit die Selbstbestimmung einem kosmischen Nirwana zu opfern. Die Frage nach dem künftigen Verhältnis von Mann und Frau läßt sich nicht mit Hilfe der religiösen Symbolik eines Vatergottes oder einer Göttinmutter klären.

Zitatnachweise:
Ausblick

1 Starhawk: Der Hexenkult als Ur-Religion der Großen Göttin, Freiburg 1983, S. 276
2 Ebd., S. 280

Literatur

Feministische Theologie:

Beinert, Wolfgang u. a.: Maria – Eine ökumenische Herausforderung, Regensburg 1984
Daly, Mary: Gyn/ökologie. Eine Meta-Ethik des radikalen Feminismus, München 1981
Daly, Mary: Jenseits von Gottvater, Sohn & Co.; Aufbruch zu einer Philosophie der Frauenbewegung, München 1980
Daly, Mary: Kirche, Frau und Sexus, Olten 1970
Führkötter, Adelgundis (Hg.): Das Leben der heiligen Hildegard, berichtet von den Mönchen Gottfried und Theoderich, Salzburg 1980
Gössmann, Elisabeth (Hg.): Eva – Gottes Meisterwerk, München 1985
Gössmann, Elisabeth: Die streitbaren Schwestern. Was will die Feministische Theologie? Freiburg 1981
Gössmann, Elisabeth (Hg.): Das wohlgelahrte Frauenzimmer, München 1984
Halkes, Catharine J. M.: Gott hat nicht nur starke Söhne, Grundzüge einer feministischen Theologie, Gütersloh 1985
Halkes, Catharina J. M.: Suchen, was verloren ging. Beiträge zur feministischen Theologie, Gütersloh 1985
Hochgrebe, Volker; Pilters, Michaela (Hg.): Geteilter Schmerz der Unterdrükkung. Frauenbefreiung im Christentum, Stuttgart 1984
Mollenkott, Virginia R.: Gott eine Frau? Vergessene Gottesbilder der Bibel, München 1984
Moltmann-Wendel, Elisabeth: Ein eigener Mensch werden. Frauen um Jesus, Gütersloh 1984
Moltmann-Wendel, Elisabeth (Hg.): Frauenbefreiung. Biblische und theologische Argumente, München 1982
Moltmann-Wendel, Elisabeth (Hg.): Frau und Religion. Gotteserfahrung im Patriarchat, Frankfurt/Main 1983
Moltmann-Wendel, Elisabeth: Das Land, wo Milch und Honig fließt. Perspektiven einer feministischen Theologie, Gütersloh 1985
Mulack, Christa: Maria – Die geheime Göttin im Christentum, Stuttgart 1985

Mulack, Christa: Die Weiblichkeit Gottes. Matriarchale Voraussetzungen des Gottesbildes, Stuttgart 1983
Russell, L. M.: Als Mann und Frau ruft er uns. Vom nicht-sexistischen Gebrauch der Bibel, München 1979
Ruether, Rosemary R.: Sexismus und die Rede von Gott. Schritte zu einer anderen Theologie, Gütersloh 1985
Scharffenorth, Gerda / Diestel, Gudrun u. a. (Hg.): Studien und Problemberichte aus dem Projekt «Frauen als Innovationsgruppe» des Deutschen Nationalkomitees des Lutherischen Weltbundes, Band 1–3, Berlin (West) 1977ff.
Schirmer, Eva: Mystik und Minne. Frauen im Mittelalter, Berlin (West) 1984
Schlangenbrut – Zeitschrift für feministisch und religiös interessierte Frauen, Heft 1–11, Münster
Schlangenlinien: Feministische Wissenschaft / Feministische Theologie, AGG-Frauenbroschüre, Bonn 1984
Sorge, Elga: Religion und Frau. Weibliche Spiritualität im Christentum, Stuttgart 1985
Warner, Marina: Maria, Geburt, Triumph, Niedergang – Rückkehr eines Mythos? München 1982
Zweimal Patriarchat, hg. von der Arbeitsgemeinschaft Katholischer Studenten- und Hochschulgemeinden, 1980

Matriarchatsforschung:

Alkim, U. Bahadir: Anatolien I, München 1968
Ennen, Edith: Frauen im Mittelalter, München 1984
Franz, Marie-Louise: Das Weibliche im Märchen, Stuttgart 1977
French, Marilyn: Jenseits der Macht. Frauen, Männer und Moral, Reinbek 1985
Frauendenken. Widerspruch – Münchner Zeitschrift für Philosophie 1/85, München 1985
Göttner-Abendroth, Heide: Die Göttin und ihr Heros. Die matriarchalen Religionen in Mythos, Märchen und Dichtung, München 1984
Göttner-Abendroth, Heide: Die tanzende Göttin. Prinzipien einer matriarchalen Ästhetik, München 1984
Gould-Davis, Elizabeth: Am Anfang war die Frau. Die Zivilisationsgeschichte aus weiblicher Sicht, München 1977
Kuhn, Annette (Hg.): Frauen im Mittelalter. Quellen und Materialien, Band 1 und 2, Düsseldorf 1983/84
Schreier, Josefine: Göttingen. Ihr Einfluß von der Urzeit bis zur Gegenwart, München 1978
Shahar, Shulamit: Die Frau im Mittelalter, Königstein/Ts. 1981

Tokarew, S. A.: Die Religion in der Geschichte der Völker, Köln 1968
Vardiman, E. E.: Die Frau in der Antike. Eine Sittengeschichte, Düsseldorf 1982
Weiler, Gerda: Der enteignete Mythos. Eine notwendige Revision der Archetypenlehre C. G. Jungs und Erich Neumanns, München 1985
Weiler, Gerda: Ich verwerfe im Lande die Kriege. Das verborgene Matriarchat im Alten Testament, München 1984

Magie:

Andrews, Lynn: Die Medizinfrau. Der Einweihungsweg einer weißen Schamanin, Interlaken 1983
Bauer, Erich: Tarot. Quelle therapeutischer Wandlung, München 1982
Bauer, Wolfgang & Dümotz, Irmtraud (Hg.): Lexikon der Symbole, Wiesbaden 1980
Crowley, Aleister: Das Buch Thoth (Ägyptischer Tarot), München 1981
Dinklmann, Anna: Kreisen, Frauenrituale und Feste, Holthausen 1983
Francia, Luisa: Der Afrikanische Traum, Zürich 1985
Francia, Luisa: Berühre Wega, kehr' zur Erde zurück. Trancen, Meditationen und Rituale mit Sternen, München 1982
Francia, Luisa: Kalypso, München 1984
Francia, Luisa: Hexentarot, Zürich 1981
Golowin, Sergius: Die weisen Frauen. Die Hexen und ihr Heilwissen, Basel 1982
Jannberg, Judith: Ich bin eine Hexe. Erfahrungen und Gedanken, Bonn 1983
Potts, Billie: Ein neues Tarot der Frauen, München 1982
Rodewald, Rosemary L.: Magie, Heilen und Menstruation, München 1977
Rush, Anne Kent: Mond, Mond, München 1978
Schweizer, Renate: Hexen gegen den Atomtod, Bonn 1984
Sozialwissenschaftliche Forschung und Praxis für Frauen e. V. (Hg.): Beiträge zur feministischen Theorie und Praxis 12, Köln 1984
Starhawk: Der Hexenkult als Ur-Religion der Großen Göttin. Magische Übungen, Rituale und Anrufungen, Freiburg 1983
Zeugner, Andrea: Tarot. Spiegel des Lebens, München 1984
Ziegler, Gerd: Tarot, Spiegel der Seele, Sauerlach 1984

Barbara Beuys

Am Anfang war nur Verzweiflung
Wie Eltern behinderter Kinder neu leben lernen.
Gebunden

Familienleben in Deutschland
Neue Bilder aus der deutschen Vergangenheit.
518 Seiten. Gebunden
Taschenbuchausgabe:
rororo sachbuch 7849

Der große Kurfürst
Der Mann, der Preußen schuf. Biographie.
420 Seiten mit 31 Abbildungen auf 16 Tafeln. Gebunden
Taschenbuchausgabe:
rororo sachbuch 7820

Und wenn die Welt voll Teufel wär
Luthers Glaube und seine Erben.
606 Seiten. Gebunden
Taschenbuchausgabe:
rororo sachbuch 7876

ro
ro
ro

C 2117/2

rowohlts enzyklopädie

Eugenio Barba
Jenseits der schwimmenden Inseln
Reflexionen mit dem Odin-Theater. Theorie und Praxis des Freien Theaters (415)

Eberhard Braun/Felix Heine/Uwe Opolka
Politische Philosophie
Ein Lesebuch. Texte, Analysen, Kommentare (406)

Manfred Brauneck
Theater im 20. Jahrhundert
Programmschriften, Stilperioden, Reformmodelle (433)

Manfred Brauneck/Gerard Schneilin (Hg.)
Theaterlexikon
Begriffe und Epochen, Bühnen und Ensembles (417)

André Breton
Die Manifeste des Surrealismus (434)

Hans Eggers
Deutsche Sprachgeschichte
Band 1: Das Althochdeutsche und das Mittelhochdeutsche (425)
Band 2: Das Frühneuhochdeutsche und das Neuhochdeutsche (426)

Martin Esslin
Das Theater des Absurden
Von Beckett bis Pinter (414)

Iring Fetscher/Herfried Münkler (Hg.)
Politikwissenschaft
Begriffe - Analysen - Theorien. Ein Grundkurs (418)

Jeggle/Korff/Scharfe/Warneken (Hg.)
Volkskultur in der Moderne
Probleme und Perspektiven empirischer Sozialforschung (431)

Hugo Friedrich
Die Struktur der modernen Lyrik
Von der Mitte des 19. bis zur Mitte des 20. Jahrhunderts (420)

Arnold Gehlen
Anthropologische und sozialpsychologische Untersuchungen (424)

Gerhard Hauck
Geschichte der soziologischen Theorie
Eine ideologiekritische Einführung (401)

Walter Hess
Dokumente zum Verständnis der modernen Malerei (410)

ro
ro
ro

C 2166/6